介護職員初任者研修テキスト

全文ふりがな付き

2

第3版

太田貞司（おおた　ていじ）
上原千寿子（うえはら　ちずこ）
白井孝子（しらい　たかこ）

●編集

自立に向けた介護の実際

中央法規

はじめに

　日本では高齢者の数が増えている一方で，若い世代の人口は減ってきています。そうした状況のなか介護人材をどのように確保していくかは大きな課題です。

　国は，実際にどのくらいの介護人材が必要になるのかを試算しています。「第8期介護保険事業計画に基づく介護職員の必要数について」によると，2019（令和元）年度に従事している介護職員約211万人に比べて，2023（令和5）年度には約22万人，2025（令和7）年度には約32万人の介護職員を増員する必要があり，そのためには年間5万3000人増のペースで介護人材を確保する必要があると発表しているところです。

　もちろん，介護人材の量だけを増やせばよいわけではありません。介護現場で働く職員の一人ひとりには，利用者に提供する介護の質も求められます。その質の向上をめざすための方策の1つが，「介護職員初任者研修」の実施です。

　2013（平成25）年より刊行している『介護職員初任者研修テキスト』全2巻は，文字どおり，この「初任者研修」においてご活用いただくためのテキストです。

　このテキストを編集・刊行する最大の目的は，これから介護の仕事にたずさわろうとする方，また，介護現場で働きはじめて間もない方に向けて，介護の魅力を伝え，基礎的な知識と技術を身につけていただくことにあります。このたびの改訂にあたっても，そのための工夫に留意しながら，編集作業を進めました。加えて，広く外国人介護職員にもご活用いただくことを想定して，全文に「ふりがな」をつけました。

　本書は，その2巻シリーズのなかの1冊であり，研修科目における「こころとからだのしくみと生活支援技術」を収載しています。

　わかりやすく，学習しやすい2冊のテキストをもとに，介護現場で必要となる基礎的な知識と技術を身につけたあとには，長く介護実践を積み重ねていただき，やがては，より幅広い領域の専門的な知識と技術をもった「介護の専門家」になられることを期待するものであります。

編者一同

介護職員初任者研修テキスト

第2巻 自立に向けた介護の実際［第3版］

目次

自立に向けた介護の展開

本書を活用していただくにあたって

::::::::::::::::::::::::::::: 特　徴 :::::::::::::::::::::::::::::

- 各章の冒頭には，厚生労働省が示す初任者研修各科目の「ねらい（到達目標）」を明示しています。

- 本文中の「重要語句（キーワード）」を，太い色文字で明示しています。

- 本文中の「専門用語」などには，必要に応じて参照ページ（➡第○巻 p.○参照と明示）を掲載しています。該当ページをみると，より詳しい内容や関連する情報が記載されています。

- 本文中，「専門用語」や「難解な用語」を太字（強調書体）で明示し，章末に「用語解説」を掲載しています。また参照ページを明示していますので，用語解説から本文，本文から用語解説を必要に応じて確認することができます。

::::::::::::::::::::::::::::: 本文表記 :::::::::::::::::::::::::::::

- 「障害」という用語には否定的なイメージがあり，「障がい」と表記するなどの取り扱いが広がっていますが，日本の法令用語としては「障害」が用いられています。こうした動向をふまえつつ，本書におきましては法令との整合性をはかるために，「障害」を用語として用いています。

- 法令用語と同様に，本書におきましては医学関連の用語についても，学会等での議論や医学辞典における表記にもとづいた用語を用いています。

::::::::::::::::::::::::::::: Web動画 :::::::::::::::::::::::::::::

- 第2巻第2章「自立に向けた介護の展開」のなかの「生活支援技術」の科目内容に相当する視聴覚教材をWebで公開しています。尊厳の保持，利用者主体，自立支援，安全などの生活支援技術の基本理念を，食事・入浴・排泄といった生活場面において，「介護」という技術でどのように提供すればよいのか確認できる内容となっています。

- 具体的には，①臥位から座位への体位変換，②座位から立位への体位変換，③車いすへの移乗の介助，④食卓で行う食事の介助，⑤個浴槽で行う入浴の介助，⑥トイレで行う排泄の介助，⑦ポータブルトイレでの排泄の介助，⑧座位で行う前開き上衣とズボンの着脱の介助を取り上げています。

● 視聴覚教材には，以下よりアクセスしてください。

https://chuohoki.socialcast.jp/contents/523

● パソコン，タブレット，スマートフォンでご視聴いただけますが，お客様の接続環境等によっては一部の機能が動作しない場合や画面が正常に表示されない場合があります。また，本書の改訂や絶版，弊社のシステム上の都合などにより，予告なくサービスを終了させていただく場合があります。何卒ご理解いただき，ご容赦いただきますようお願い申し上げます。

介護に関する
基礎的理解

ねらい

● 理論や法的根拠に基づく介護の基本的な考え方を習得する。
● 介護技術の根拠となる「こころのしくみ（学習，記憶，感情，意欲等）」に関する知識を習得する。
● 介護技術の根拠となる「からだのしくみ（人体の構造や機能）」に関する知識を習得する。

介護の基本的な考え方

1 理論にもとづく介護

❶ 介護の理論

介護は人類の誕生とともに

介護という言葉が使われる以前から，現在の介護にあたる行為自体はありました。

人は誕生とともに生活が始まります。その生活は，身近な人たちのなかで暮らし，共同体を形成し，社会的な集団として相互に助け合うといったものでした。

人は，ときには病気や痛みに苦しみ，それをやわらげるために静かに寝かせたり，冷たい布を当てて熱を下げたり，痛いところに手を当てたりしていました。人間の知恵で，痛みや苦しみをやわらげる工夫を行っていました。共同体のなかで困っている人がいれば，お世話したり，されたりと助け合いながら生活をしていたのです。

介護の概念・定義

介護福祉士の職務などを規定した法律として，**社会福祉士及び介護福祉士法**１ (➡ p.62 参照) が制定され，資格取得のための試験制度が創設され，養成のためのテキストやさまざまな関連書籍が出版されるにつれて，介護の概念・定義が示されてきました。

『現代介護福祉論──ケアーワークの専門性』(誠信書房，1989 年) において，黒川昭登は「人が生きていく上で必要不可欠の行動であり，基本的欲求の安定のための行動である身辺自立のできない人に対する援助」であり，そのなかには，精神支持も含まれ，「成長の援助」「回

復の援助」「能力の維持」の分野があると述べています。

　また，『社会福祉辞典』（誠信書房，1982年）では，「ねたきり老人などひとりで動作できない人に対する食事，排便，寝起きなど，起居動作の手助けを「介助」といい，疾病や障害などで日常生活に支障がある場合，介助や身の回りの世話（炊事，買い物，洗濯，掃除などを含む）をすることを「介護」という」としています。

　さらに，『新版社会福祉士養成講座14 介護概論 第4版』（中央法規出版，2008年）のなかで，中島紀恵子は「介護とは，介護する『関係』のなかで成り立つ援助の実践的行為表現をいう。介護の行為は，進行形であるがゆえに『過程』をもち，過程のなかでその行為は常に変動する。介護の目的は，『変化』するものをよりよい方向に変化させるための行為を実践することである。介護実践者は，健康や障害の程度を問わず，衣・食・住の便宜さに関心を向け，その人自身が普通に獲得してきた生活の技法に注目し，もし身の回りを整えるうえで支障があれば，『介護する』という独自の方法でそれを補うという形式をもって活動する人である」と述べています。

介護とは

　2007（平成19）年には，社会福祉士及び介護福祉士法が改正され，定義規定の見直しがあり，介護福祉士の行う介護は，「入浴，排せつ，食事その他の介護」から「心身の状況に応じた介護」と改められました。

　つまり，認知症の介護など，従来の身体介護にとどまらない心理的・社会的支援の側面も重視されており，こうした新たな介護サービスへの対応が求められているのです。

　端的にいうと，介護とは，加齢や障害のため，自分らしい生活に不都合が生じた人に対し，地域社会で自立したその人らしい生活が継続できるように支援することといえます。

❷ 「介護」の見方・考え方の変化

医療と看護を重視

　加齢とともに病気になる人も多く，複数の病気をもっている人も少なくありません。これまで，病気で苦しんでいる患者を治療するために，医師や看護師が主体になり生命を守ってきました。そして，患者は病気が治っても，安静を保ち，再発防止を目標として，ベッド上での生活が主になるとともに，行動範囲はかなりせまくなり，最低限の動きとなることが多くありました。家族介護者も安静を重視し，保護的になり，患者は病気が治っても受け身の生活になっていました。

医学モデルから生活モデルへ

　医学では，患者を診断・治療する場合，患者の病状を重視して病気の原因を探り，身体面から治療方法を考えていきます。リハビリテーション医学では，機能障害に焦点をあて，機能障害の自然な回復，人的・物的代償手段によって機能回復を考えていきます。

　たとえば，脳梗塞の後遺症で下肢機能に障害がある場合，車いすを足代わりにして，移動の機能回復をはかります。このような機能回復や治療を中心とした考え方は医学モデルといえるでしょう。

　しかし，介護の対象者が多様になり，この考え方では対応できない部分が生じてきました。生活モデルは，人と環境との相互関係と，それを基盤として展開される日常生活の現実を重視します。目的を明確にし，それにそった目標・計画を立て，実行し，目的が達成されたかどうかを評価していきます。

　利用者の要望や意思を把握し，利用者が主体となった目標を設定し，それらを反映した支援を行うことで，主体性を尊重した，その人らしい生活ができるようにアプローチしていきます。

治療から生活へ

　病院では治療が中心であり，回復してくると身体機能の回復のためリハビリテーションを行います。障害の程度にあわせて目標を設定し，訓練を行い，身体機能の回復をはかります。目標が達成されると，退院となります。

　障害の程度に差はありますが，自宅に戻ると，入院前の身体とは違う自分にとまどうことも多くなります。

　たとえば，後遺症のため麻痺などをかかえながら，自宅での新たな生活が始まると，病院ではできていたことでも，身体機能を十分に発揮できない環境面の問題から，他者の援助がなけ

れば生活できないといった状況が生じることもあります。

利用者主体に

　加齢や老化にともなう障害があっても，その人らしい生活ができるように，一人ひとりの生活をつくる必要があります。そのためには，利用者を主体にした支援が必要であり，その支援を行う介護職の役割は重要になります。

　介護職には，利用者の主体性を考えて介護するための知識や技術，感性が必要で，それぞれの利用者がその人らしく生活できるように創意工夫した支援を行うことが求められます。

生活できる環境づくり

　利用者を支えるためには，生活できる環境づくりも重要です。住み慣れた家であっても，加齢や障害によって身体などに不自由が生じると，生活の継続がむずかしくなることがあります。動きやすい居住空間にするために，住宅改修や福祉用具の導入が考えられますが，利用者の生活にあわせて，本人の主体性を尊重しながら環境づくりを進めていきます。

　家族介護者がいる場合には，家族介護者の介護負担なども考慮しながら取り組んでいきます。ハード面だけではなく，利用者の精神面についても考慮することが大切です。

生活意欲を高める介護

　従来は，老化や障害にともなう心身機能の低下，麻痺などがあると，安全を確保するという理由から，要介護状態にある高齢者にベッド上で安静にしてもらうということもみられました。しかし，重度で意識障害がある場合や，病気で体調が悪いときなどを除けば，できるだけ動くことが大切です。ベッド上の生活では，寝たきり状態が続き，**廃用症候群**2（➡ p. 62 参照）になりかねません。少しでも動くことで身体機能が活性化するとともに，生活意欲が生まれてきます。その生活意欲を高めていくことが介護では重要です。

潜在能力の活用

　介護が必要であっても，すべての行為に介助が必要となることは，それほど多くはありません。介護にあたっては，利用者の行為のプロセスのなかで，どこができて，どこができないのかを把握するとともに，工夫すればできると思われる力を引き出すことも大切です。

　利用者の希望や動機づけをうまく活用したり，それまでは自分で行っていないことであっても，発想を変えてアプローチしていくと，潜在能力が引き出されることもあります。細やかな観察力と洞察力で利用者の潜在能力を引き出し，生活にいかしていくことが重要です。

よりよい人間関係

　人は，他者との関係なくして生活はできません。人として対等な人間関係は当然のことですが，家の中での生活が多くなると，人とかかわる機会が少なくなる傾向があります。他者とのよりよい人間関係を築く支援を行い，生活への意欲を引き出すことも必要です。

　たとえば，家の中でだれとも顔をあわせないような一人暮らしといった状況であれば，着替えなども面倒になりますが，出かけたり，家に人が出入りすると，他者との関係ができて，自分を認めてもらいたいという意識も生まれ，生活への意欲が活性化されます。

根拠にもとづいた介護へ

　従来の介護は，介護の歴史をみるとわかるように，試行錯誤をくり返しながら，熟練した技や感受性，洞察力を得て行われてきました。また，先輩介護職は経験から「コツ」や「カン」を習得し，長い年月をかけて後輩介護職へと伝授し，語りついできました。しかし，この方法ではすぐれた技術などの理論は生まれてきません。また，「コツ」や「カン」に頼った介護では，多様化する利用者のニーズに対応できなくなってきました。

　介護は意図的に行うものであり，場あたり的に行うものではありません。意図的に行う介護は，介護を行うまでのプロセスを科学的思考にもとづいて説明する必要があります。1つひとつの介護行為の背景には，知識や技術，倫理が統合化されており，根拠にもとづいて行われているのです。この介護を行うためのプロセスを介護過程（➡第2巻 pp. 316-318 参照）といいます。

　介護過程を展開することによって，客観的で科学的な根拠にもとづいた介護の実践が可能になり，そうした実践の積み重ねが介護の専門性の確立へとつながっていくのです。

2 法的根拠にもとづく介護 ::

❶ 介護の法的根拠

介護という言葉の始まり

　介護という言葉が法的な場面で用いられるようになった始まりは，表 1-1-1 であると考えられています。

　第 2 次世界大戦後では，表 1-1-2 のような規定がみられました。介護という言葉は，身体に障害があることで日常生活に支障が生じ，それによって公的支援が必要になったため，対象者を特定することを目的に使われていたと解釈できます。

　また，表 1-1-3 は 1960 年代当時の動向をまとめたものです。このころは，生活をするために世話が必要な場合，その世話を公的な施策として，介護という言葉であらわしていたことがうかがえます。

■表 1-1-1　法的な言葉としての「介護」の始まり

・1892（明治25）年：陸軍軍人傷痍疾病恩給等差例
　「不具モシクハ廃疾トナリ常ニ介護ヲ要スルモノハ…」
・1923（大正12）年：恩給法の別表
　「…常時複雑ナル介護ヲ要スルモノ」

■表 1-1-2　戦後にみる「介護」の用いられ方

・1956（昭和31）年：長野県家庭養護婦派遣事業要綱
　（家庭養護婦の派遣対象として）「…介護を要する老人，身体障害者，傷病者…」
・1961（昭和36）年：児童扶養手当法施行令の別表
　「常時の介護を必要とする程度の障害を有する…」
　「長期にわたる高度の安静と常時の監視又は介護」

■表1-1-3　1960年代当時の「介護」の用いられ方

・1962（昭和37）年：老人福祉施策の推進に関する意見（中央社会福祉審議会）
「精神上又は身体上著しい欠陥があるため常時介護を必要とする老人についてはこれに適した処遇を効率的に行なうため，その他の老人と区別して収容するための施策を講ずべきであり…」
・1963（昭和38）年：老人福祉法
（特別養護老人ホームの入所要件として）「身体上又は精神上著しい欠陥があるために常時の介護を必要とし，かつ，居宅においてこれを受けることが困難」

介護をになう国家資格の誕生

　1986（昭和61）年，東京で開催された国際社会福祉会議において，「日本の社会福祉は発展してきたけれども，福祉人材に関しては，国家資格が全く存在しない」という矛盾が指摘されたことにより，資格制度の確立が課題として浮き彫りにされました。

　また，当時，少子高齢化が急速に進み，とくに後期高齢者，高齢者世帯数が増加するなかで，人々の生活設計や生活パターンも変化し，高齢者，障害者（児）の福祉ニーズの多様化が進み，こうしたことに対応できる「人材確保および資質の向上」や，「シルバーサービス分野の急速な拡大」にともない，そのサービスの倫理と質を担保する専門職の必要性について議論されるようになりました。

　そして，この議論がきっかけとなって，社会福祉士及び介護福祉士法（以下，本法）が1987（昭和62）年に制定されました。

介護福祉士が行う「介護」とは

　本法の第2条第2項では，介護福祉士の定義が規定されており，介護福祉士が行う「介護」について具体的にまとめられています。これまでに2回，この定義規定は見直されています（表1-1-4）。

　介護福祉士の定義規定は，「入浴，排せつ，食事その他の介護」などを行うことを業とする者となっていたところを，2007（平成19）年の本法改正で「心身の状況に応じた介護」などを行うことを業とする者に改められました。また，2011（平成23）年の改正により，これまで一定の条件のもとに違法性はないとみなされ行われてきた喀痰吸引等（喀痰吸引・経管栄養）の行為が法的に位置づけられ，表1-1-4にあるように「医師の指示の下」など一定の条件のもとに喀痰吸引等の行為が実施できることとされました。

■表 1-1-4　介護福祉士の定義のあゆみ

年	社会福祉士及び介護福祉士法　第2条第2項の見直し
1987(昭和62)年 法制定時	この法律において「介護福祉士」とは，第42条第1項の登録を受け，介護福祉士の名称を用いて，専門的知識及び技術をもって，身体上又は精神上の障害があることにより日常生活を営むのに支障がある者につき入浴，排せつ，食事その他の介護を行い，並びにその者及びその介護者に対して介護に関する指導を行うこと（以下「介護等」という。）を業とする者をいう。
2007(平成19)年	「入浴，排せつ，食事その他の介護」が「心身の状況に応じた介護」に見直される。
2011(平成23)年	「心身の状況に応じた介護」が「心身の状況に応じた介護（喀痰吸引その他のその者が日常生活を営むのに必要な行為であって，医師の指示の下に行われるもの（厚生労働省令で定めるものに限る。以下「喀痰吸引等」という。）を含む。）」に見直される。

介護福祉士の資格取得方法

　介護福祉士の資格取得方法には，これまで，国家試験を受験する「福祉系高校ルート」「実務経験ルート」と，国家試験の受験を必要としない「養成施設ルート」がありました。これらすべてのルートにおいて，介護福祉士の資質の向上をはかるため，一定の教育プロセスを経たあとに国家試験を受験するという形で，資格取得方法の一元化がはかられたのが2007（平成19）年の本法改正時でした。

　「実務経験ルート」については，2016（平成28）年度に実施される国家試験からは，3年以上の実務経験に加えて，**実務者研修**[3]（➡ p. 62 参照）を修了していることが受験資格とされました。

　また，「養成施設ルート」については，2027（令和9）年度の卒業生からは国家試験の合格が義務づけられています。

介護に関するこころのしくみの基礎的理解

学習のポイント 👨‍🏫

- 学習と記憶に関する基礎的な知識を理解する
- 感情と意欲に関する基礎的な知識を理解する
- 自己概念と生きがい，老化や障害の受容に関する基礎的知識を理解する

1 学習と記憶に関する基礎知識 ::::::::::::::::::::::::::::::::

❶ 学習のしくみ

学習とは

　人間の行動は本能による行動と，学習によって身についた行動の 2 つに分けられます。ただし，本能による行動についても経験，すなわち学習による影響を受けています。

　学習とは「経験による比較的永続的な行動や認知の変化」と，心理学では定義されています。このことはつまり，人間は学習を通じて行動を変化させることができるということです。

　ここでは学習と行動との関係について，①パブロフの古典的条件づけ，②スキナーの道具的条件づけ，③ケーラーの洞察学習，④バンデューラの観察学習，という 4 つの理論を紹介します。

パブロフの古典的条件づけ

　「パブロフの犬」という言葉を聞いたことがあるでしょうか。これはロシアの生理学者パブロフ（Pavlov, I. P.）が行った実験に由来しています。

　パブロフは実験のなかで，犬にベルを鳴らしてからえさを与えることをくり返しました。その結果，ベルの音を聞いただけで犬は唾液を出すようになったのです。これは，音の刺激と唾液の分泌という反応の連合が形成されたことを意味します。

　この基本的な考え方は，古典的条件づけと呼ばれ，問題行動や恐怖心などの軽減・改善にも

応用されます。嫌いなものと並行して大好きなものを刺激として反復して与えることにより，その条件刺激（条件づけ）だけで反応が起こるようになります。そのことをくり返すことにより，大好きなものへの肯定的感情を条件づけていくことになり，嫌いなものへの反応が弱められます。

スキナーの道具的条件づけ

スキナー（Skinner, B. F.）は，箱の中でレバーを押すとえさがもらえるしくみの装置（スキナー箱）を考案しました。箱の中にネズミを入れ，ブザーが鳴ったときにレバーを押すと，ネズミはえさがもらえます。やがてネズミはブザーの音に反応してレバーを押すようになり，ブザーが鳴った直後にレバーを押す頻度が増加していきます。

レバーを押す反応は，えさを得るための道具的条件づけと呼ばれ，自発的に行う反応です。これは新しい学習を試みる，あるいは身につけさせたい行動がある場合に，本人が好む報酬を与えて行動を促進させるものです。

ケーラーの洞察学習

ケーラー（Köhler, W.）は，試行錯誤する学習ではなく，洞察（見通し）による学習パターンがあると考えました。それは問題状況について，物理的な場の理論を参考にして構造やしくみを認知的に把握することです。

その例として，チンパンジーが問題解決のために道具を使うという実験があります。高い天井からバナナをひもでつるした部屋にチンパンジーを入れます。チンパンジーは大好物のバナナを何としても取ろうとしますが，手が届きません。やがて，部屋の隅にあった木箱に目をつけて箱を積み重ねて登り，うまくバナナを取ることができました。これは，部屋中を観察し，木箱を踏み台に見立てるという洞察にもとづいた学習の例です。

バンデューラの観察学習

バンデューラ（Bandura, A.）は大人が人形に暴力をふるう行動を子どもたちに見せたあと，同じおもちゃを使って子どもがどのような行動をとるかを観察したところ，乱暴な行動をする確率が高くなることを見いだしました。このモデルを用いての模倣学習は，乱暴な行動の修正や仲間づくりにも応用できます。

❷ 記憶のしくみ

記憶とは

　人の名前が思い出せない，通帳や鍵などをどこに置いたか忘れてしまう，新しいことをなかなかおぼえられないなど，年をとることで自分の記憶力の低下を自覚するようになります。しかし，このような経験は若年期においても経験することです。

　記憶は，日常の体験したことや認知したものを頭のなかに蓄えていく，大切な脳のはたらきの１つです。その記憶の過程は，①外界の情報を入力し記銘する，②記銘した情報を頭のなかに保持する，③保持した情報を必要に応じて想起する，という段階をふみます（図1-2-1）。

■図1-2-1　記憶の過程

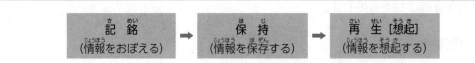

記憶の分類

　記憶は，保持時間や容量によって，①感覚記憶，②短期記憶，③長期記憶，という３つに分類されます（図1-2-2）。

① 感覚記憶

　打ち上げ花火を見た直後のように，視覚や聴覚などの感覚器官で知覚した非常に短い記憶が感覚記憶で，そのほとんどは一瞬で忘れ，消えていきます。しかし，そのまま短期記憶へと転送される記憶もあります。

② 短期記憶

　短期記憶は，電話番号を暗記してすぐにかける，数字の系列「5，7，2，8」をおぼえて復唱する，直近の食事内容を思い出すなどの記憶です。くり返しリハーサルされた情報は記憶の貯蔵庫である長期記憶に転送されます。

③ 長期記憶

　長期記憶は，数か月，数年，ほぼ永久に貯蔵されている安定した記憶です。膨大な量の知識が貯蔵されます。貯蔵された知識は，個々の語（犬・熊など）→類（哺乳類など）→上位概念（動物）→より上位の概念（生物）と階層化されます。そのなかから，必要に応じて検索し，活用されます。

■図 1-2-2 記憶の分類

感　覚　記　憶	→	短　期　記　憶	→	長　期　記　憶
●膨大な情報量をもつ。 ●注意を向けないと感覚記憶に入らない。 ●感覚記憶は一瞬で消える。		●長期記憶に移行しないと数秒から数分で消えてしまう。 ●一度に5〜9個しか蓄えられない。 ●反復したりまとまりを与えると長期記憶に移りやすい。		●何十年という長期保存が可能。 ●無限の貯蔵ができる。 ●組織化されたり，有意味のとき増強される。

　また記憶は，その内容により，①作動記憶，②意味記憶，③エピソード記憶，④手続き記憶などに分類されます。

① **作動記憶**

　人前でスピーチをするときに頭のなかで話す内容や順序を考えたり，計算や推理をしたりするときに，必要な情報を一時的に頭のなかに保持し（短期記憶に相当），その情報を操作する能動的な記憶です。

② **意味記憶**

　大化の改新は645年に始まったという歴史的事実や，りんごは英語に訳すとアップルであるといった言葉の意味など，社会的に共有された知識としての記憶です。

③ **エピソード記憶**

　経験した出来事や情報に関する記憶で，昨日の出来事や修学旅行の思い出話など，「いつ，どこで，だれが，何を，どうした」を伝えることのできる記憶です。

④ **手続き記憶**

　自動車の運転や料理の仕方のような手続き・技能に関する記憶で，一度おぼえるとからだがおぼえていて，忘れにくい記憶です。

　なお，これらのうちの②から④までは，長期記憶に相当するものです。

2 感情と意欲に関する基礎知識 ::::::::::::::::::::::::::::::

❶ 感情のしくみ

感情とは

　人間の感情は，日常生活において行動の原動力となり，行動を支配する重要な役割を果たしています。脳の**扁桃体**④（➡ p.62 参照）は感情をつかさどり，生物が生存していくうえで自分にとって安全で有益か，危険で有害かを見分けるきわめて重要な評価判断をになっています。

　アメリカの心理学者エクマン（Ekman, P.）は，喜び，悲しみ，驚き，恐れ，怒り，嫌悪の顔面の表出（表情）が生まれつきのものか，文化による差があるのかについて，比較研究を行いました。その結果，人間の基本的な表情の表出はどのような文化のもとにおいても同じであることがわかりました。

　人間が社会生活を営むうえで，他者の感情状態や意図を知る手がかりとなる顔の表情は，人間にとって重要な刺激となります。

感情の発達

　感情はどのように発達するのか，ブリッジェス（Bridges, K. M. B.）の図でみてみましょう（図 1-2-3）。

　生後間もない時期に観察される感情である不快は，しだいに「怒り→嫌悪→恐れ」と分化していき，快は「得意→愛情（対大人→対子ども）」に分化していきます。2 歳ごろまでには，嫉妬や喜びが出現することで大人にみられる感情（情緒）の基本型がつくられます。

■図 1-2-3　情緒の発達図式

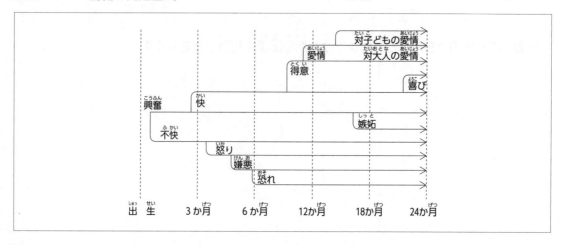

❷ 意欲のしくみ

意欲とは

　人の行動は，行動を起こす何らかの理由，必然性があって発生します。その何らかの理由により，「〜したい」「〜しよう」と思う気持ち（意欲）が行動に結びつきます。その行動を起こし，行いつづける過程ないしはたらきを動機づけ（motivation）といいます。

　動機づけられた行動は速く，強く，積極的かつ一貫的で長続きします。反対に動機づけられていない行動は遅く，弱く，消極的で長続きしません，または気まぐれで散漫です。

内発的動機づけと外発的動機づけ

　デシ（Deci, E. L.）は，やる気の源泉に注目して，内発的動機づけと外発的動機づけに分類しました。

　人を外から駆り立てるという面が強い外発的動機づけは，競争させたり，圧力をかけたり，報酬をちらつかせたりして行動へ導こうとします。行動の目標が明確で，目標達成に向けて取り組みやすいことはたしかですが，その効果はその場限りとなりやすく，人格的成長にまでつながらないことがよくあります。

　これに対して，その人の自発的な意思にまかせる内発的動機づけは，成果がただちには表面に出てこないという側面があるものの，ひとたび行動が始発すれば，強力かつ持続的に，高い人格的目標まで行動を導いていけます。

　この論拠はデシの実験により示されました。パズル課題を用いて実験参加者を，パズルを解いた数だけ現金報酬を与えるグループと，報酬を与えないグループとに分けました。その結果，報酬を与えないグループは休憩時間も自発的にパズルを解いていましたが，報酬を与えるグループは現金をもらえなくなるとパズルを解く数が減少しました。

　以上のことから，教育場面や労働環境において動機づけのきっかけをつくることや動機づけを高める指導を行う際には，人格的目標までを視野に入れた配慮が必要とされます。外発的動機づけがきっかけとなって活動が定着し，内発的動機づけへと転換していく例もあります。

3 自己概念と生きがい ::::::::::::::::::::::::::::::::::::::

❶ 自己概念の視点

自己概念とは

　自己概念とは，自分で自分自身をとらえたイメージのことです。身体的特徴，周囲の人との社会的関係，性格，能力や価値観といった心理的側面など幅広い内容が含まれています。自己概念は自己観察だけでなく，周囲の人の言動や評価を通じて形成されていきます。どのような自己概念をもっているかということは，その人の行動に影響を与えていると考えられます。

　自己概念と似た概念として，アイデンティティ（自我同一性）があります。アイデンティティは，単に自分へのイメージというだけでなく，自分はたしかに自分自身であり，他者とは異なる存在であるという感覚に着目します。アイデンティティは，周囲の人との違いに着目した個人的アイデンティティと自分が所属する集団の特性を反映した社会的アイデンティティで構成されています。個人的アイデンティティは，所属する集団内での他者との比較（社会的比較）によって他者との違いが明確になります。社会的アイデンティティは，自分が所属する集団（内集団）の共通している特性が取りこまれるとともに，所属していない集団（外集団）との比較によって形成されると考えられます。

自己概念とライフステージ

　自己概念は，発達段階ごとの自分の身体・精神の状況，さらに，自分を取り巻く環境や社会の状況の組み合わせによって影響を受け，つくり出されていると考えられます（表 1-2-1）。

■表 1-2-1　発達段階ごとにみる自己概念の形成

❶乳幼児期・児童期	この時期の子どもは，身体・精神ともに発達過程にあり，親との信頼関係を構築したり，行動面では自分自身をコントロールすることを学習したりする。
❷思春期・青年期	身体的には第 2 次性徴を迎え，精神的には大人になるための猶予期間であり，自分とはこういう人間だというアイデンティティを確立する。取り巻く環境は学校から社会へと広がる。
❸成人期	職場，家庭，社会とかかわる環境も多岐にわたり，連帯感が生じる一方，その環境ごとに義務と責任が生じることにより，ストレスも感じられる。
❹老年期	加齢にともない身体機能や精神機能がおとろえ，喪失体験がある一方，経験が蓄積され，人格も円熟・調和される。この場合，これまでの自分の人生の意味や価値，新たな方向性を見いだすことによる自己実現への接近も可能となる。

❷ 生きがいと QOL の視点

生きがいと自己実現，尊厳

　マズロー（Maslow, A. H.）は，人間のもつ欲求を5段階に階層化しました（図1-2-4）。生理的欲求から承認欲求までは，外部からの物や人によって充足されることから欠乏欲求と呼ばれています。欠乏欲求が満たされることによって自己実現の欲求が生じます。自己実現の欲求は成長欲求とも呼ばれています。

　自己を実現したいということは，人間の欲求の特徴の1つであり，自己の才能，能力，可能性を十分にいかし，みずからを完成させ，なし得る最善を尽くそうとすることを求めます。これが生きがいにつながります。

　このような自己実現の欲求の達成，すなわち，人が一生を通じて個人として尊重され，その人らしく暮らしていくことはだれもが望むものです。そうした思いにこたえるためには，自分の人生を自分で決め，また，周囲からも個人として尊重される社会（尊厳を保持した生活を送ることができる社会）を構築していくことが必要となります。

■図 1-2-4　人間のもつ欲求（マズロー）

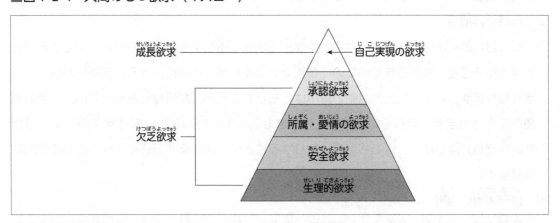

QOL という指標

　老化による心理や行動への影響を考えるときには，その人の生活の全体像をもとに考える必要があります。生活の全体像を考えるための1つの指標として QOL（➡第1巻 p. 56 参照）があります。QOL とは，ある個人の生活全体としての継続的な質の高さに着目する考え方です。近年，介護の領域でもその概念は重視されており，QOL の維持・向上は介護の目標ということもできます。

4 老化や障害を受け入れる適応行動とその阻害要因 ⋮⋮⋮

❶ 要介護状態と高齢者の心理

　要介護状態になることは，老年期の QOL を阻害する大きな危機といえます。QOL を可能な限り維持するために，介護の役割は非常に重要なものです。

① 生命や安全がおびやかされることへの恐怖や不安

　　要介護状態にともなう ADL⑤（➡ p. 62 参照）の低下により，生理的欲求や安全欲求が充足されにくい状態になります。このことは，生命や安全がおびやかされることへの恐怖感，不安感などにつながります。介護においては，まずは生理的欲求や安全欲求の充足が重要です。

② 人間関係，社会的活動の縮小

　　要介護状態は自立的な行動を制約することが多いため，人間関係や社会的活動が縮小しやすくなります。そのため，所属・愛情の欲求が満たされにくくなります。利用者の尊厳を重視した介護では，人間関係の構築が大きな課題になります。しかし，人間関係の欲求や志向性には個人差があります。その人が求めている人間関係について理解したうえで，その関係構築の支援をしていくことが求められます。

③ 自尊心の低下

　　要介護状態によってさまざまな活動や参加の制約が生じます。今までできていたことができなくなること，参加できていたのに参加できなくなったことによって，自尊心が低下しやすくなります。また，社会的活動の縮小は，もともとその人が自尊心をもっていた行動の価値を変化させます。自尊心の危機はさまざまな防衛的な行動を引き起こす原因にもなります。何でも介護したり，何でも管理したりすることは，ますます自尊心を低下させる原因になります。

④ 自己実現の阻害

　　急激に要介護状態になる場合もあれば，徐々に虚弱化が進行することで要介護になる場合もあります。それぞれの背景や過程に配慮しながら，その人が何を望んでいたのかを理解することが大切です。私たちの社会では自己実現の達成が重要視されており，要介護状態となっても，その欲求を理解し，支援しつづけることが大切です。

❷ 不適応状態を緩和する心理

適応機制（防衛機制）とは

　欲求が充足されない状態（欲求不満の状態）が継続すると，心理的な不適応状態が生じやすくなります。それを緩和し，心理的適応（安心，満足など）を得るためのこころのはたらきのことを適応機制（防衛機制）といいます。

　もちろん，適応機制によって真の欲求に対する満足が得られるわけではなく，場合によっては社会的に不適応な行動を引き起こす場合もあります。

　要介護状態によって欲求が充足されない状態が継続していくことは，適応機制による行動を引き起こすことがあります。そうしなければ心理的に耐えられなかったり，そうせざるを得なかったりする場合もあります。

　すべての行動が適応機制で説明できるわけではありませんが，行動の背景にある心理的理解の1つの可能性だと考えてください。適応機制には，**表1-2-2**のようなものがあります。

無力感や依存心の学習

　みずからの能力を使って環境にはたらきかけても効果がない状態が続くと，自分のコントロールの範囲を越えていることが認識され，**無力感**（自分では何もかもどうしようもない感覚）が生じやすくなります。このような状態を学習性無力感と呼び，そのあとに自力で可能なことがあっても，あきらめてそれに取り組まない傾向があらわれます。

　要介護状態は，それまで可能であった日常のさまざまなことを困難にするため，学習性無力感が生じやすく，本来できるはずのことまであきらめてしまう原因ともなります。

　また，高齢者は心身機能の低下のために**依存心**をもちやすくなるといわれています。要介護状態になると，なおさら依存的になりやすいことが指摘されています。しかし，高齢者はみずからの心身の状態によってのみ依存的になるのではなく，環境のなかでの本人と他者との交流の結果，依存的になることを学習しているという考え方も示されています。

　たとえば，介護の場面では，依存的な行動を指示し，それに従わせる場面がみられます（「危ないから，1人で歩かないで待っていて」）。また，自律的な行動を失敗すると，しかられるといった「罰」を与えられることもあります（「こんなに散らかして！」）。このような環境においては，要介護高齢者は自発性を抑え，依存性が高まりやすくなり，そのことによってかえって介護の負担が増してしまいます。

　このような学習性無力感や依存心は，介護の工夫によって，できる限り防ぐことが可能です。自尊心の低下を防ぎ，自立性を保つことが重要です。

■表 1-2-2　適応機制（防衛機制）の種類

攻撃 （こうげき）	物や他者に対して，感情をぶつけたり，乱暴したりする。自傷といった自分自身への攻撃に向かうこともある。
逃避 （とうひ）	困難な状況や場面を避けたり，ほかのことに熱中して問題に向き合うことを避けたり，空想の世界に逃れたりする。
退行 （たいこう）	過去への逃避であり，現在の問題を避けるために楽しかった過去に生きようとする。赤ん坊や子どものようにふるまって受動的で依存的な態度を示すこともある。
拒否 （きょひ）	課題となっている事実が存在しないかのようにふるまう。障害を認めなかったり，肉親の死を認めなかったりする場合もある。
代償 （だいしょう）	本来の目標がかなわない場合に，容易に達成できる目標を達成することで満足を得ようとする。
合理化 （ごうりか）	自分の失敗や欠点をそのまま認めず，社会的に容認されそうな理由をつけて，正当化する。
昇華 （しょうか）	基本的な衝動などを社会的に価値の高い方法に置き換える。たとえば，性や破壊の欲求をスポーツや芸術などに置き換えて表現することで満足感を得る。
同一視 （どういつし）	自分の欲求が満たされなくても，心理的に自分に近い他人の行動をあたかも自分のことのように感じて，欲求が満たされているように感じる。
投影 （とうえい）	自分自身がもつ不安を引き起こす衝動や考えを否認し，他者にその衝動や考えがあるかのように考える。
抑圧 （よくあつ）	不快な記憶や容認しがたい欲求を抑制して意識しないようにする。
反動形成 （はんどうけいせい）	自分がもっている知られたくない感情と正反対の行動をとる。好きな人に乱暴な態度をとってしまうといった例があげられる。

❸ 施設への入所・入居による環境の変化と心理

施設サービスの利用にともなう心理的影響

　現在の日本の介護施策は介護保険制度を中心に実施されており，「住み慣れた地域での生活を継続する」ことを1つの目標としています。しかし，要介護状態が重度化した場合には施設への入所や入居も検討する必要があります。

　施設では，それまでの自宅での生活環境とは異なる面も多く，環境的な面からの心理や行動への影響を念頭においた介護を提供していく必要があります。

住み慣れた地域と施設の立地

　地域密着型サービスをはじめとして，自宅から近い場所での入所や入居が可能になるような取り組みがなされていますが，施設は必ずしも自宅の近くで入所や入居できるとは限らないのが現状です。

　しかし，自宅と施設との距離が離れていると，家族や地域社会に対する喪失感や孤独感を強める場合があります。家族との関係調整や施設での人間関係の確立が，「所属・愛情の欲求」を満たし，施設での生活に適応するための重要な役割を果たします。

　また，施設が地域と切り離されて施設内だけで生活が完結しがちであることも，人間関係や社会的役割の縮小化につながりやすいといえます。施設においても，地域社会と連携をはかり，多様な社会的役割や人間関係を保つことが大きな課題です。

集団生活の影響

　また，環境の変化として，施設では集団生活となる点があげられます。施設のなかには，入居定員が小規模に限定された，**ユニットケア**⑥（➡ p.62 参照）が行われているものもありますが，それでも，利用者は自宅では経験しない人数での集団生活を送ることになります。

　集団生活においては，自宅生活のなかで社会的交流をもつのとは異なった人間関係の軋轢が生まれることがあります。人間関係の軋轢はどこにでもあることですが，それをどのように受け止めているか理解し，生活への影響を見守る必要があるといえます。

介護に関するからだのしくみの基礎的理解

学習のポイント 📝

● 生命の維持・恒常のしくみを理解する
● 骨や関節など，からだの動きのメカニズムを理解する
● 神経の種類と，そのはたらきを理解する
● 眼や耳，心臓をはじめとするからだの器官のはたらきを理解する

1 生命の維持・恒常のしくみ ::::::::::::::::::::::::::::

　人体は，体の内部・外部の環境が変化しても，一定の状態を保つ生態的機能がはたらいており，これを**ホメオスタシス（恒常性）**といいます。この機能が低下すると人体にさまざまな影響を及ぼします。人体への異常を早期に発見するには，**バイタルサイン（生命徴候）**の観察が欠かせません。バイタルサインとは，体温・呼吸・脈拍・血圧をさし，場合によっては意識の状態も含めます。

❶ 体温

体温とは

　体温とは，身体内部の温度のことをいいます。腋窩（わきの下）や口腔内，直腸などの温度をはかることによって得られた値を体温と呼んでいます。

　人間は恒温動物であり，環境が変わっても体温を一定に保つ調節機能をもっています。これは，熱の産生と放散のバランスによって成り立っています。

　体温の調節には皮膚の血管と汗が関与しています。外界の温度が低いときは，血管が収縮して体表面を流れる血液量を少なくし，熱の放散を防ぎます。逆に外界の温度が高いときは，血管が拡張して体表面を流れる血液量を多くし，熱を放散して汗を出します。この汗が蒸発する際の気化熱により，体温を下げるはたらきをします。

体温のはかり方

体温は，一般的に腋窩ではかる場合が多いですが（図1-3-1・表1-3-1），口腔（舌下），直腸（肛門），耳腔内でもはかることができます。しかし，体温は部位によって違いがあるため，一定の部位ではかるようにします（表1-3-2）。

■図1-3-1 腋窩（わきの下）での体温のはかり方

■表1-3-1 腋窩（わきの下）で体温をはかる際の留意点

❶ **体温計をはさむ前に汗をふく**
濡れていると正確に測定できない。
❷ **片麻痺がある場合は，健側で測定する**
患側は血液循環が悪く代謝も低いため，体温が低くなりがちである。仰臥位で測定することがよい。側臥位になっている場合，下にした部位での測定でも，体温が低くなる。
❸ **腋窩の中央より前寄りに，下方からくぼみに向かって差しこむ**
体温計の先端部が皮膚に密着しているかどうか確認することが必要である。
❹ **自分でできない場合，検温している側の腕を介護職の手でしっかり押さえる**
やせている利用者の場合，皮膚を密着させることがむずかしいことがある。

■表1-3-2 さまざまな条件で変化する体温

❶ **個人差**
利用者によって体温には差がある。平熱を知ることが大切である。
❷ **日内差**
早朝や睡眠中の体温は低めである。午後3時ごろがもっとも高いとされている。
❸ **年齢差**
高齢者は成人よりも体温は低めである。
❹ **環境**
電気毛布を使用していたり，衣服を多く着たりしている場合は，体温は高めになる。

❷ 呼吸

呼吸とは

　呼吸とは，体内に酸素を取りこみ，体外に二酸化炭素を排出するガス交換のことをいいます。具体的には，口や鼻から吸いこんだ空気が，喉頭，気管を通り，左右の気管支に分かれて肺にいたり，そこで酸素と二酸化炭素のガス交換が行われます。二酸化炭素を含んだ空気は，同じルートを通って口や鼻から外に吐き出されます。

　呼吸には，内呼吸（➡第2巻 p.49 参照）と外呼吸（➡第2巻 p.49 参照）がありますが，一般に私たちが呼吸といっているのは外呼吸のことです。

　呼吸は無意識のうちに行われていますが，自分の意思によっても調節することができます。たとえば，痰や異物が喉頭や気管支に近づくと，意識的に強い息（咳やくしゃみ）で追い出そうとします。

呼吸運動

　呼吸運動とは，肺を伸び縮みさせて，その中の空気を入れ替える運動のことをいいます。肺は筋肉をもっていないので，外肋間筋（肋骨のあいだをつなぐ筋肉）と横隔膜の収縮によって呼吸運動が行われます。呼吸が絶え間なく行われるのは，延髄にある呼吸中枢からの刺激が，外肋間筋と横隔膜に達するためです。

呼吸数のはかり方

　呼吸数をはかるときは，手を利用者の胸，もしくはおなかの上に軽く置いて，1分間，その動きを数えます。また，胸腹部の上下運動で数える方法もあります（**図1-3-2**）。上下運動は，真正面から見るよりは，やや斜め側面から見たほうがよくわかります。

　なお，呼吸をはかられていると感じると，速さやリズムが変化してしまうため，いつはかったか本人にわからないようにすることが大切です。

　呼吸数は，年齢や体格によって違うほか，気温，体位，運動や発熱などの状況によっても変わります。健康なときの1分間あたりの呼吸数は，成人で約12～18回程度，5歳児では約25回，乳児では約30回といわれています。

　1分間あたりの呼吸数が増加することを頻呼吸といいます。発熱，肺炎，呼吸不全でよくみられます。一方で，1分間あたりの呼吸数が減少することを徐呼吸といい，脳圧亢進でよくみられます。

■図 1-3-2　呼吸数のはかり方

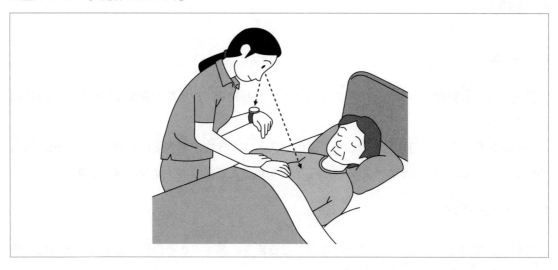

■表 1-3-3　呼吸リズムの異常

チェーンストークス呼吸	無呼吸が数十秒続いたあと，呼吸が徐々に増大し，ついで徐々に減少し，再び無呼吸になる。これをくり返す：脳出血，脳梗塞でよくみられる
ビオー呼吸	大きな呼吸がしばらく持続したあと，突然消失し，しばらく無呼吸が続き，再び大きな呼吸が始まる：髄膜炎でよくみられる
クスマウル呼吸	呼吸数が少なく，異常に深い呼吸が規則正しく続く：尿毒症，糖尿病性昏睡でよくみられる

■表 1-3-4　呼吸音の異常

いびき音（グーグー）	比較的太い気管支が狭窄した場合
笛音（ヒューヒュー）	細い気管支が狭窄した場合（気管支喘息，異物吸引など）

　呼吸数をはかるときに，ふだんよりも回数が異常に多かったり少なかったりする場合や，表 1-3-3 のようなリズムの異常，表 1-3-4 のような呼吸音の異常があった場合は，医療職に報告しましょう。

❸ 脈拍

脈拍とは

　脈拍とは，心臓から血液を全身に送り出すときの鼓動で，からだの表面から感じとれる拍動のことです。

　脈拍に触れると，脈拍数だけでなく，脈のリズム，大きさ，緊張度などがわかるため，体温や呼吸とともに，高齢者のからだの状態を把握するうえで重要なサインとなります。

脈拍のはかり方

　脈拍は，用具を使わなくてもはかることができます。測定できる部位としては，おもに①橈骨動脈，②上腕動脈，③浅側頭動脈，④頸動脈，⑤大腿動脈，⑥膝窩動脈，⑦足背動脈の7か所があります。

　脈拍をはかるときは，人差し指・中指・薬指の3本をそろえて，指の腹を動脈に当ててはかります。親指は自分の脈を感じとってしまうため用いません（図1-3-3）。

　強く押さえて拍動を感じない場合，血圧は正常です。また，押さえている指先に脈圧が押し上げるように感じる場合には，血圧が高いおそれがあります。

　健康な成人の脈拍数は1分間で60〜80回程度であり，女性は同年の男性よりも多いとされています。また，運動後，食後，排便後，入浴直後は脈拍数が多く，睡眠時には減少します。

■図1-3-3　各部位の脈拍のはかり方

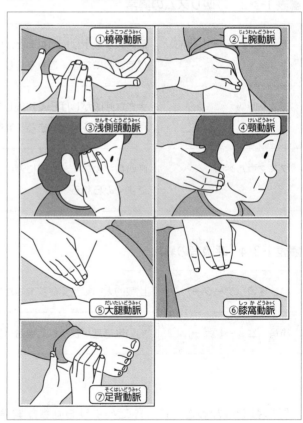

①橈骨動脈
②上腕動脈
③浅側頭動脈
④頸動脈
⑤大腿動脈
⑥膝窩動脈
⑦足背動脈

④ 血圧

血圧とは

血圧とは，心臓から全身に血液を送り出すとき，左心室の収縮によって生じる動脈の圧力のことをいいます。血圧は血液が血管の壁を押している力なので，動脈にも静脈にもそれぞれ血圧はありますが，静脈の場合は静脈圧と呼んで区別しています。私たちが一般的に血圧と呼んでいるのは，上腕動脈の血圧のことです。

血圧は，心臓の収縮期にもっとも高くなります。このときの血圧を最高血圧，あるいは収縮期血圧といいます。これに対して，心臓の拡張期に血圧は最低となるので，このときの血圧を最低血圧，あるいは拡張期血圧といいます。

血圧の正常値は，120／80mmHg 未満と日本高血圧学会のガイドラインで定義されていますが（表1-3-5），年齢，性別，運動，食事などによって測定値は変わります。また，血圧は体位によって変動します。

■表1-3-5　最高血圧・最低血圧のガイドライン

WHO（世界保健機関）国際高血圧学会（ISH）の分類	
最高血圧（収縮期血圧）	140mmHg 未満
最低血圧（拡張期血圧）	90mmHg 未満

分類	診察室血圧（mmHg）			家庭血圧（mmHg）		
	収縮期血圧		拡張期血圧	収縮期血圧		拡張期血圧
正常血圧	<120	かつ	<80	<115	かつ	<75
正常高値血圧	120-129	かつ	<80	115-124	かつ	<75
高値血圧	130-139	かつ／または	80-89	125-134	かつ／または	75-84
Ⅰ度高血圧	140-159	かつ／または	90-99	135-144	かつ／または	85-89
Ⅱ度高血圧	160-179	かつ／または	100-109	145-159	かつ／または	90-99
Ⅲ度高血圧	≧180	かつ／または	≧110	≧160	かつ／または	≧100
（孤立性）収縮期高血圧	≧140	かつ	<90	≧135	かつ	<85

出典：日本高血圧学会高血圧治療ガイドライン作成委員会編「高血圧治療ガイドライン2019」日本高血圧学会，p.18，2019年

2 人体の各部の名称と動きに関する基礎知識 ::::::::::

　私たちのからだは人体と呼ばれ，多くの細胞が組み合わされて構成されています。人体は皮膚や粘膜でおおわれ外界と区別された個体です。私たちが生きるための生命活動は，人体を構成している1つひとつの細胞で行われています。細胞のうち同じ形態や機能をもつ細胞が集まり組織がつくられ，いくつかの組織が集まり一定の形態と機能を営む器官をつくります。器官は互いに連携して同じ目的のためにはたらきます。

　私たちの生命活動を維持するために，呼吸・消化吸収・排泄などにかかわる器官がそれぞれの機能をにないつつ，ほかの器官と連携しています。たとえば，私たちは呼吸器により呼吸をしています。しかし，呼吸が止まると酸素をからだに入れ，二酸化炭素をからだの外に出すことができなくなり，生命活動が危険にさらされます。また，呼吸器で得られた酸素は，心臓と血管・血液の循環器のはたらきによりからだの細胞に送られ，細胞から二酸化炭素がからだの外に運び出されますが，心臓が止まるとこの循環が止まり，生命維持ができなくなります。

　さらに，生命活動を維持するためには，外界から食べ物や水分を取り入れ，消化・吸収・排泄を行う必要があります。吸収された栄養素や必要な物質（酵素やホルモンなど）は循環器によりからだに送られていきます。不必要なものは消化器や排泄器に送られ，からだの外に出されます。このようにからだの構造と機能は，それぞれが連携することによって生命維持がされます。

　人体は，大きく体幹と体肢に分けられます。体幹は頭部・頸部・胸部・腹部に区分できます（頭部を除く場合もあります）。また，体肢は上肢（上腕部・前腕部・手）と下肢（大腿部・下腿部・足）からなります。人体が生命活動を行う際には，体幹と体肢の機能が連携し，行動につながっていることも忘れてはいけません。人体各部の名称を理解することは，多職種と連携する際にも大切になります。

■図 1-3-4　人体の各部の名称

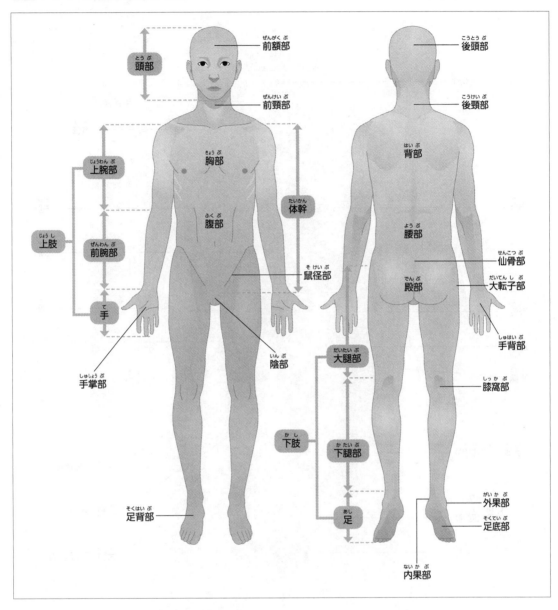

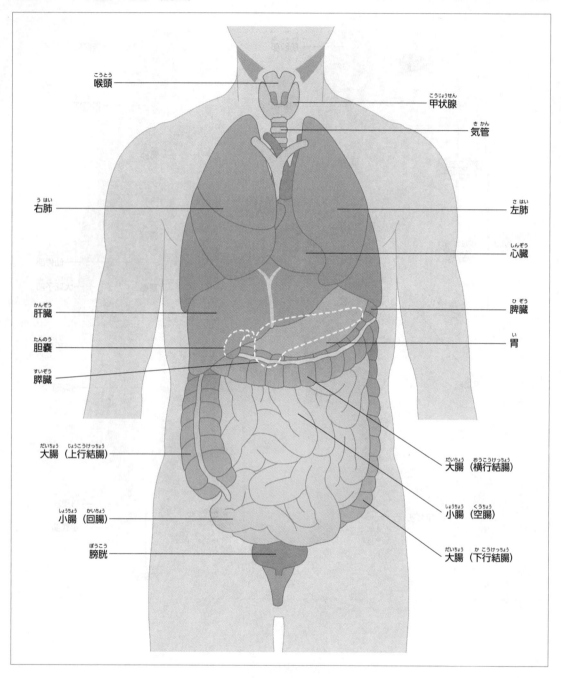

喉頭
甲状腺
気管
右肺
左肺
心臓
肝臓
脾臓
胆嚢
胃
膵臓
大腸（上行結腸）
大腸（横行結腸）
小腸（回腸）
小腸（空腸）
膀胱
大腸（下行結腸）

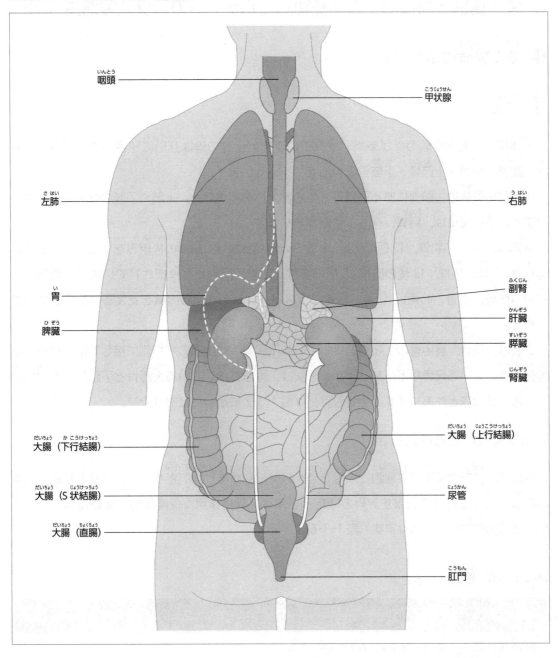

咽頭
甲状腺
左肺
右肺
胃
副腎
脾臓
肝臓
膵臓
腎臓
大腸（下行結腸）
大腸（上行結腸）
大腸（S状結腸）
尿管
大腸（直腸）
肛門

3 骨・関節・筋に関する基礎知識とボディメカニクスの活用 ::::::

❶ 骨の構造とはたらき

骨と骨格

人体には，約200個の骨があるとされています。全身の骨は互いに結合して，頭蓋骨・脊柱・胸郭・骨盤・上肢骨・下肢骨の骨格をつくっています。

からだの骨格は，頭部にある頭蓋骨，中心部分にある体幹と，上肢や下肢の体肢に分かれています。体幹部には，胸郭，脊柱，骨盤があります。

胸郭は，12対の肋骨，12個の胸椎，1個の胸骨からなり，胸部の枠組みをつくっています。脊柱は，7個の頸椎，12個の胸椎，5個の腰椎，仙椎，尾椎から構成されています。骨盤は，寛骨（腸骨，坐骨，恥骨），仙骨，尾骨からなり，体幹の底から内臓を支えるはたらきをしています。

上肢は，鎖骨，肩甲骨の上肢帯と接している上腕骨，前腕部の親指側に接している橈骨，小指側に接している尺骨などがあります。下肢は，骨盤に接している大腿骨と下腿にある太い脛骨，細い腓骨などがあります。全身の骨格は**図1-3-7**に示したとおりです。

骨のつくられ方とはたらき

骨には，骨をつくる骨芽細胞と，骨を壊す破骨細胞があり，両者がバランスをとりながら骨の破壊と新生を行っています。骨のはたらきには，支持作用，保護作用，運動作用，造血作用，電解質貯蔵作用があります（**表1-3-6**）。

■表1-3-6　骨のはたらき

作用名	はたらき
支持作用	頭や内臓を支え，身体の支柱となる。
保護作用	骨が集まり，骨格を形成し頭蓋腔や胸腔などをつくる。重要な臓器や器官を収める。
運動作用	付着する筋の収縮により運動が行われる。
造血作用	骨髄で血球成分（赤血球・白血球・血小板）をつくる。
電解質貯蔵作用	カルシウム・リン・ナトリウム・カリウムなどの電解質を蓄え，必要に応じて血液内に送り出す。

■図 1-3-7　全身の骨格

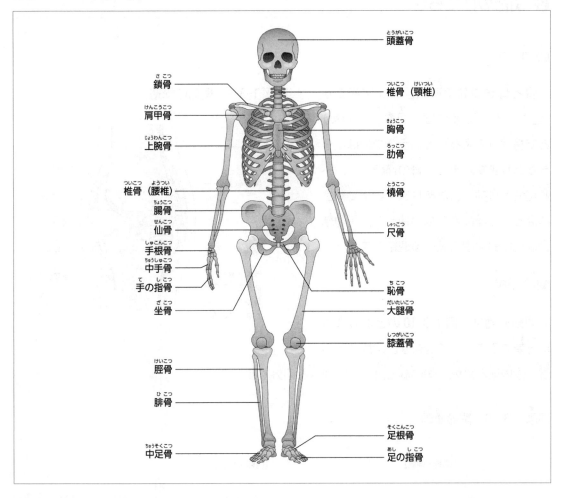

鎖骨（さこつ）		頭蓋骨（とうがいこつ）
肩甲骨（けんこうこつ）		椎骨（頸椎）（ついこつ・けいつい）
上腕骨（じょうわんこつ）		胸骨（きょうこつ）
椎骨（腰椎）（ついこつ・ようつい）		肋骨（ろっこつ）
腸骨（ちょうこつ）		橈骨（とうこつ）
仙骨（せんこつ）		尺骨（しゃっこつ）
手根骨（しゅこんこつ）		恥骨（ちこつ）
中手骨（ちゅうしゅこつ）		大腿骨（だいたいこつ）
手の指骨（て・しこつ）		膝蓋骨（しつがいこつ）
坐骨（ざこつ）		
脛骨（けいこつ）		
腓骨（ひこつ）		足根骨（そくこんこつ）
中足骨（ちゅうそくこつ）		足の指骨（あし・しこつ）

骨の構造

　骨は，関節面を除き，骨膜におおわれ，緻密質と海綿質からなる骨質と，髄腔内の骨髄によって構成されています（図1-3-8）。骨膜は白色の薄い膜で，多くの神経や血管が走っています。骨質はカルシウムやリンを主成分とするかたい部分です。細かな血管の通り道にもなっています。骨髄は骨質の内部にある海綿質の部分です。骨髄腔は黄色や赤色の骨髄で満たされており，赤血球・白血球・血小板の生成を行っています。

■図 1-3-8　骨の構造

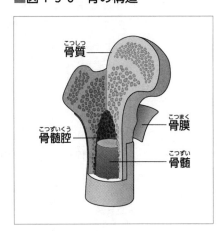

骨質（こつしつ）	
骨髄腔（こつずいくう）	骨膜（こつまく）
	骨髄（こつずい）

❷ 関節のはたらき

関節とは

　骨と骨をつなぐ連結部分が関節です（図1-3-9）。関節には，可動性（動く）と支持性（支える）という2つのはたらきがあります。また，骨の連結には，不動結合と可動結合があります。不動結合はほとんど運動性のない連結で，可動結合は比較的自由に動ける連結です。

関節運動

　関節運動は，図1-3-10のとおり8つに分類することができます。①屈曲と伸展，②内転と外転，③内旋と外旋，④回内と回外です。

■図1-3-9　関節の構造

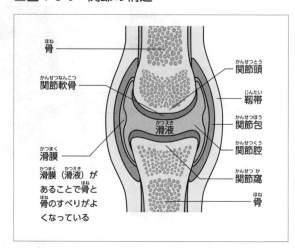

■図1-3-10　関節運動

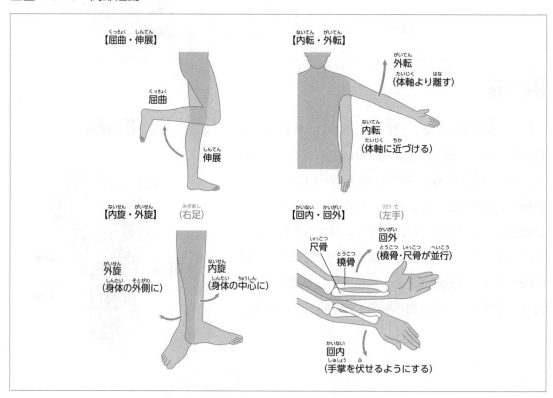

関節可動域

　関節が動く範囲を可動域といいます。可動域は，関節構造の特徴や形状によって決まります。関節可動域には個人差があり，そのほかに影響するものに性別や年齢などがあります。一般的には，加齢により関節可動域は小さくなる傾向があります。

　関節可動域は，自動的関節可動域（自分で動かせる可動域），他動的関節可動域（他者が動かす可動域）の2つに分類することができます。通常は他動的関節可動域のほうが大きくなります。

関節可動域の制限

　関節をある程度の角度まで伸ばし，それ以上伸びないものを伸展制限，その逆を屈曲制限といいます。寝たきり状態や関節を動かさない状態が続くと，関節可動域が小さくなる拘縮という状態になります。この状態にならないためには，予防が大切です。

関節の拘縮予防

　拘縮が起きた状態では，関節可動域が小さくなることだけでなく，筋肉の萎縮や筋力低下，骨密度の低下なども起きている場合があります。拘縮を予防する治療には，温熱療法やストレッチなどがあります。医師やリハビリテーション職が中心となり行います。

❸ 筋肉のはたらき

　からだを動かすとは，筋肉（図1-3-11）を収縮し，関節を屈曲や伸展させることです。このときにはたらく筋肉は自分の意思で動かすことのできる骨格筋です。関節の屈曲や伸展には複数の筋肉がかかわっています。また，筋肉はからだを動かすだけでなく，呼吸運動や消化管の蠕動運動などのはたらきもあります。

■図1-3-11　おもな筋肉

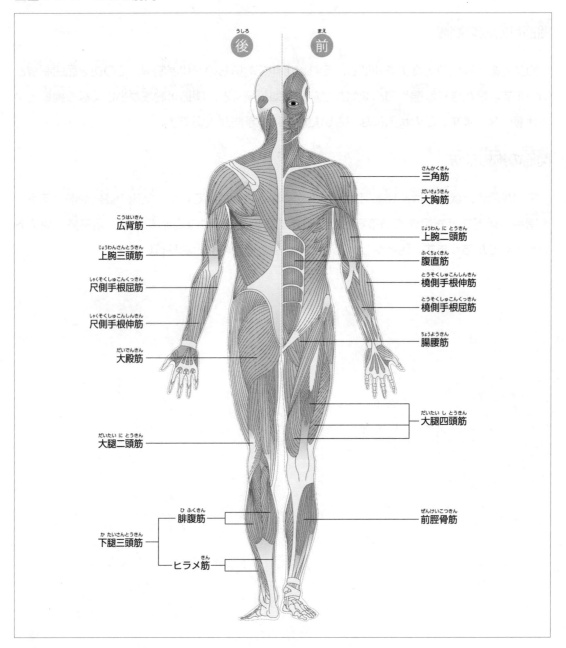

筋肉のはたらき

筋肉（骨格筋）には，動きをつくり出す，関節を保護する，姿勢を保持する，血液の循環をうながす，エネルギーを消費する，代謝を行う，からだのラインをつくるといったはたらきがあります（表1-3-7）。

■表1-3-7　筋肉のはたらき

動きをつくり出す	からだの動きは，筋肉の収縮で行われる。
関節を保護する	筋肉は関節に加わる衝撃を吸収し，負担を軽減する。
姿勢を保持する	多くの筋肉で姿勢が保持されている。
血液の循環をうながす	下肢の筋肉は血液を心臓に戻すためのポンプのはたらきをしている。
エネルギーを消費する	1日に消費するエネルギーの70％は筋肉によって消費される。
代謝を行う	筋肉は糖の代謝の向上に関係している。
からだのラインをつくる	重力にさからい，からだの各部のパーツをもち上げるため，からだのラインがつくられる。

筋肉量の減少と影響

筋肉量は20～30歳代がピークで，それ以降は日常生活程度の動きでは，年々減少するといわれています。加齢にともない筋肉量が減少することをサルコペニアと呼びます。筋肉量が減少すると，日常生活や身体にさまざまな弊害が起こります。

たとえば，筋力の低下，基礎代謝の低下，スタイルがくずれる，姿勢が悪くなる，転倒リスクの増加，関節痛の発症・増加，医療費の増加があげられます。

筋肉量の減少に対する予防

大腿伸筋群は男女ともに，70歳代では，20歳代の約60％程度に減少するため，立ち上がり動作や歩行動作に支障が出るとされています。

しかし，たとえ高齢であっても，日常生活の維持を行いながら，運動により適度に刺激を加えたり，食事・休養を適切にとったりすることで，筋肉量の減少の予防につながります。

❹ ボディメカニクスの活用

ボディメカニクスとは

　ボディメカニクスとは，骨格や筋肉および内臓器官などの相互関係で起こる身体の動きのメカニズムのことです。表1-3-8は，ボディメカニクスの基本原理になります。

　身体の動きは重心の移動をともないます。介助場面では，身体の動きにともなって移動する重心を意識して介助します。また，姿勢の安定が重要です。**支持基底面積**⑦ （➡ p.63 参照）を広く，重心の位置を低くし，安定した姿勢をとり，腰や背中に過剰な負担がかからないようにしましょう。

■表1-3-8　ボディメカニクスの基本原理

❶ **支持基底面積を広くとり，重心位置を低くする**
　支持基底面積が広く，重心位置が低いと，身体がより安定する（図1-3-12）。
❷ **介助する側とされる側の重心位置を近づける**
　重心位置を近づけることで，より少ない力での介助が可能になる（図1-3-13）。
❸ **大きな筋群を利用する**
　背筋全体や大殿筋を利用することで介助が容易になり，腰痛を防ぐことができる（図1-3-14）。
❹ **介助される側の身体を小さくまとめる**
　介助される側の腕を組んだり膝を立てたりして，身体を小さく1つにまとめると動かしやすくなる（図1-3-15）。
❺ **「押す」よりも手前に「引く」**
　押すよりも引くほうが，摩擦を軽減でき，力を分散させないため，より少ない力で動かすことができる（図1-3-16）。
❻ **重心の移動は水平に行う**
　足を広げて立ち，介助する側が下肢の動きのみで水平に移動することで，安定した移動が可能になる（図1-3-17）。
❼ **身体をねじらず，骨盤と肩を平行に保つ**
　骨盤と肩を平行に保つことで，腰部への負担が軽減できる（図1-3-18）。
❽ **てこの原理を応用する**
　より少ない力で介助することが可能になる（図1-3-19）。

■図 1-3-12　支持基底面積の広さと安定性

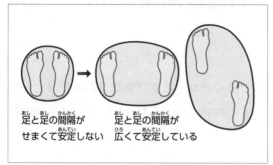

足と足の間隔が
せまくて安定しない

足と足の間隔が
広くて安定している

■図 1-3-13　重心位置を近づける

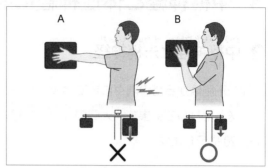

A　　　　　　B

✕　　　　　　○

■図 1-3-14　大きな筋群を利用する

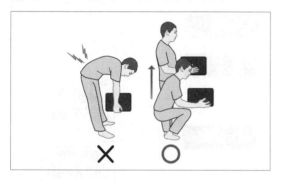

✕　　　　　　○

■図 1-3-15　身体を小さくまとめる

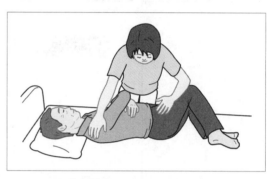

■図 1-3-16　「押す」よりも手前に「引く」

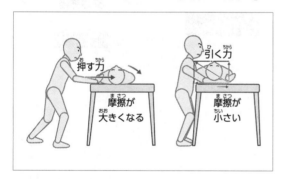

押す力

摩擦が
大きくなる

引く力

摩擦が
小さい

■図 1-3-17　重心の移動

■図 1-3-18　身体をねじらない

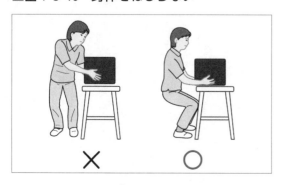

✕　　　　　　○

■図 1-3-19　てこの原理の応用

支点

4 中枢神経と体性神経に関する基礎知識 ::::::::::::::::

❶ 中枢神経と末梢神経

　神経細胞はからだの隅々にまでネットワークをはりめぐらせ，さまざまな情報を受けとったり，送ったりしています。人間の神経は中枢神経と末梢神経に分けられます。神経の分類を図1-3-20 に示します。

■図 1-3-20　神経の分類

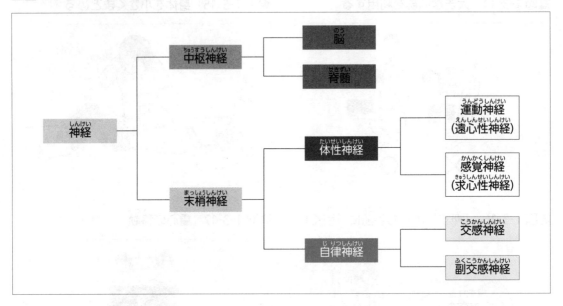

中枢神経のはたらき

中枢神経は脳と脊髄からなり，運動，感覚，自律機能といった身体のさまざまな機能を統合・制御しています。末梢神経から情報を受けとり，反応して，末梢神経に指示を伝えます。

① 脳

脳は頭蓋骨の中にあります。大脳，間脳，中脳，橋，延髄，小脳に区分され，中脳，橋，延髄を脳幹といいます（図1-3-21）。それぞれ表1-3-9のような役割をになっています。

② 脊髄

脊髄は脊柱管の中にあります。身体各部の感覚を脳に伝え，脳からの運動命令も脊髄を通って筋肉に伝えられます。また，脊髄には反射の中枢としての機能もあり，これを脊髄反射といいます。情報が脳に行かず，脊髄だけで素早く処理されます。

■図1-3-21　脳の構造

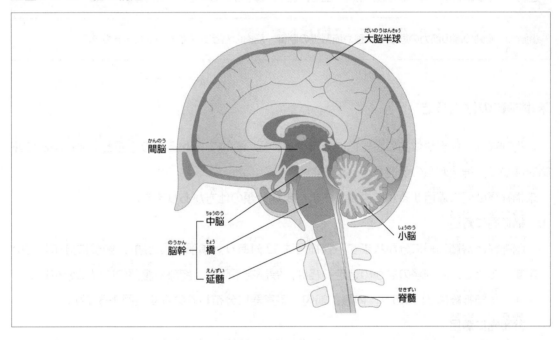

■表 1-3-9　脳の役割

大脳	大脳の表面は大脳皮質と呼ばれ，灰白質でできている。深部は大脳髄質と呼ばれ，白質でできている。大脳皮質は部位により思考，感情，感覚，運動，言語などそれぞれの役割があり，大脳の機能局在という。
間脳	視床と視床下部に分けられる。視床は感覚系の神経経路の中継所である。視床に届いた感覚情報の「快」「不快」を認識するが，細かい認識は大脳皮質の感覚野で行う。視床下部は食欲・性欲・疼痛・口渇などの中枢であり，自律神経やホルモンの中枢がある。
中脳	大脳と脊髄，小脳を結ぶ神経の通り道であり，さまざまな反射の中枢である。
橋	大脳，小脳，脊髄などとの連絡路である。橋を含む脳幹全体に網様体と呼ばれる灰白質があり，意識や覚醒，睡眠のサイクルなどにかかわっている。
延髄	生命維持に不可欠な呼吸，心拍，血圧，嚥下，嘔吐などの中枢がある。
小脳	運動の際の筋力の微妙な調整や筋緊張の制御，筋肉のバランスをとるはたらきがある。

末梢神経のはたらき

　末梢神経は，体表や体内の諸器官に分布する神経の総称で，からだの各部と中枢神経との連絡をはかり，神経刺激の伝達を行います。
　末梢神経は何に着目するかにより，さまざまな分類の仕方があります。

① 構造面に着目

　脳神経と脊髄神経に分かれます。脳神経は 12 対あり，頭部（頭と顔），頸部に分布しています。ただし，脳神経のなかの迷走神経は，頸部を下降し，胸部や腹部の内臓に分布しています。脊髄神経は 31 対あり，内臓，筋肉，感覚器に分布しています（図 1-3-22）。

② 分布先に着目

　体性神経と自律神経に分かれます。体性神経は骨格筋，骨，関節，腱，皮膚などのからだの骨格系・外皮系に分布し，運動神経と感覚神経で構成されています。自律神経は内臓，血管，平滑筋，分泌腺などに分布し，交感神経と副交感神経で構成されています。

■図 1-3-22　脊髄と脊髄神経

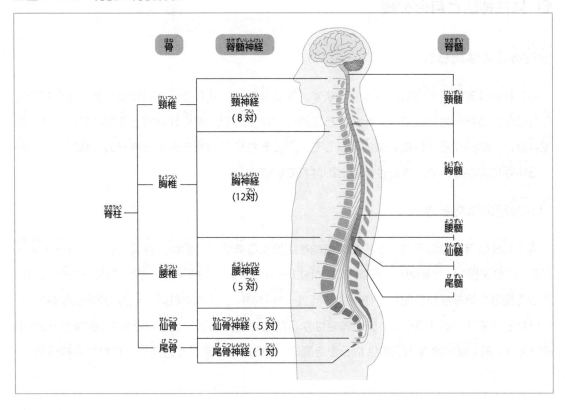

❷ 体性神経と自律神経

体性神経のはたらき

　体性神経は運動と感覚をになっています。運動神経は，脳から出された指令を，からだの各部分に伝える神経の総称です。中枢から末梢に向かうので，遠心性神経と呼ばれています。感覚神経は，体外から受けた刺激に興奮して，脳にそれらの情報を伝える神経の総称です。末梢から中枢に向かうので，求心性神経と呼ばれています。

自律神経のはたらき

　自律神経は無意識のうちにからだの機能を調節する神経で，循環，呼吸，消化，発汗・体温調節，内分泌機能，生殖機能，代謝をコントロールします。交感神経と副交感神経に分けられ，1つの臓器を両神経が支配し，作用は拮抗（一方の神経が促進すれば，他方の神経が抑制）してはたらきます（図1-3-23）。交感神経はからだを活動，緊張，攻撃などの方向に向かわせる神経です。副交感神経は内臓のはたらきを高め，からだを休ませる方向に向かわせる神経です。

■図 1-3-23　交感神経と副交感神経の関係

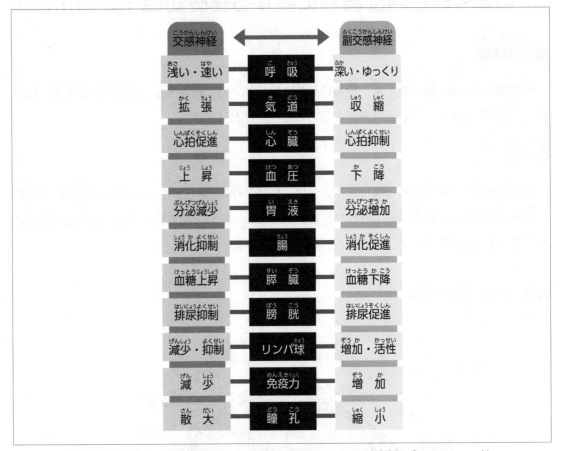

交感神経	⟷	副交感神経
浅い・速い	呼吸	深い・ゆっくり
拡張	気道	収縮
心拍促進	心臓	心拍抑制
上昇	血圧	下降
分泌減少	胃液	分泌増加
消化抑制	腸	消化促進
血糖上昇	膵臓	血糖下降
排尿抑制	膀胱	排尿促進
減少・抑制	リンパ球	増加・活性
減少	免疫力	増加
散大	瞳孔	縮小

出典：いとう総研資格取得支援センター編『見て覚える！介護福祉士国試ナビ 2023』中央法規出版，p.152，2022 年

5 自律神経と内部器官に関する基礎知識 ::::::::::::::

❶ 感覚器

　感覚器には，眼・耳・鼻・舌・皮膚に代表される視覚器，聴覚・平衡感覚器，嗅覚器，味覚器，外皮があります。それぞれ外部からの刺激を受けとります。

視覚器

　視覚器は眼球と副眼器からなります。光は，「角膜→前眼房→瞳孔→水晶体→硝子体→網膜」と進み，網膜で光が電気信号に変わり，視神経を伝わって脳の視覚野へ達し，ものを見ることができます（図1-3-24・表1-3-10）。

■図1-3-24　眼球の構造

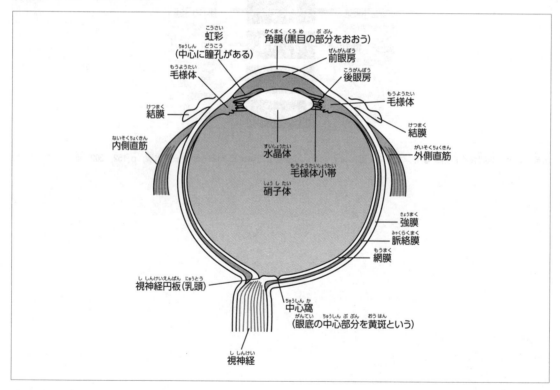

■表1-3-10　眼の構造とそのはたらき

眼球	眼球壁	外膜，中膜，内膜の3枚の膜からなる。
	水晶体	両凸レンズ状で，辺縁は毛様体に連結されている。
	硝子体	ゼリー状の組織で眼球の5分の3を占め，眼球の内圧を保つ。
	眼房水	眼房を満たす体液のことで毛様体でつくられる。後眼房から前眼房に流れ出し，眼圧を保つとともに角膜や水晶体にアミノ酸などの栄養分を与える。
	網膜	眼球内部にあり，視細胞が受容器である。
副眼器		眼瞼，結膜，眼筋，涙器などがあり，眼球を保護し，そのはたらきを助ける。

聴覚・平衡感覚器

　聴覚・平衡感覚器は聴覚と平衡感覚をつかさどる器官であり，外耳，中耳，内耳からなります。音は「外耳→中耳→内耳」と進み，音の振動は蝸牛で電気信号に変わり，蝸牛神経を伝わって脳の聴覚野に達し，音を認識することができます。また，内耳は平衡感覚器の主要部であり，前庭と三半規管が感受しています（図1-3-25・表1-3-11）。

■図1-3-25　耳の構造

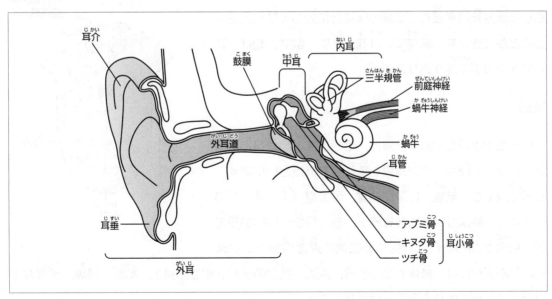

■表1-3-11　耳の構造とはたらき

① 外耳
・耳介は音波を集める。
・外耳道は音波を中耳に伝える通り道である。
・音波は外耳道の突きあたりにある鼓膜を振動させ，中耳に伝わる。

② 中耳
・鼓膜の奥に鼓室があり，3つの耳小骨（ツチ骨，キヌタ骨，アブミ骨）が鼓膜につながっている。
・鼓膜が振動すると，耳小骨で増幅され内耳に伝わる。

③ 内耳
・聴覚を担当する蝸牛と，平衡感覚をつかさどる三半規管と前庭からなる。
・音の振動は蝸牛で電気信号に変換され，蝸牛神経を通って大脳に伝わる。
・頭部の回転は三半規管で感知し，電気信号に変換され，前庭神経を通って大脳に伝わる。
・蝸牛神経と前庭神経をあわせて，聴神経または内耳神経という。

嗅覚器

　嗅覚器はにおいを感じる器官であり，鼻腔上部（鼻の奥の天井部分）には嗅細胞があります。においは嗅細胞で電気信号に変わり，その電気信号が脳の嗅覚野に達することでにおいを認識することができます。

味覚器

　味覚器は味を感じる器官であり，舌の表面には舌乳頭が多数あり，多数の味蕾が分布しています（図1-3-26）。味蕾から感覚神経を伝わって脳の味覚野に達して味を認識することができます。味覚には甘味，苦味，酸味，塩味，旨味の5つの基本味があります。

皮膚

　からだの表面をおおう皮膚と，毛や爪などの角質と，脂腺・汗腺・乳腺などの皮膚腺を総称して外皮といいます。皮膚感覚には，触覚，圧覚，痛覚，温度覚（温・冷）があります。皮膚より深部にある皮下，筋，骨膜や関節の受容器に刺激が加わることで生じる感覚を深部感覚といいます。深部感覚には，身体諸部の位置，運動，振動の状態を知る感覚と，筋膜，骨膜，関節などの損傷によって生じる深部痛覚があります。

■図1-3-26　舌の構造

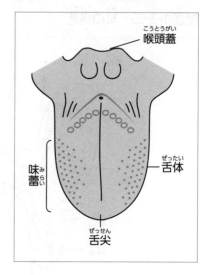

喉頭蓋

味蕾

舌体

舌尖

❷ 呼吸器

肺の位置と構造

　胸部とは，首と腹部にはさまれた部分をいいます。胸部には，中央よりやや左寄りに心臓があります。肺は胸部の大部分を占める臓器で横隔膜の上に位置し，右肺は3葉，左肺は2葉に分かれています（図1-3-27）。肺はぶどうの房のように集まった肺胞と，これらを囲む編み目のような毛細血管でできています（図1-3-28）。

■図1-3-27　肺の構造

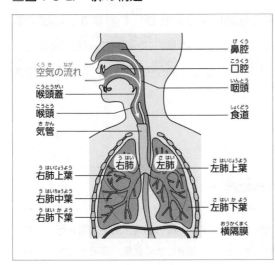

■図1-3-28　肺胞

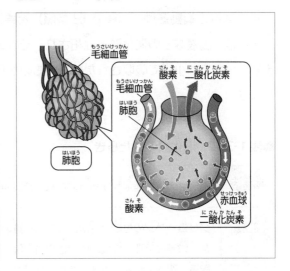

上気道と下気道

　空気が鼻腔から入って肺に達するまでの通り道を気道といいます。鼻腔，咽頭，喉頭，気管，気管支，肺からなり，鼻腔から喉頭までを上気道，喉頭から先の肺までを下気道といいます。

外呼吸と内呼吸

　呼吸とは，代謝に必要な酸素を細胞に供給し，細胞から代謝の際に生じた二酸化炭素を除去することです。気道に吸いこまれた空気は肺胞に達し，肺胞周囲の毛細血管を流れる血液に酸素を与え，二酸化炭素を血液から受けとります。このガス交換を外呼吸といいます。
　血液中に溶けこんだ酸素は赤血球内の血色素（ヘモグロビン）に結合して全身に運ばれ，末梢の毛細血管から細胞に移り，二酸化炭素は細胞から毛細血管内の血液に移ります。このガス交換を内呼吸といいます。

❸ 消化器

消化器系とは

消化器系は，食べ物を摂取し，それを腸管から吸収できる程度まで分解し吸収して，血液中に送るはたらきをし，食物残渣の排泄を行う器官の集まりです。消化器系は，**消化管と消化腺**からなります。消化管は，口腔から咽頭・食道・胃・小腸・大腸・肛門までの1本の管腔臓器で，消化腺には，唾液腺・肝臓・膵臓があります（表1-3-12）。小腸は，十二指腸・空腸・回腸に区分され，大腸は消化管の終末部で盲腸（虫垂）・結腸・直腸に区分されます（図1-3-29）。

食物は胃の**蠕動運動**[8]（➡ p.63参照）と胃液の分泌により消化が行われます。小腸で胆汁・膵液・腸液などの消化液と混和され，そのあいだに消化により，栄養物に分解，吸収されます。大腸では小腸で吸収された残りのものから水分を吸収し，糞便を形成し，肛門から排泄します。

■表1-3-12　消化腺のはたらき

唾液腺	唾液は大小の唾液腺から分泌され，糖質消化酵素が含まれている。
肝臓	グリコーゲンの生成と貯蔵，たんぱく質の生成，不要なアミノ酸の処理，脂肪代謝を行う。また，栄養の処理・貯蔵，中毒性物質の解毒や分解・排泄，血液性状の調整，血液・ビタミンの貯蔵，胆汁の分泌，身体防衛作用などがある。
膵臓	膵臓の外分泌部からは1日に約500〜1000 mℓの膵液が分泌され，膵液には，糖質・たんぱく質・脂質の分解酵素が含まれている。

■図1-3-29　消化にかかわる臓器

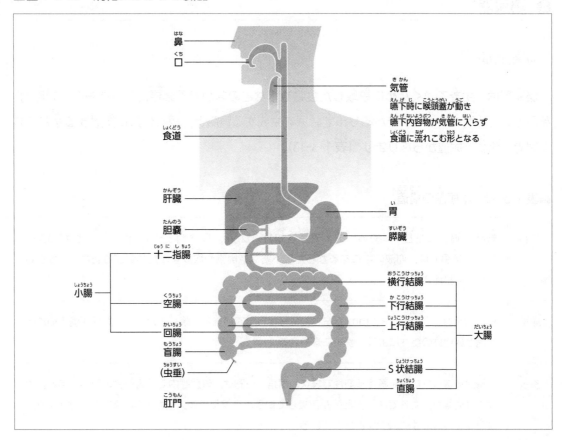

鼻

口

気管

嚥下時に喉頭蓋が動き
嚥下内容物が気管に入らず
食道に流れこむ形となる

食道

肝臓

胃

胆嚢

膵臓

十二指腸

横行結腸

小腸

空腸

下行結腸

回腸

上行結腸

盲腸

大腸

(虫垂)

S状結腸

直腸

肛門

❹ 泌尿器

泌尿器とは

　泌尿器は，生きていくために摂取した食物や水などのなかで不必要になったもの（老廃物）を尿として排泄するはたらきがあります。尿を生成する腎臓と，尿を体外に排泄する尿路である尿管，膀胱，尿道からなります（表1-3-13）。

■表1-3-13　泌尿器の構造

腎臓	脊柱の両側に左右1対ある。成人で長さ約11〜12cm，厚さ約3〜4cmで，重さは約120〜130g。腎臓では，血液の中にあるからだに不要な老廃物や取りすぎた物質がろ過され，尿として体外に排泄される。
尿管	長さ約30cm，直径4〜7mmで左右の腎臓から出て膀胱まで続く1対の管。尿は尿管の筋肉の収縮と尿自体の重さにより，膀胱に送られる。
膀胱	尿管から送られた尿を蓄える筋性で袋状の器官。位置は，骨盤腔内で恥骨結合の後ろにある。男性では直腸が，女性では子宮と膣が密接している。容量には個人差があるが約200〜500mlで，尿意を感じるのは約300mlとされている。
尿道	男性は約16〜18cm，女性では約3〜4cmと長さが異なる器官。膀胱から尿道の始まる部分には膀胱括約筋がある。

尿の生成

　腎臓を1分間に流れる血液量（腎血液量）は800〜1200mlです。輸入細動脈から糸球体に血液が送りこまれ，血液から不必要な成分が除去され，原尿として尿細管に送られます。糸球体で1分間にろ過される原尿は100〜200mlです。糸球体を囲むボウマン嚢の中では，血液中の血球やたんぱく質以外の成分がろ過されます。

　尿細管に入った原尿は，からだに必要な水・電解質・糖などが尿細管を取り巻く毛細血管に再吸収され，不要な老廃物は尿として集合管に送られます。

❺ 内分泌

内分泌とは

内分泌とは，導管をもたない分泌腺が，分泌物を直接血液中に出すことをいいます。導管をもたない分泌腺を内分泌腺といい，そこでつくられて出される分泌物をホルモンといいます。ホルモンは特定の臓器において微量に産生される特殊な化学物質で，血液中に分泌され血流に乗って標的器官（目的とする組織や器官）に達し，その器官のはたらきの調節に関与しています。内分泌腺には下垂体，甲状腺，上皮小体，膵臓，副腎，性腺などがあります。

ホルモンとはギリシャ語で，「呼び覚ます」「刺激する」の意味です。

■図 1-3-30 内分泌器官

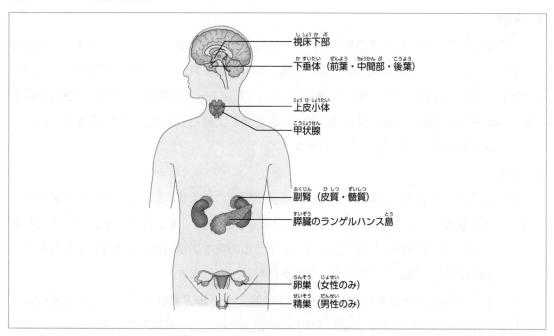

視床下部
下垂体（前葉・中間部・後葉）
上皮小体
甲状腺
副腎（皮質・髄質）
膵臓のランゲルハンス島
卵巣（女性のみ）
精巣（男性のみ）

内分泌器官

① 視床下部と下垂体

視床下部は，下垂体のホルモン分泌をコントロールする司令部の役割を果たしています。

下垂体は，前葉・中間部・後葉に分かれ，ほかの内分泌腺のはたらきを制御しています。

前葉からは，骨の成長発育とたんぱく質の合成をうながす成長ホルモン（GH），甲状腺刺激ホルモン（TSH），副腎皮質刺激ホルモン（ACTH），卵胞の成熟と女性ホルモンの分泌や男性ホルモンの産生と分泌をうながす卵胞刺激ホルモン（FSH），排卵を誘発する黄体形

成ホルモン（LH），乳汁の合成を促進するプロラクチン（PRL）の6種類のホルモンが分泌されます。

後葉からは，ナトリウムの再吸収をうながす抗利尿ホルモン（ADH），子宮の収縮や乳汁の放出をうながすオキシトシン（OXT）の2種類のホルモンが分泌されます。

② 甲状腺

甲状腺ホルモンのサイロキシン（T4），トリヨードサイロニン（T3）が分泌され，全身の細胞に作用しエネルギー代謝を促進し，基礎代謝を高めます。また，甲状腺からは血液中のカルシウム濃度を下げるカルシトニンも分泌されています。

③ 上皮小体

上皮小体は副甲状腺とも呼ばれ，甲状腺の裏側に左右2対ある米粒大の器官で，パラソルモン（PTH）を分泌します。パラソルモンは血液中や体液中のカルシウム濃度を一定に保ちます。

④ 膵臓

膵臓にあるランゲルハンス島からは，インスリン，グルカゴン，ソマトスタチンが分泌されます。インスリンは，血糖値の上昇が刺激となり分泌され，血液からのグルコース（ブドウ糖）の吸収を促進します。また肝臓に作用し，グルコースの**グリコーゲン**⑨（➡ p. 63 参照）への変換を促進します。グルカゴンは，血糖値を上昇させます。ソマトスタチンは，インスリンやグルカゴンの分泌を抑制します。

⑤ 副腎

副腎は腎臓の上部にある器官で，皮質と髄質に区分されます。副腎皮質からは糖質コルチコイドと電解質コルチコイドが分泌されています。わずかですが性ホルモンも分泌されます。これらのホルモンは糖を合成したり，ミネラルの量を調整したりします。糖質コルチコイドは脳に作用し，情動の調節やストレスを抑制したりします。

副腎髄質からは**アドレナリン**⑩（➡ p. 63 参照）と**ノルアドレナリン**⑪（➡ p. 63 参照）が分泌されます。この2つは交感神経系の神経伝達物質として機能しています。

⑥ 性腺

性腺からは数種類の性ホルモンが分泌され，その機能は男女によって異なり，第2次性徴をもたらします。女性では卵巣から分泌されます。エストロゲンは卵胞ホルモンともいい，卵胞の成熟，子宮内膜の増殖をうながします。プロゲステロンは黄体ホルモンともいい，子宮内膜を維持する作用があります。排卵された卵子が受精した場合は，プロゲステロンの分泌が維持され，受精卵の着床が可能になります。受精しなかった場合は，子宮内膜の脱落が起こります（月経）。男性では，精巣からテストステロンが分泌され，精子の成熟を促進します。

❻ 生殖器

生殖

　生物は個体維持のためだけでなく，種の保存をはかるために新しい個体をつくります。そのために行われるのが生殖です。人間の生殖では，男性の精子が女性の卵子に結合し，新しい個体を生みます。

生殖器

　生殖を行う器官が生殖器です（図1-3-31）。生殖器は男性と女性では，形態的に異なる器官となります。

　男性生殖器は，精巣（睾丸）・精巣上体（副睾丸）・精管・尿道・精嚢・前立腺からなります（表1-3-14）。女性生殖器は，卵巣・卵管・子宮・膣からなります（表1-3-15）。

■図1-3-31　生殖器

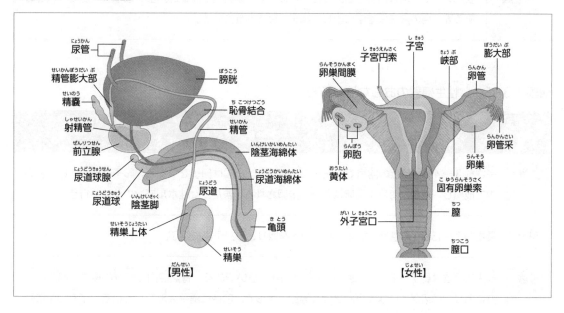

■表 1-3-14　男性生殖器のおもなはたらき

名称	おもなはたらき
精巣 (睾丸)	体幹から外に突出した陰嚢の中に左右1対あり，精巣上体とともにホルモンの分泌を行う。精子をつくる。
精巣上体 (副睾丸)	精巣の後縁と上端につく左右1対の器官。精巣でつくられた精子が精管を通って射精されるまで蓄えられる。
精管	長さ約30～40cmの管。精巣上体にある精巣上体管に連結する管で，精子を精巣上体から射精管に運ぶ。射精管は左右別々に尿道に開く。
尿道	精子は射精時に尿道を通って外尿道口に運ばれる。
精嚢	精管に連なる1対の袋状の器官で射精管に開口する。淡黄色を帯びたアルカリ性の分泌物を出し，射精の際に前立腺の分泌物とともに精液として排出される。
前立腺	膀胱の下で，恥骨結合と直腸のあいだにある。射精管と尿道起始部を取り巻く腺で，精臭のある乳白色の液を尿道中に出し，精子の動きを促進する。

■表 1-3-15　女性生殖器のおもなはたらき

名称	おもなはたらき
卵巣	長さ約3～4cmほどの器官で，左右に1対ある。卵巣は卵子をつくる。卵子は卵胞という袋の中で成熟し，通常，毎月1回卵管を通り排卵される。また，女性ホルモンの分泌も行う。
卵管	長さ約7～15cmの管で，排卵された卵子を取りこみ，子宮に運ぶ。
子宮	成人で長さは約7～8cm，最大幅は約4cmくらいである。骨盤腔内で膀胱の後方，直腸の前方にあり，底辺が上になる下向きの二等辺三角形で，前後に扁平な形をしている。子宮の中に受精卵を着床，胎児を発育させる。
膣	子宮の下につながり，長さ約7cmほどの粘膜におおわれた筋肉の管。交接器および産道でもある。

❼ 循環器

心臓の位置と構造・はたらき

　心臓は胸腔内で左右の肺にはさまれ，横隔膜の上にあります。心臓の上部を心房，下部を心室といい，それぞれ心房中隔，心室中隔によって左右に分けられ，2心房，2心室からなります。右心房と右心室には三尖弁，左心房と左心室には僧帽弁，大動脈基部には大動脈弁，肺動脈基部には肺動脈弁があります。心臓の栄養血管は冠状動脈で，上行大動脈の基部から出ています（図1-3-32）。

　心臓は自律神経が支配し，ポンプのはたらきをして血液を流しています。

■図1-3-32　循環器——心臓

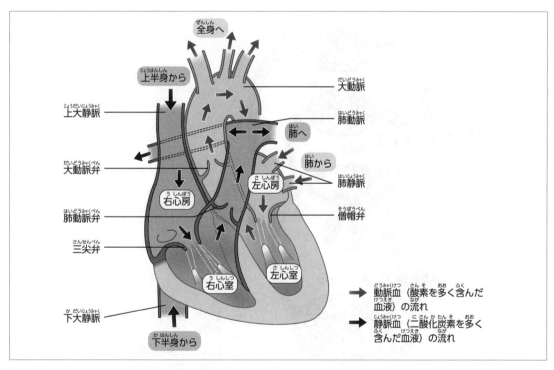

血管系

　肺から出た動脈血[12]（➡ p. 63 参照）は，左心房を通り，左心室から出る大動脈を流れます。大動脈は分岐しながら全身に分布し，各組織に酸素と栄養分を運びます。二酸化炭素と老廃物を受けた静脈血[13]（➡ p. 63 参照）は静脈の中を通ります。全身からの静脈は上下 2 本の大静脈（上大静脈，下大静脈）となりそれぞれ右心房に戻ります。これを大循環（体循環）といいます。

　全身から右心房に戻った静脈血は，右心室から出る肺動脈を通って肺に送られます。静脈血は肺でガス交換をして動脈血となり，肺静脈を通って左心房に戻ります。これを小循環（肺循環）といいます（図 1-3-33）。

■図 1-3-33　循環器——動静脈

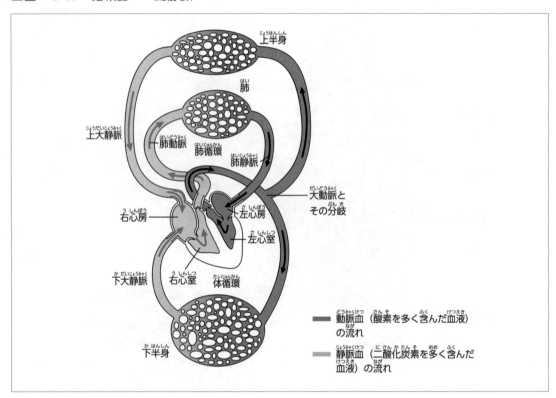

上半身

肺

上大静脈

肺動脈　肺循環

肺静脈

大動脈とその分岐

右心房

左心房

左心室

下大静脈　右心室　体循環

下半身

── 動脈血（酸素を多く含んだ血液）の流れ

── 静脈血（二酸化炭素を多く含んだ血液）の流れ

リンパ系

　リンパ系はリンパ管，リンパ節からなり血管系とともに循環系を構成し，おもに生体防御に重要なはたらきをします（**図 1-3-34**）。血管を流れる血液は心臓から拍出され，全身をめぐって心臓に戻ってきます。しかし，血液の液体成分は常に血管内を流れているのではなく，細胞に酸素と栄養分を届けるために，毛細血管の動脈側で血管から流れ出ます。そして静脈側で血管に戻れなかった水分はリンパ液となり，これを回収して血流に戻すのが**リンパ管**になります。

　リンパ管はリンパ節を経由しながら合流し，最後はリンパ本幹となって静脈に流れます。右上半身のリンパ管は右リンパ本幹に集まり，左右の下半身と左上半身からのリンパ管が集まるのが胸管になります。

■**図 1-3-34　リンパ管と心臓血管系との関係**

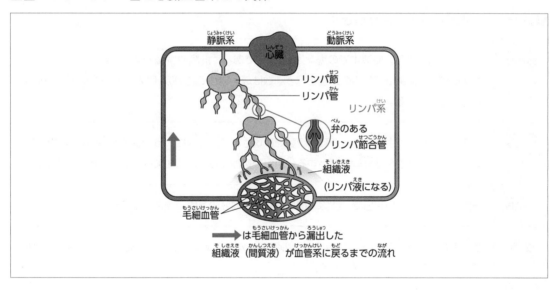

❽ 血液

血液の成分とはたらき

　血液は体重の 7 ～ 8 ％を占めています。血液を構成する成分は，固形成分（赤血球，白血球，血小板）と液体成分（血漿）に分けられます（表1-3-16）。固形成分が約 45 ％，液体成分が約 55 ％です。

　血液は酸素，二酸化炭素などを肺と組織細胞のあいだで交換したり，栄養素やホルモンの運搬などの作用をもちます。また，全身を循環して体温を均等にし，体表の血管から熱放散するなど体温調節作用をもちます。体液の pH を一定値に保つはたらきや，感染から身を守る免疫作用や止血作用などのはたらきもあります。

■表1-3-16　血液の成分とはたらき

赤血球	骨髄で生成される。血液中での寿命は約120日であり，肝臓や脾臓で破壊される。血色素（ヘモグロビン）によって酸素の運搬を行う。数は成人男性で約500万個 /mm³，成人女性で約450万個 /mm³ である。
白血球	骨髄やリンパ節で生成され，肝臓や脾臓で破壊される。体内に入った細菌や異物を食作用（細菌や異物を取りこんで分解，消化する作用）で処理する。数は4000～9000個 /mm³ である。
血小板	骨髄で生成され，約10日で，脾臓で破壊される。血液の凝固の際にはたらく。
血漿	血液の約55％を占める液体成分で，その90％は水分である。血漿たんぱく（線維素原，アルブミン，グロブリン）が含まれる。

体液のはたらき

体液とは体内に存在する水分の総称です。からだの内部環境を保つため，液量や浸透圧，pHなどが一定に維持されるように調節されています。液量は成人男性で体重の約60％です。体液は細胞内液（40％）と細胞外液（20％）に大別され，細胞外液はおもに間質液（15％）と血漿（5％）からなります（図1-3-35）。

■図1-3-35　体液の区分

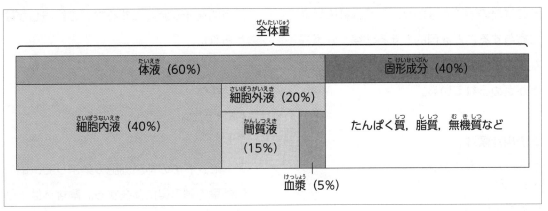

注：（　）は体重に占める割合

リンパのはたらき

リンパとはリンパ液ともいい，リンパ管の中を流れています。リンパには老廃物や余分な水分を回収するはたらきがあります。リンパ管が経由するリンパ節は，体内に侵入した細菌や異物を食いとめる役割をになっています。

第1章 用語解説

①社会福祉士及び介護福祉士法

しゃかいふくしししおよびかいごふくししほう
→ p.2 参照

社会福祉士と介護福祉士の資格を定めて，その業務の適正をはかり，社会福祉の増進に寄与することを目的とする法律。介護福祉士の定義や義務規定，資格取得の方法などが定められている。

②廃用症候群

はいようしょうこうぐん
→ p.5 参照

安静状態が長期にわたって続くことにより，身体的には筋・骨の萎縮や関節拘縮などが，精神的には意欲の減退や記憶力低下などがあらわれること。

③実務者研修

じつむしゃけんしゅう
→ p.9 参照

介護福祉士の資格取得にいたるまでの養成体系のあり方の1つ。実務経験だけでは十分に修得できない知識・技術を身につけることを目的として，2007（平成19）年の社会福祉士及び介護福祉士法の改正により，介護福祉士国家試験を受験する実務経験者に対して，実務者研修（6か月研修）の受講が義務づけられた。しかし，法改正後に設置された「今後の介護人材養成の在り方に関する検討会」などの場で，本研修会の受講しやすい環境整備を求める議論がなされたこともあり，2011（平成23）年の法改正で，当初600時間とされていた研修時間を450時間にするなどの見直しがはかられた。

④扁桃体

へんとうたい
→ p.14 参照

アーモンド形の神経細胞の集まりで，脳の側頭葉内側の奥に存在する。扁桃体は情動反応の処理と記憶において大きな役割をもつことが示されている。

⑤ADL

エーディーエル
→ p.18 参照

Activities of Daily Living の略。「日常生活動作」「日常生活活動」などと訳される。人間が毎日の生活を送るための基本的動作群のことで，食事，更衣，整容，排泄，入浴，移乗，移動などがある。

⑥ユニットケア

ゆにっとけあ
→ p.21 参照

特別養護老人ホームなどにおいて，居室をいくつかのグループに分けて1つの生活単

位とし，少人数の家庭的な雰囲気のなかで行うケアのこと。ユニットごとに食堂や談話スペースなどを設け，また職員の勤務形態もユニットごとに組むなど，施設のなかで居宅に近い居住環境をつくり出し，利用者一人ひとりの個別性を尊重したケアを行う試みといえる。

7 支持基底面積

しじきていめんせき

→ p. 38 参照

身体を支持するための基礎となる，身体の底の面積のこと。立位の場合，床と接しているところで囲まれた，足下の面積をさす。

8 蠕動運動

ぜんどううんどう

→ p. 50 参照

消化管などの管状の臓器が，その内容物を波状に送る基本的な運動形式のこと。

9 グリコーゲン

ぐりこーげん

→ p. 54 参照

動物細胞内に顆粒の状態で貯蔵されている多糖類のこと。摂取された糖質はブドウ糖からグリコーゲンに変えられ，肝臓に貯蔵される。

10 アドレナリン

あどれなりん

→ p. 54 参照

副腎髄質から分泌されるホルモンの1つ。緊張した状況下で分泌が増加し，心拍出量の増加，血圧の上昇，血糖値の上昇をきたす一方，気管支や腸を弛緩させる。

11 ノルアドレナリン

のるあどれなりん

→ p. 54 参照

副腎髄質から分泌されるホルモンであり，交感神経系の伝達物質でもある。強力な血圧上昇作用があるほか，アドレナリンとほぼ同様のはたらきがある。

12 動脈血

どうみゃくけつ

→ p. 58 参照

肺でガス交換された血液。酸素が多く二酸化炭素が少なく，鮮紅色をしている。心臓に流れたあと，末梢へ向けて送り出され，身体各部の組織に酸素を与える。肺動脈を除く動脈および肺静脈に流れる。

13 静脈血

じょうみゃくけつ

→ p. 58 参照

大循環（体循環）で各組織中に生じた二酸化炭素や老廃物を受けて心臓に戻り，ガス交換のために肺に入る血液。酸素が少な

く，暗赤色をしている。肺静脈を除く静脈
および肺動脈に流れる。

自立に向けた
介護の展開

ね ら い

● 安全な介護サービスの提供方法等を理解し，基礎的な一部または全介助等の介護が実施できる。

● 尊厳を保持し，その人の自立及び自律を尊重し，持てる力を発揮してもらいながらその人の在宅・地域等での生活を支える介護技術や知識を習得する。

生活と家事
せいかつ　かじ

- ●生活を継続していくための家事の重要性について学ぶ
  せいかつ　けいぞく　　　　　　　　　かじ　じゅうようせい　　　　　　まな
- ●家事援助（調理，洗濯，掃除などの援助）は利用者にとってどのような意味がある
  かじえんじょ　ちょうり　せんたく　そうじ　　　えんじょ　りようしゃ　　　　　　　　　　　　　いみ
  のかを理解する
  　　　りかい
- ●家事援助とは何かについて具体的に理解する
  かじえんじょ　　なに　　　　　　　ぐたいてき　りかい

1 生活と家事の理解
せいかつ　かじ　りかい

❶ 自立生活を支える家事
じりつせいかつ　ささ　かじ

家事の意義
かじ　いぎ

　日々の生活を継続していくなかには調理，洗濯，そうじ・ごみ捨て，衣服の補修・裁縫，買
ひび　せいかつ　けいぞく　　　　　　　　　　ちょうり　せんたく　　　　　　す　　いふく　ほしゅう　さいほう　か
い物などの日常生活行為があります。これらは一般に家事と呼ばれ，生活の基本となっていま
もの　　　　にちじょうせいかつこうい　　　　　　　　　　　　いっぱん　かじ　よ　　　　せいかつ　きほん
す。

　人が生きていくうえで，生活の土台となる家事は必要不可欠なものです。そのため家事援助
ひと　い　　　　　　　　せいかつ　どだい　　　　かじ　ひつようふかけつ　　　　　　　　　　　かじえんじょ
は，生活の根幹にかかわります。とくに在宅生活で家事ができなくなると，すぐさま生活の継
せいかつ　こんかん　　　　　　　　　　ざいたくせいかつ　かじ　　　　　　　　　　　　　　せいかつ　けい
続が困難になります。
ぞく　こんなん

　また，家事援助のむずかしいところは，単に家事技術を提供すればよいわけではないという
かじえんじょ　　　　　　　　　　たん　かじぎじゅつ　ていきょう
点です。人の生活は，それまでつちかってきたその人の生活習慣，価値観やこだわりがあり，
てん　　ひと　せいかつ　　　　　　　　　　　　　　　ひと　せいかつしゅうかん　かちかん
非常に個別性の高いものです。
ひじょう　こべつせい　たか

　調理1つとってみても，食材の切り方はどうか，味つけはどうか，盛りつけはどうか，食べ
ちょうり　　　　　　　しょくざい　き　かた　　　　　あじ　　　　　も　　　　　　た
る環境はどうかなど，利用者に受け入れられなければ，その援助は形ばかりのものとなってし
かんきょう　　　　　　りようしゃ　う　い　　　　　　　　　　　えんじょ　かたち
まいます。

　それぞれの家には，代々ひきつがれた生活習慣があります。日々の暮らしのなかで伝承され，
いえ　　　だいだい　　　　　　せいかつしゅうかん　　　　　　ひび　く　　　　　でんしょう
身につけたものであり，他者が評価しにくいものでもありますから，研修で習得した技能がす
み　　　　　　　　　　たしゃ　ひょうか　　　　　　　　　　　　　　けんしゅう　しゅうとく　ぎのう
ぐにいかせるというものでもありません。

家事援助と制度

　家事援助としての制度上のサービスは，介護保険制度の訪問介護（ホームヘルプサービス）のなかの生活援助として位置づけられています。介護保険制度で規定された訪問介護の内容は，①入浴や排泄，食事，通院などのための乗車・降車などの介助を行う身体介護，②調理や洗濯，そうじなどを行う生活援助です。

■表2-1-1　生活援助の具体的な内容

❶そうじ	居室内やトイレ，卓上等の清掃／ごみ出し／準備・後片づけ
❷洗濯	洗濯機または手洗いによる洗濯／洗濯物の乾燥（物干し）／洗濯物の取り入れと収納／アイロンがけ
❸ベッドメイク	利用者不在のベッドでのシーツ交換，布団カバーの交換など
❹衣類の整理・被服の補修	衣類の整理（夏・冬物等の入れ替えなど）／被服の補修（ボタンつけ，破れの補修など）
❺一般的な調理，配膳・下膳	一般的な調理／配膳，後片づけのみ
❻買い物・薬の受けとり	日用品等の買い物（内容の確認，品物・釣り銭の確認を含む）／薬の受けとり

介護職が行う家事援助の専門性

　介護職が行う家事援助は，一見多くの人が行っている家事と同様にみえますが，専門性のあるプロが行う援助であることに意味があります。

　では，専門性とは何でしょうか。加齢や身体機能の変化は，生活に大きな影響を与えます。それは家事においても同様です。たとえば視力が低下して小さな文字が見えにくい，手の指が動きにくくなるなどの一般的な傾向を理解しつつ，利用者の個別性を尊重しながら，介護職は利用者ができる部分とできない部分を把握します。さらに，利用者をさまざまな視点で観察し，その状況に応じて，どのように援助すれば自立した生活に向かうのかを考えます。これらが介護のプロが行う，専門性のある援助です。

　家事援助は，一見家事の経験者であればだれでもできる行為に映ります。しかし，介護職の行う家事援助は単なるお手伝いではなく，1人の人間として利用者の尊厳を守りつつ，自立を支援し，その人らしい生活を継続できるように援助する役割をになっているのです。家事援助は生活を継続するための土台であり，居宅でも施設でも必要な援助です。

❷ 家事援助のポイント

家事援助の実際

「調理」を例にして，家事援助の実際を考えてみます。

利用者が好む味つけで調理し，配膳し，利用者が食べて，下膳して片づけるという一般的な流れからは，介護職は単に利用者の好きなものを調理しているようにしか見えません。

しかし，介護職は，表2-1-2に示すポイントなどに配慮しながら調理を行っています。

■表2-1-2 「調理」における介護職のおもな留意点

❶ 何が食べたいかの意思や希望を確認しながら献立を決める。
❷ 前日の献立と同じにならないようにバランスやカロリーに配慮する。
❸ 材料の鮮度や保管状態などに注意する。
❹ 調理中も利用者の安全に配慮し，コミュニケーションをはかる。
❺ 衛生面や食中毒に注意を払う。
❻ 利用者ができるところは参加してもらい，自立支援を視野に入れる。

介護職は「調理」という家事援助を通じて，利用者のそれまでの生活習慣や価値観を尊重し，希望や要望を引き出しながら，ニーズの把握を行っています。

これらは表面上には見えづらい行為なのですが，この見えづらい部分を援助してこそ，その人らしい暮らしを継続することができるのです。

家事援助には，家事に関する知識や技術はもちろん，観察力や感性が必要であり，経験だけでは適切な援助はできません。単なるお手伝いではなく，介護職としての専門性が必要なのです。

利用者のそれまでの生活を理解する

家事は日々の生活のなかでくり返し行い，つくり上げてきたものです。家事は学問的・理論的な方法であるというよりは，その家で独自に，生活しやすいように形成されてきたものです。それらは生活習慣として根づき，利用者に安心感をもたらし，やすらぎを与えています。

自然に身につけてきた家事は生活の土台であり，継続することで安心につながりますので，利用者のそれまでの生活や環境を理解することはもっとも重要なことです。

利用者の能力を活用する

　家事は毎日連続して行われるものですが，高齢者のなかには，男性は外で働き，家事は女性がするという考え方をもつ人もいます。とくに男性の場合，能力があっても家事を行わないまま過ごしてきた人もいます。また，施設では介護職が家事のほとんどを行うことが多くみられます。

　たとえば，衣類の整理やベッドのまわりの整頓など，身近な場面で利用者の能力を活用しながら家事援助を行うことも1つの方法です。

利用者の意欲を引き出す

　家事が自分でできなくなり他者から援助されると，受け身になって負い目を感じる場合が多くなります。

　家事はそれまでの生活でつちかってきたものなので，自分がもっている能力を活用しやすくなるように工夫をくり返すことで，再びできるようになることもたくさんあります。

　できることが増えたり，家庭での役割をになえると，利用者の意欲が引き出され，生活の活性化につながっていきます。

利用者とともに行う

　家事は生活に欠かせないものです。利用者が生活の主体になると意欲を引き出すきっかけとなるので，ともに行うはたらきかけをします。利用者の状態を把握し，どの部分ができそうか，どのように工夫するとよいか，個別性を考えながらともに行うことで，より具体化することができます。

2 家事援助に関する基礎的知識と生活支援 ::::::::::::

❶ 調理

調理の援助とは

　食に関する援助は，生命や健康を維持するためにとくに重要なものです。調理はそれらを達成する第1の段階として行われます。

　また，介護職の調理援助は，「なぜそれが行われるか」という視点・根拠を常に意識して行われなければなりません。

　現代の人々の食生活は非常に多様化しています。利用者がどんな食生活を望んでいるのか。何を食べているのか。その食生活で何が不足しているのか。食べたいものとひかえたいものは何なのか。定められたカロリーは守られているのか。気分や体調による味覚や食欲の変化はないか。それらをふまえたうえで調理を行い，豊かなコミュニケーションをはかって，利用者が自分の食生活に主体的にかかわれるように援助していくことが必要です。

調理のプロセス

　私たちが調理を行うとき，その行為には表2-1-3のようなプロセスが考えられます。介護職はこのプロセスのなかで，どこが困難になっているか見きわめ，そのプロセスへの利用者の適切な参加を常に意識することが自立支援の視点となります。

■表2-1-3　調理のプロセス

❶ 食事をつくろうと思う。	❼ ガスや電気器具を使用し，加熱など調理に適した火の取り扱いをする。
❷ 献立を決める。	
❸ 献立に必要な食材を決める。	❽ 調味料を選んで味つけをする。
❹ いろいろな方法で食材を準備する（買い物・宅配注文など）。	❾ 食器を選び，盛りつけをする。
	❿ 配膳する（食事行為），下膳する。
❺ 食材の調理方法を決める。	⓫ 食器・使用した器具の後片づけをする（洗う）。
❻ 包丁など調理器具を使用して調理方法に適した材料の下ごしらえをする。	⓬ 食器などを定められた場所へ収納する。

利用者宅での調理の援助

① 献立を決める

利用者が調理に参加する第一歩は「何を食べたいか」の希望を出すことができるかどうかです。食べたいものを自分で決めることは，自立支援への第一歩です。

食べたいものや希望をうまく出せない利用者には，冷蔵庫や台所にある食材，旬の食べ物などについて話し，決定のヒントを提供します。ただし，自己決定にこだわるあまりそれを強制するようなことはつつしまなければなりません。利用者の気持ちに配慮しながら，時にはいくつかの献立を提案することも必要です。

② 食材や調理器具を確認・準備する

食材の準備を利用者や家族ができるかを確認します。買い物や配達など，どんな手段で行うのか，利用者がより負担なく自立できる方法を考えていきます。

次に，用意された食材のなかから調理に使用するものを選びます。そして，使用する調理器具を準備します。このとき，専用の調理器具がなかったり，少なかったりすることがありますが，調理器具に関する知識や技術を活用し，調理の順番やそこにあるものを応用・工夫して行うことも必要です。

③ 下ごしらえをする

材料を確認したら調理方法を決めて，下ごしらえをします。調理の手間の多くは，野菜を洗う，皮をむく，切るなどの下ごしらえです。食材に適した切り方など，基本的な技術を活用します。また，この段階は，認知症や心身の障害がみられても包丁は使うことができるなど，さまざまな形で参加が得られやすいところです。状況に応じて，はたらきかけや支援内容を工夫しましょう。

④ **加熱調理・味つけをする**

調理のなかで，味つけはいちばんのポイントであり，また利用者が容易に参加できる場面です。どの時点でどのくらい調味料を入れるのか確認します。そのうえで，介護職が味つけしたときは味見をしてもらいましょう。

介護職から，「味つけは薄めにしたのに，利用者から『濃い』と言われた」などの相談があがってきたりしますが，自分と相手の味覚には違いがあることを基本的に理解しておかなければなりません。

⑤ **盛りつけ・配膳をする**

器や皿を選び，盛りつけます。このときに，その人らしい食生活が演出されます。お気に入りの器は気分がよいですし，同じ量でも大きめの皿に盛ったときと，小さい皿にはみ出るように盛ったときでは，「少しだから全部食べられる」「こんなに食べられない」と食欲に影響を与えます。

⑥ **後片づけをする**

流し台に下膳し，よごれた食器を洗い，収納します。食器の収納は，重いものは低い位置に，日常的に使用するものは取り出しやすい位置にします。置き場所を決めておけば，利用者自身も管理しやすくなります。調味料や乾物は，湿気を防ぐために，また使用量が見えるように密閉できる透明な容器に入れて，取り出しやすい場所にまとめて保存するとよいでしょう。

施設での調理の援助

献立を決めるときには，単に「何が食べたいですか」と漠然と聞くのではなく，なにげない会話のなかで利用者の好きだったものをたずねたり，「肉と魚，どちらがいいですか」「昨日の夕食は○○でしたね」など，イメージしやすいように，具体的な話題を提供します。

調理作業時には，利用者の手に傷がないか確認し，手洗いや使い捨て手袋の使用で衛生面に留意します。

また，下膳する，食器を洗う，ふくなどの利用者にできる作業がある場面では，ともに行っ

てもらいます。このとき，利用者間で作業分担がスムーズにいくように「〇〇さんが洗ってくださいますので，こちらでふいていただけますか」など適切な言葉かけをして，利用者が混乱しないように配慮します。

　ともに行ってもらったあとは，必ず「ありがとうございました」とお礼の言葉を述べることは利用者の満足を得るキーワードです。

ともに行う介護の視点

　調理の援助では「ともに行う」介護の視点が強調されています。調理のプロセスのなかでも利用者の状況に応じて，ともに行ってもらう方法があり，それを実践していくことで自立への道筋が得られます。

事例1 ▶ 今日は焼きそば！

　グループホームでの昼食づくりの場面です。何を食べるかをみんなで話し合います。希望を言えるのは限られた人だけということもありますし，なかなか食べたいものが出てこないときもあります。そこでヒントを出すのが介護職です。スーパーマーケットのチラシや，いくつか食材を示します。強制にならないように，ある時点で合意をとります。この日の昼食は焼きそばでした。

　焼きそばの準備が始まりました。Aさんは，人数分の焼きそばをボールにほぐして入れます。隣でBさんが，添付されているソースを小さなボールにあけていました。

　介護職が野菜を洗い，皮をむくなどの準備をします。キャベツをざく切りにするのはCさんです。主婦としての経験が長く，包丁を上手に使います。でも，キャベツを前にして少しとまどっている様子がみえました。どのように切ればいいのかわからなくなっていたのです。そこで，介護職は大きさと形を示しました。すると安心したように手が動きはじめました。介護職は，注意深くいっしょに行動しながら見守ります。

　Cさんが，付け合わせのサラダに入れるミニちくわを自分から薄く切りはじめました。「あら，こうすればいいんですね！」と，若い介護職が感心したように声を出しました。調理をするなかで利用者の知恵が発見されたり，思いもかけない能力が発揮されることがあります。

❷ 洗濯

洗濯の援助とは

　洗濯は電化製品の普及もあって，家事のなかでも負担感が少ないものの１つです。さまざまな洗濯洗剤や衣服の素材も開発されて，現在は，ほとんどのふだん着が家庭で洗濯できます。
　一方で，新しい繊維などが使用されることも多くなり，きちんと理解していなければ，色落ちや縮み，変形など思わぬトラブルを生じます。また，便や吐物などが付着した衣服は，その取り扱いによっては，感染症が蔓延する原因ともなります。
　介護職は，繊維の種類や，よごれの状態に適した洗濯を心がける視点をもつことが大切です。

洗濯のプロセス

　私たちが家庭で洗濯するとき，その行為には**表 2-1-4** のようなプロセスが考えられます。
　家庭における洗濯機の普及，コインランドリーやクリーニング店などの進出により，以前に比べてかなり清潔な衣服を維持しやすくなってきています。しかし，心身の状態がおとろえると，身のまわりに対する関心や意欲が失われがちになること，また，新しい機能をもった洗濯機のめまぐるしい出現により，その取り扱いについていけないことも多々あります。利用者の生活環境を見回し，適切な方法で自立支援をはかっていきましょう。

■表 2-1-4　洗濯のプロセス

❶ よごれを意識する。	❻ 洗濯機のコースを設定してスイッチを入れ，洗濯を開始する。
❷ よごれたものを着替える（よごれものを出す）。	❼ 洗濯機から取り出して干す。
❸ 水洗いかドライクリーニングかの仕分けをする。	❽ 乾いたら取りこむ。
❹ 白いもの・色落ちするものと分けて洗濯機に入れる。	❾ たたむ。
❺ 使用する洗剤を選んで入れる。	❿ 整理して収納する。

利用者宅での洗濯の援助

① 仕分ける

　利用者によごれものを出してもらいます。利用者の状況によりうながしや言葉かけを行います。このとき，よごれものを他人に見られたくないという気持ちに配慮し，自然な言葉かけを行います。

洗濯マーク（表2-1-5）を確認して，水洗いできるものか，**ドライクリーニング**①（➡ p.301 参照）に出すものかを仕分けします。水洗いできるものは，色物，白物，便や吐物などが付着しているものに仕分けします。

一般に普及している全自動洗濯機は，一定の洗濯時間がかかります。また，使用される洗剤や水量の関係から，少量だと白物と色物をいっしょにしてほしいという利用者もいます。便や吐物などでよごれているものに関しては，感染症予防の観点から少量でも分けて洗濯し，ほかの部分は本人の意思を確認してから行うようにします。

② **洗濯方法と洗剤を選ぶ**

繊維に適した洗剤を使用し，洗濯機はさまざまな機能（水量・時間・強さなど）の設定を行います。全自動洗濯機では節約コースとするのか，洗剤の量，すすぎの時間など，利用者

■表2-1-5　おもな洗濯マーク

洗濯マーク		意味
～2016（平成28）年11月	2016（平成28）年12月～	
弱 40	40	水温は40℃を限度とし，洗濯機で弱い処理ができる
（バツ印の洗濯マーク）	（バツ印の洗濯マーク）	家庭での洗濯禁止
（つり干しマーク）	（日陰のつり干しマーク）	日陰のつり干しがよい
ドライ ドライクリーニングができる	Ⓟ	パークロロエチレンおよび石油系溶剤によるドライクリーニングができる（溶剤に2％の水添加）
	Ⓟ（下線付き）	パークロロエチレンおよび石油系溶剤による弱いドライクリーニングができる

のこだわりが個々にありますので，利用者に確認しましょう。

③ 洗濯する

機能に応じた準備をします。洗濯物，洗剤などを入れ，スタートボタンを押します。洗濯機の置き場所によっては，ボタンが見えにくいものがあります。また，いろいろなボタンの区別がつかないこともあります。必要なボタンにわかりやすい目印などをつけることも1つの方法です。洗濯機能の設定を変更するときは，利用者とともに確認します。

④ 干す

洗濯機から洗濯物を取り出し，干します。利用者が立って取り出す姿勢が不安定なときは，いすを使用するなど安全に行えるようにします。干す前に，一度たたむとしわが伸び，形が整えられます。状況により，利用者がたたみ，介護職が干すなど，利用者とともに行う工夫もしましょう。

介護職は屋外・室内のどちらに干すのか，物干しざおを使用するのか，洗濯ハンガーを用いるのか，干す場所，器具，さらに干し方について利用者と確認します。

洗濯ハンガーを用いるときは，力を入れないで引っ張って取れるように洗濯ばさみを浅めにはさむなど，利用者の手指の力の状況に応じたとめ方をします。

⑤ 取りこむ・たたむ

洗濯物が乾いたら取りこみ，たたみます。

たたむということは，衣服の形を整えしわを伸ばすだけでなく，衣服の寿命を延ばします。アイロンをかければ，なおいっそう風合いが保たれますが，一般にふだん着はアイロンの必要のないものが多いです。たたみ方も利用者それぞれのやり方がありますので，利用者に確認してから行いましょう。

また，たたむことは利用者の収納行為を楽にし，室内の整理整頓にもつながります。

⑥ 収納する

たたんだものは一定の場所に収納します。利用者が自分で収納するのを支援することは，必要なときに必要なものを自分で取り出すことができ，自立につながります。また，室内の整理整頓にもつながります。

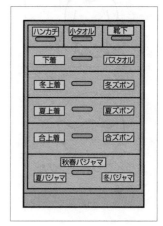

施設での洗濯の援助

　施設では，当日出された複数の利用者の洗濯物を，いっしょに洗濯機にかけている場面がよくみられます。しかし，自分のものを他人のものといっしょに洗濯してほしくないと希望する利用者については，時間を調整して自分でしてもらうという配慮も必要です。

　また，干す前に一度たたんでしわを伸ばす，干すときは介護職に手渡す，取りこむときは乾いたものを手渡してもらう，利用者自身で乾いたものを取りこむ，たたむなど，洗濯の一連の作業は，利用者がともに行いやすいところです。あくまで，強制でなく，楽しみとしてかかわってもらいましょう。

ともに行う介護の視点

　洗濯は家事のなかでも，比較的利用者がかかわりやすいところですので，コミュニケーションをはかりながら参加をはたらきかけましょう。ただし強制するのではなく，時に利用者の状況によっては代行するということも必要です。人は手助けを得たことで気持ちが楽になり，自分で行う意欲がわくということもあるのです。

事例2 ▶ 名前探しも楽しい！

　グループホームでのある日のこと。とてもよい天気で，干してあるシーツなどの白さもまぶしくて，しっかりと乾きあがり，介護職が大量の洗濯物をフロアに取りこんできました。
　介護職はそれをしまうときに，テーブルに座ってテレビを見ていたDさんとEさんに声をかけてみると，Dさんが「私がやるよ」といそいそとやってきました。Dさんのたたみ方はとてもていねいで，自分でも完璧にできるという自負があることを知っている介護職は，Dさんを見守り，あまり手を出しません。
　一方，あとからついてきた男性のEさんは少し不安げです。そこで，介護職はシーツの端を持ってもらい，いっしょに行うことにしました。縦に2つ折り，さらに2つ折りと声をかけながら行うと，とてもきれいな仕上がりになり，Eさんの表情も生き生きとしてきました。
　たたんだタオルや寝衣，靴下は，利用者それぞれの小さな洗濯かごに仕分けしていきます。仕分けの目印は，衣服のすべてに記入された名前です。でも，洗濯をくり返していくうちに文字は薄れ，濃い色の衣服は名前が見づらくなってしまい，どこに戻せばよいのかわからないものも出てきます。Dさんは，それを探すこと，字を読みとることに真剣です。
　仕分けが終わったあと，「あとは，あんたがちゃんとやるのだよ」「はい，ありがとうございました」，Dさんは介護職に年長者の貫録を見せ，満足げにテーブルに戻っていきました。

❸ そうじ・ごみ捨て

そうじ・ごみ捨ての援助とは

　清潔な居住環境を維持するためには，一定の時間を使ってそうじやごみ捨てをくり返し行わなければなりませんが，加齢や障害などにより，住まいの手入れができにくくなることがあります。介護職は，そのようなときに清潔で安全な住まいを利用者といっしょに整えていきます。

　そうじやごみ捨ての援助では，清潔・安全・目で見える心地よさがポイントとなります。それは，単によごれたところをきれいにするということではありません。利用者を主体に，なぜよごれるのか，なぜ清潔が維持できないのか，その原因をきちんと見きわめて対応することが大切です。

そうじのプロセス

　私たちがそうじを行うとき，その行為には表2-1-6のようなプロセスが考えられます。これはよごれたところをきれいにするというプロセスですが，これとは別に，よごれないようにするためのプロセスもあります（表2-1-7）。

■表2-1-6　きれいにするプロセス

❶　清潔な環境を整えたいと思う。
❷　ごみをまとめる・室内の物を片づける。
❸　掃除機などを使ってほこりを取る。
❹　ふきそうじをして，よごれをふきとる。

■表2-1-7　よごれないようにするプロセス

❶　物の置き場所を定める（散らからないようにする）。
❷　ごみは分別し，まとめておく。
❸　ごみは定期的に出し，ためない。
❹　小さな場所のそうじを毎日行う。
❺　そうじの習慣を身につける。

利用者宅でのそうじの援助

① 物を片づける

整理整頓とも表現されますが，まずは室内にある程度の空間をつくることです。空間ができれば移動も楽になり，そうじ自体も楽になります。

必要な物と不要な物とを分け，不要な物は利用者が捨てることができるように，必ず1つひとつたしかめながら行います。着用していない衣類などは，季節ごとに分類して箱などに収納しておきます。利用者の了承なく，勝手に物を捨ててはいけません。

そのうえで，利用者が管理しやすいように物の置き場所を定めましょう。そうすることで，利用者も暮らしやすくなり，散らかりにくくなります。

② 掃く

掃くということは，小さなほこりやごみ，そこに含まれるダニなどを掃除機やほうきで取り除くことです。

電気掃除機は必ず集塵袋の点検を行います。ごみがつまりすぎていたり，適切にセットされていなかったりすると，故障の原因にもなります。掃除機は，一気に早く力を入れてかけるよりも，ゆっくりとかけたほうがほこりを取りこぼしません。掃除機の使用は，高齢者にとってかなり労力を要するものであるため，配慮が必要です。

ほうきは，昔からある物で手軽に使用できます。ほうきを押さえるようにして使用するのがコツになります。

③ ふく

ふくということは，掃いただけでは取り除けない，しみついたよごれを取り除くことです。

からぶき，水ぶき，洗剤ぶきとあり，基本的に水で溶けるよごれはぞうきんがけで対応できます。水で溶けないよごれは，**有機溶剤**②（➡ p. 301 参照）の入った洗剤を用います。それでも溶けないよごれは，ブラシやたわしでこすって取り除きます。

ぞうきんは不潔になりやすいので，使ったら必ず洗剤で洗い，干します。

ごみの捨て方

私たちが生活していくうえで，ごみは毎日出てくるものです。そのごみを収集場所に出すことで私たちは室内の清潔を維持していますが，出すまでの作業そのものが困難という人たちもいます。

ごみを出せない理由は，いくつかあげられます。

① 分別作業が苦手

ごみは，一般に可燃ごみ，不燃ごみ，リサイクルごみに分けられます。この分類は自治体ごとの決まりごとであり，利用者にとってわかりにくいこともあります。介護職は自治体が求める方法を熟知し，絵や文字でわかりやすく表示することで，利用者自身が行えるように支援します。

② ごみ収集日がわからなくなる，忘れる

カレンダーに目印をつけます。室内のごみが置いてある場所に，曜日・時間を大きく明記しておくのも解決策の1つです。

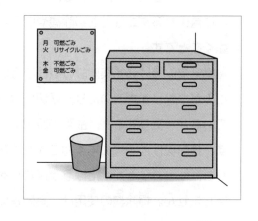

③ ごみを運ぶのが困難

一人暮らしの場合，ごみ収集場所までの数mの歩行が困難ということがあります。近隣と相談して協力をお願いするほか，自治体の戸別収集サービスを活用すれば，玄関先などにごみを出しておくと収集してくれます。

④ ごみの出し方がわからない

ごみの出し方が不適切で，近隣から苦情が寄せられることがあります。生ごみの水はよく切り，新聞紙などに包む，スプレー缶のガスは抜くなど，適切な処理方法を助言します。

⑤ 物を捨てられない

室内が乱雑になってしまう理由の1つに，必要な物と不要な物の判断ができないということがあります。「いつか使うかもしれない」ということは，物の活用方法を知っていることでもありますから頭から否定せず，利用者が納得して捨てることができるように整理整頓の支援をしていきます。季節の衣類の入れ替えのときなどは，不要になった衣類を捨てる機会にもなります。

施設でのそうじの援助

　そうじについては，利用者の心身状況の程度により，介護職が行っているところが一般的にみられます。しかし，居室を整理整頓し，掃除機をかけ，清潔を保つことにおいても，利用者の自主性を尊重する基本視点でかかわっていきましょう。

　利用者の居室を見ると，同じ間取りなのに雰囲気が異なるということに気がつくでしょう。同様に，人によりよごれる部分も異なっています。自分で行っているところは尊重し，利用者が使いやすい掃除用具があればそれを活用し，必要なところを援助します。

　また，施設であっても，居室はその人のプライベートな空間です。入室することの承諾を得ること，掃除機をかけることを伝えること，本人のいるところで，いっしょに整理整頓することなどは基本です。

ともに行う介護の視点

事例3 ▶ 2人でやると3倍の効果が出る

　Fさん（75歳）は，日常生活は何とか自分で行えますが，腰痛があり起居動作が困難で，そうじが十分にできません。身体の動く範囲で行うのですが，しだいによごれがたまってどうしようもなくなっていました。

　訪問介護員（ホームヘルパー）が訪れるようになって，そのFさんの生活が変化してきました。

　訪問介護員は，ただ単にそうじをするだけではありませんでした。まずFさんがいちばん気になっていた，移動の安全性の確保に着目し，「トイレや台所に楽に行ければいいですね。そのために物を整理しませんか」と提案しました。

　Fさんは重い物は持てませんので，訪問介護員は，Fさんには座ったままで捨てる物などを分けてもらったり，指示してもらったりしました。自分がいちばん気にして困っていた部分が解決したことで，Fさんは，ほっとした表情で言いました。

　「1人でやると思うとできないけれど，2人でやると3倍のスピードでできるんだね」

❹ 衣服の補修・裁縫

衣服の補修・裁縫の援助とは

　かつて日本では，物を大切に使う習慣があり，衣服などは補修をくり返しながら最後まで使い切っていました。時代が豊かになり，物があふれてくると，使い捨て文化が定着し，惜しげもなく物が捨てられるようになりました。廃棄されるなかでとくに多いのが衣服です。最近では「針を持つ」こともあまり日常的ではなくなってしまいました。

　しかし近年，限りある資源を大切にしようという環境保全運動が高まり，それが世界共通の目標とされています。

　身だしなみを整え社会性を保つために，また，動作の安全を保つためにも，ズボンのすそのほつれや，ゴムの取り換えなどの補修を行うことが必要になります。また，身体が不自由になったときに着脱しやすいように，袖ぐりにマチを入れる，ボタンの代わりに面ファスナーに替えるなどの工夫も，状況により必要な援助となります。

衣服の補修のプロセス

　私たちが衣服の補修をするとき，その行為には**表 2-1-8** のようなプロセスが考えられます。

■**表 2-1-8　衣服の補修のプロセス**

❶　身だしなみに関心がある。
❷　社会性を保った衣服に整える（季節や場所，時間に応じた衣服を選べる）。
❸　衣服の破損に気がつく。
❹　補修の方法がわかる。
❺　補修のための材料を準備できる。
❻　適切な方法で補修できる。

利用者宅での衣服の補修・裁縫の援助

実際に行われることはズボンのすそをまつる，ボタンをつける，カギホックやスナップをつける，ズボンのゴムひもを取り替える，カギ裂きのような破れたところを補修するなど，ほとんどが裁縫の基本的な技術で対応できるものです。

裁縫の方法には，手縫いとミシンの使用がありますが，訪問介護の現場では手縫いが一般的です。補修する前に，洗濯をしてきれいにしておきます。必要に応じてアイロンで形を整えることもあります。

また，高齢者のなかには，「目が悪くなったため針に糸が通せない」と困っている人も多くみられます。このようなとき，数本の縫い針にそれぞれ，白・黒・赤などの糸を通しておくだけで，気づいたときに，自分でできる助けになります。

利用者の状況に応じて，自立支援のはたらきかけを工夫していきましょう。

施設での衣服の補修・裁縫の援助

施設などでは，家族が定期的に訪れ，必要に応じて補修や点検を行っている場面がみられます。そのような家族の支援が得られない利用者については，必要に応じて補修を援助します。

「昔やっていた手芸をしたい」という希望を抱いて，なじみの裁縫箱を持って施設に入る人もいます。また，介護職が裁縫をしている場面を目にすることで記憶が呼び戻され，利用者の手が自然と伸びることもあります。衣服の補修の時間をいっしょに共有することでお互いの信頼関係が深まり，意欲の活性化につながる効果を得られます。

ともに行う介護の視点

ボタンがとれたり，すそがほつれたり，ズボンのゴムが伸びてしまったりといった衣服の小さな修繕については，利用者のこれまでの生活経験や能力によって適切な援助を行います。はさみや針を使うことが即危険というわけではありません。言葉かけや見守り，針に糸を通すなどの少しの手助けがあればできる利用者もいます。利用者がそれまでの経験でつちかってきた知恵や技術を引き出すことは大切な視点です。

❺ 衣服・寝具の衛生管理

衣服・寝具の衛生管理とは

　日本には四季があるため，季節ごとに衣服を替える必要があります。**衣服の管理や保管の仕方**は，素材や使用方法などにあわせて行います。管理の仕方が悪いと，不衛生となって健康被害が起きたり，衣服をいためて着られなくなったりします。

　寝具は毎日使われるものであり，睡眠に不可欠なものです。**寝具の清潔を保つことは利用者**の安全や良質な睡眠につながります。寝具が汗やほこりでよごれ，かびや細菌が発生しているようであれば，安眠は得られず，かえって健康を害します。寝具は気持ちのよい睡眠を確保できるように，衛生的に管理する必要があります。

　衣服や寝具の管理や保管に関しては，利用者個々にやり方が違います。相談しながら，できればいっしょに行うとよいでしょう。

衣服の保管方法

　衣服は分類して保管します。肌着はパンツ，シャツ，タイツ，靴下などに分けて整理します。寝衣も分けて保管します。分けて保管することで取り出しやすくなります。

　収納は引き出しの中をボール紙で仕切ったり，枚数が多いようなら引き出しを別にします。たたんで重ねるとよく見えない，同じものばかり着てしまうということであれば，引き出しの高さくらいに小さくたたむか，端から丸めて立てて保管する方法もあります。なお，しわになりやすいようなものはたたまず，ハンガーなどにかけて保管します。

■表 2-1-9　衣服の種類

上に着るもの：カッターシャツ，ポロシャツ，ブラウス，セーターなど

さらに上に着るもの：カーディガンやジャケット，ジャンパー，コートなど

下にはくもの：ズボンやスカートなど

衣服の保管場所

衣服を長期保管するためには箱や衣装ケースを利用します。箱などは湿気やほこりの進入を防ぐことができるようなもので，予定している保管場所に収まる大きさのものを使います。また，何が入っているのかがわかるように名札をつけます。

防虫・かびの予防

衣服につく害虫は絹や毛などの動物繊維を好んで食べますが，食べこぼしなどが衣服に付着していれば綿製品や化学繊維③（➡ p. 301 参照）も被害にあいます。

通常は防虫剤を使うことで害虫による食害を防ぎます。衣装ケースの場合，防虫剤は衣服の上に置きます。洋服ダンスなどでは揮発した気体が行きわたるような場所につるします。防虫剤の揮発した気体は空気より重いので，下に沈んでいきます。衣服をつめこみすぎていると効果は半減します。

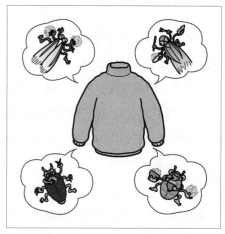

また，綿や麻，レーヨンなど吸湿性の高い繊維はかびが発生しやすいです。かびの色で衣服が着色され，においを発生し，繊維自体も弱くなります。

かびは湿度75％以上，温度20〜30℃で発生しやすくなります。のりづけした衣服はかびの栄養源となるので，長期保管をする場合はでんぷんのりなどは使用しないほうがよいでしょう。

■表 2-1-10　害虫と防虫剤

衣服を食害する害虫：イガ，コイガ，ヒメマルカツオブシムシ，ヒメカツオブシムシの幼虫など
防虫剤の種類：パラジクロルベンゼン，ナフタレン，樟脳，ピレスロイド系など

衣服の廃棄

　あまりにもよごれてしまい洗濯が不可能なものや，布地が切れて修復不可能な衣服などと現在着ているものが混在してしまうと，適切な衣服を選ぶのが困難になります。こうした場合，利用者や家族の了解を得ながら廃棄するなどして整理する必要があります。

　ただ，「もったいない」という思いを強くもっていたり，「思い出の品」であることもありますので，利用者の気持ちをよくくみとり，慎重に行わなくてはなりません。利用者に聞きながら，いっしょに着られないものは別のところにしまうなどして整理をします。

寝具の日常の手入れ

　布団は3日に1度程度は日に干します。干す時間は朝10時以降から午後2時くらいまでがよいでしょう。日光の熱と紫外線で湿気がとれ，殺菌効果が上がります。ただ，前日が雨だったりすると湿度が高いので，晴れていても布団干しには適さない場合もあります。

　布団を取りこむときに布団たたきなどで強くたたくと生地をいため，綿の繊維が切れてほこりを発生させてしまいます。布団表面のほこりを払い落とす程度にしましょう。

寝具の交換

　睡眠中にかく汗や身体の皮脂でシーツはよごれます。できれば3〜4日に1回，少なくとも1週間に1回程度はシーツを交換します。枕カバーも顔や頭の皮脂などでよごれますので，シーツと同じように交換します。タオルケットなど肌に直接かかっているものは月に2回くらいは交換したいものです。

寝具の季節の手入れ

　寝具も季節によって使うものが違います。次のシーズンまで収納する場合，洗濯できるものは洗って，よく乾燥させてからしまいます。家庭での洗濯に向かないものはクリーニングに出します。

寝具の保管場所

　長期間保管するときは通気性のよい布団専用の袋か，シーツなどで包んで押し入れに入れます。押し入れは湿気がこもりやすいところなので，すのこを敷いたり，除湿剤を置くとよいでしょう。

　羽毛や羊毛の布団は，よく乾燥させてから保管します。布団のよごれ具合によっては，クリーニングに出します。

施設での衣服・寝具の衛生管理

　施設では居室スペースがあまりないことから，自宅から多くの衣服や収納タンスを持ちこめないことが多いかと思います。そのため，とくに衣服については季節ごとの入れ替えが大切になります。

　引き出しや戸棚にラベルをつけて，何がどこに入るのかを整理しておけば，利用者が管理できなくなった場合でも，周囲にいる介護職が代わりに行えます。

　寝具については，施設では寝具のリースを活用するなどして一律に衛生管理している場合も多いでしょうが，衛生管理や寝具の好みといった利用者の意向を随時くみとって反映していく姿勢が，介護職には望まれます。

ともに行う介護の視点

　衣服の管理については，利用者にとって慣れたやり方，わかりやすい整理の方法などが，長い人生のなかで確立していると考えられます。利用者といっしょに行う場合，その点を十分に配慮し，利用者・家族のやり方で健康被害が出たり，他人に迷惑になるようなものでない限り，介護職側の考えややり方を押しつけないように心がけます。

　利用者が1人で衣服を持ち運び，整理できるようであれば，整理タンスや整理棚までの移動などに危険がないように障害物を片づけ，見守ります。

　利用者が立ったり座ったりすることに支障があるようなら，利用者の慣れたたたみ方でたたんでもらい，タンスや棚への整理は利用者に聞きながら，介護職がいっしょに行うようにします。

❻ 買い物

買い物の援助とは

　家庭生活を営むためには，必要な物品を買いそろえることになります。毎日の食事に必要な食材や調味料，日常生活に必要な日用品や消耗品の購入など，日々の暮らしにおいて買い物は欠かすことができません。

　どのくらいの予算で，どのような物をどれだけ購入するのかを考えて買い物をすることは家庭経営としても重要です。自分の生活を自分自身で管理することは，人の生活の営みの基礎であり，社会的交流，参加の観点からも大切な行為です。

　また，買い物は生活をうるおす楽しい行為であることが多く，それ自体が外出の機会となります。品物を見て，いくつかを比べながら自分の好きな物を購入するのは，だれにとっても楽しいことです。加齢や障害により移動に困難が生じ，買い物がむずかしくなった場合でも，介護職は利用者のニーズをくみとりながら参加できる部分を見きわめて，利用者の買い物を援助していきます。

利用者宅での買い物の援助

　利用者の状態によって買い物の援助方法は異なります。また，援助できる時間が無制限にあるわけではないので，どの店に行きたいかを前もって確認し，移動距離などに無理はないか，移動に危険がないかなどを検討します。車いすで出かける場合は，車いすが入れる店なのかを確認します。

　利用者といっしょに買い物に行くときは，あらかじめ何を購入しようとしているのかを聞きます。メモをつくっておいてもらうのもよいでしょう。

　店までの移動では，歩行しているときや道路を横断するときに，見守りや手引き歩行の介助を行うなど，危険を予測しながら利用者の状態に応じて介助します。

　買い物を代行する場合，利用者や家族と相談できるのであれば，必要なものを相談します。介護職がまかされているのなら，予算を確認し，購入しなければならないものをメモします。購入する店は，利用者や家族の希望にそうことが基本です。ただし，**訪問介護計画**4（➡ p. 301 参照）で決められている時間とサービス内容を考慮して，別の店で購入する場合には，利用者や家族の了解を得ます。そしてお金をいくら預かり，いくら使って残金はいくらなのか，レシートなどを貼った記録を残します。

施設での買い物の援助

　施設の利用者の多くは，何かしらの障害によって１人で外出するのは困難な状態です。しかし，買い物を通じて地域のなかへ出かけることは気分転換や社会性を保つことにつながり，生活を生き生きとさせる効果は大きいものです。

　施設の介護職は大勢の利用者に対応することが多く，一人ひとりの要望にそっていつでも買い物に付き添えるというわけではありませんが，外出する，商品を見る，選ぶという利用者にとっての楽しみを支援していきたいものです。

　そこで介護職は，あらかじめ買い物を希望する利用者と相談し，買い物に行く日を決めるなどして，外出の援助をします。行き先が決まれば，外出先への交通手段や店の中の通路，エスカレーター，エレベーター，トイレなどの確認をしておき，利用者が安心して買い物を楽しめるように配慮します。

ともに行う介護の視点（居宅の場合）

　歩けるのに買い物に出かけたくないという利用者もいます。理由は一人ひとり違いますが，なかには自分の体調を過剰に心配してしまう利用者もいます。

　また，買い物の習慣がない男性もいます。無理やり連れて行くことはよくありませんが，最初は何を購入するかいっしょに考えてもらったりすることで買い物に興味をもってもらい，意欲を引き出すようにします。

ともに行う介護の視点（施設の場合）

　施設では，とかく自分で何かを選んだり，決めたりすることなく日常を過ごしがちになります。そのような状況のなかでも，自分の好みの食べ物や衣服を選んだりすることができれば，生活のはりや生きる意欲につながります。

　介護職は移動時や買い物中の安全に十分配慮しながら，利用者が購入する物を自分で選んだり，決めたりすることを援助します。お金を自分で支払うことも重要なことです。

❼ 家計管理

家計を管理する意味

　生活や暮らしを「衣食住」などと表現しますが，暮らしを成立させている必要な物品としての衣服や食事，住まいをどのように整えていくかは大切なことです。

　たとえば，衣服は単に肌をおおっていればよいというわけではありません。生活場面にふさわしく，季節にあったもので，なおかつ着る人の好みにあったものを用意します。それはいくらくらいの値段のもので，だれが買い求めるのか，どこで買うのかなどを決めて，購入します。

　食事においてもカロリーだけでなく，栄養を考え，献立を立て，食材をどこで手に入れ，どのように調理するのかを考えます。

　住まいは壁や屋根の修繕，庭の手入れ，居室などのそうじ，電球の取り換えなどの管理を要します。だれがそれらを行い，どれくらいお金をかけるのか，生活設計の基礎となるのが家計管理です。

　家庭生活は利用者１人しかいない場合もあれば，ほかに家族がいる場合もあります。利用者が一人暮らしであったり，家族の支援が十分ではない場合は，第三者の何らかの援助が必要となります。

利用者宅での金銭管理の進め方

　認知症が進行しはじめると，金銭の管理が困難になってきます。もちろん金銭を直接管理することは介護職にはできませんが，利用者に簡単な家計簿をつけることをすすめたり，不必要な物を購入しないように助言したり，節約についていっしょに考えることはできます。

　利用者によっては，心配のあまり金銭をあちらこちらにしまっていることがあります。金額や保管場所を忘れてしまうことがあるので，できればいっしょに金額を確認したりします。金銭の管理が困難な状況になっているときは，サービス提供責任者や介護支援専門員（ケアマネジャー）（➡第１巻 p. 97 参照）から，自治体やしかるべき機関へつないでもらうことになります。

　また，最近は高齢者をねらった住宅リフォームや訪問販売などの**悪質商法**⑤（➡ p. 301 参照）が横行しています。介護職は，家の中に入って利用者に継続的にかかわることができるため，ふだんの生活状況との変化に気づくことができる存在だといえます。たとえば，サービス提供時に，住宅のリフォームや布団の販売と名乗る悪質な業者が訪ね

てきたり，これまでには見かけなかった高価な商品が家の中にあるようなケースがあるかもしれません。

　これらについては，消費者保護の観点から**クーリング・オフ制度**⑥（➡ p. 301 参照）もあります。利用者の様子をみながらそれとなく見守り，助言をしたり，ほかの機関との連携も必要になる場合があるでしょう。

施設での金銭管理の進め方

　施設でも，利用者自身で自分の金銭を管理できるよう援助するのが基本です。通帳は家族や施設が預かったとしても，いくらお金があって，それをどのように使うかは本人が確認し，決められるように援助します。

　そのため施設は預かっている通帳をいつでも確認してもらえるようにしておきます。金銭を引き出すときは，利用者といっしょに銀行などに行く配慮が必要です。

　実際の手続きを施設側で代行するときでも，利用者も含めた複数の人間が確認しながら行うようにします。

　利用者の手元にある金銭は，その人自身で鍵のかかる引き出しにしまうなど，安全に，また混乱しないように管理できるような援助が必要です。

　また，認知症が進行すると，現金を含めて，通帳や印鑑の管理もできなくなることも考えられます。そのときには日常生活自立支援事業（➡第 1 巻 pp. 198-199 参照）や成年後見制度（➡第 1 巻 pp. 200-201 参照）などの利用を検討する必要があります。

快適な居住環境整備と介護

1 快適な居住環境に関する基礎知識 ::::::::::::::::::::

❶ 居住環境とは

居住環境としての「住まい」

　人が生きていくうえで生活の基盤となるのが住まいです。

　住まいは，何をするにも自分流のスタイルを保つことができる場所であり，好きなときに目覚め，好きなときに食事をし，好みの衣服を選んで自分らしく装い，好きな音楽を聴いたり，好きなテレビを観たり，寝そべったり，また，だれにも邪魔されずに排泄や入浴ができるプライベートな空間が確保されています。

　こうした1つひとつの生活行為を，人はただ生命を維持するためだけに行っているわけではありません。食べる行為や身なりを整える行為も，自分なりの満足感をもちながら行っています。

　このように，住まいとは，日々の暮らしのなかで個人の欲求を満たす場であり，生命の安全が確保され，明日への生きる原動力をつちかう場です。

　また，住まいは，家族と生活をする場でもあります。夫婦，親子，兄弟・姉妹がそれぞれの役割をもち，発揮しながら助け合い，認め合って，よりよく生きていこうという精神的な豊かさをも含んだ空間です。

　このように考えると，居住環境としての住まいとは，家族をいつくしみ育て，人生の終わりまでをやすらかに過ごす場であり，**ライフサイクル**⑦（➡ p.301 参照）のどの時点において

も住みやすく，人が安心して快適に生活ができる場であることが求められます。

住まいの役割

住まいには，自然災害などから身を守るシェルターとしての役割や，生命をはぐくみ財産を守り，生活文化を伝承する生活の場としての役割，また，個人と家族，近隣との地域社会を結ぶ役割があります。

人は，大人になり高齢期を迎えるまでに，一生涯生まれ育った場所で住みつづける人もいれば，転居によって住み替える人もいるなどさまざまです。

世帯の状況をみてみると，1980（昭和55）年の時点では，65歳以上の者のいる世帯のうち，三世代世帯の割合が全体の半数を占めていましたが，2021（令和3）年では夫婦のみの世帯および単独世帯がそれぞれ約3割を占めています。今後も65歳以上の一人暮らしや夫婦のみで暮らす高齢者が増加することが予想されます。

住宅の所有状況は，65歳以上の高齢者の持ち家率が8割以上ともっとも高く，残りの約2割は借家等で生活しています。高齢になり自分の身体がおとろえたときに住みたい住居の形態として，「現在の住居に，とくに改修などはせずそのまま住み続けたい」や「現在の住宅を改修し住みやすくする」が上位に並び，次に「介護を受けられる特別養護老人ホームなどの施設に入居する」等となっています。

しかし，高齢者は自宅で過ごすことが多いため，自宅内での事故が多いのが現状です。65歳以上の高齢者の家庭内事故でもっとも多い発生場所は，居室です。次いで，階段，台所・食堂，玄関となっており，体力のおとろえにより，なにげない移動動作が不自由になり，転倒・転落がきっかけで骨折などの事故が発生していたりします。

高齢期の住まいは，転倒・転落などを予防し安全で健康な生活が持続できるように居住環境を整えることが求められます。

❷ 安心で快適な生活の場づくり

快適な居住環境

　住まいは，人が生活する場です。しかし，状況によっては，住むことがストレスになる場合もあります。孤独感やプライバシーの問題，また，住宅建材の素材やそれらに含まれている薬剤，化学物質の問題も指摘されています。

　世界保健機関（WHO）⑧（➡ p. 302 参照）では，快適で健康的な居住環境について，次のように提示しています。

　「快適で健康的な居住環境とは，住居が構造的に心地よく，事故による危険性がなく，当たり前の住生活を送ることができる十分な空間が保障されている環境である。そこには飲料水の供給設備と衛生的生活及び清潔のための付帯設備と衛生的な廃棄物の収集・保管・処分のシステムがあり，気候と外界の環境変化から居住者を守る条件を備えていなければならない（一部略）」

　居住環境を整えることは，QOL（➡第 1 巻 p. 56 参照）を高め，介護負担を軽減することにもなります。とくに介護を必要とする人たちや家族にとって居住環境を整えることは大切です。

快適さをさまたげる要素

　従来日本の家屋は，畳と木の温かみのある雰囲気があり，一見すると高齢者や障害のある人にやさしいと思われてきました。しかし，それらは身体機能面からみると安全で安心な生活空間とは言いがたい面もあり，障害を負うと問題が生じる場合も多くあります。

　日常生活を送るうえで，どのような点で支障が生じるのか，ここでは従来の日本の住宅構造の問題点をあげてみます。

① 住宅内に段差が多い。
② 住宅面積がせまい。
③ 和式の生活様式は身体に負担がかかる。
④ 防寒に不十分な住宅構造である。

高齢者などに配慮した玄関・廊下

玄関と廊下は，人や物の移動に欠かすことのできない空間です。下肢機能や視力がおとろえても，支障なく移動できるように，整備の方法を考える必要があります（図 2-2-1）。

① 高めの位置にある玄関は，将来，スロープが必要になった場合に備えて玄関まわりの敷地に余裕をもたせておきます。また，前面道路までの敷地にゆとりがない場合は，建物にそわせたスロープにするとなだらかで車いすでも利用しやすくなります。

② 玄関の段差解消の必要性や玄関戸の適切な幅は，出入りが歩行か車いすかによって異なります。玄関戸の幅は通常 700〜750 mm 程度です。自立歩行ができる場合の玄関戸は 750 mm 程度，玄関土間の奥行は 1200 mm 程度あればよいですが，自立歩行がむずかしい場合は車いすへの移乗や介助者スペースを考えると，玄関土間の奥行は最低でも 1650 mm 程度は必要となります。

③ 床面の段差は極力なくし，平坦にすると，転倒などを防ぐことができます。

④ 上がりかまち⑨（➡ p. 302 参照）の真上に縦の手すりを設置すると，安全に昇降しやすくなります。

⑤ 介助による歩行や車いすの使用を想定する場合は，廊下への出入口や曲がり角付近の広さに注意します。

⑥ 高齢になると明るさに対する適応力が低下します。夜間にトイレに行く場合などを考えて足元灯を設置するなど，適度な明るさを保つようにします。

■図 2-2-1 玄関における環境整備

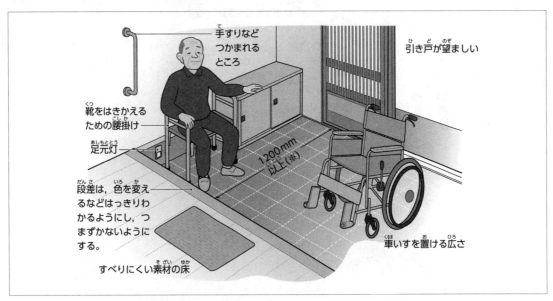

手すりなど
つかまれる
ところ

引き戸が望ましい

靴をはきかえる
ための腰掛け

足元灯

1200mm
以上(※)

段差は，色を変え
るなどはっきりわ
かるようにし，つ
まずかないように
する。

車いすを置ける広さ

すべりにくい素材の床

※：車いすへの移乗に介助が必要な場合は1650mm 以上。

高齢者などに配慮した階段

　筋力や平衡感覚などの身体機能がおとろえてくると，階段の上り下りが大変になってきます。また，階段からの転落事故も起こりやすくなります。そのため階段の整備では，身体の状態に配慮しながら安全対策をとるようにします（図 2-2-2）。

① 階段の上り下りは危険をともなう動作なので，本来ならば生活空間を 1 階にするほうが望ましいでしょう。しかし，敷地がせまいことや日当たりなどの理由により，1 階に居住できない場合もあります。それらを考慮して，できる限り安全で容易に上り下りできる階段を検討します。

② 勾配がゆるやかで，踊り場のある形の階段がよいでしょう。

③ 階段は往復することを考えて，両側に手すりを設置することが望ましいです。階段にそれだけの幅を確保できないときは，下りる際の利き手側に手すりを設置します。

④ 段鼻[10]（➡ p. 302 参照）の部分にゴム製のすべり止めを設置する場合には，はがれないようにしっかりと設置します。

⑤ 階段の照明は居室に比べると暗くなっています。安全に上り下りするためには適度な明るさが必要です。照明器具は足元に影ができないように，少なくとも階段の上下 2 か所に設置します。

■図 2-2-2　階段における環境整備

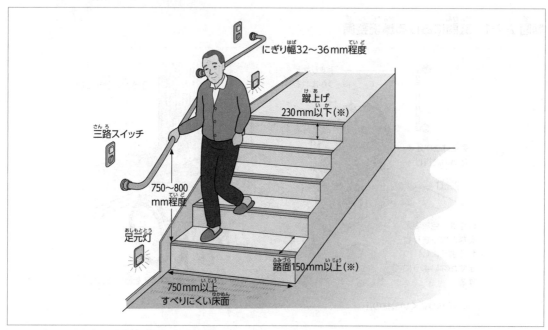

にぎり幅32〜36mm程度

三路スイッチ

蹴上げ
230mm以下（※）

750〜800
mm程度

足元灯

踏面150mm以上（※）

750mm以上
すべりにくい床面

※：蹴上げと踏面の寸法は建築基準法上での最低基準である。その人の機能に応じて変更する必要がある。

高齢者などに配慮した洗面所・脱衣室

　利用者の QOL を考えると，洗面所・脱衣室の環境整備については，安全性だけでなく，車いすでも使用しやすいといった機能性からも考えていきます。

①　ゆっくりと腰を下ろして洗面・着脱の各動作ができるような広さを確保することが大切です。広すぎても転倒の危険性があるため，洗面・着脱の各動作や介護職が介助しやすいスペースがあれば適当な広さといえます。

②　洗面台は車いすでも使用できるように下部があいている形式とし，鏡はいすや車いすに座っていても立っていても胸から上が映る長さとします。

③　限られたスペースを有効に活用するためにも，トイレや洗面所をワンルーム化するのも1つの方法です。

④　床面は水に強いシート系の床にします。

⑤　JIS[11]（➡ p. 302 参照）では，浴室・脱衣室・化粧室については照度を 100 lx[12]（➡ p. 302 参照）としています（ただし，ひげそりや化粧，洗面では 300 lx としています）。

高齢者などに配慮した台所

　調理は，日常生活のなかでも複雑な動作をともないます。台所の整備では，安全性とともに身体機能の変化に対応できるように，レイアウトや設備機器の操作性などを考える必要があります。

①　台所と食堂の作業動線を短くします。

②　利用者の状態にあわせて使用できる場所・高さに設置します。

③　車いすで調理する場合は，カウンター（机上面）の高さは通常よりも低い 740 ～ 800 mm 程度を目安とします。

④　シンクの深さは 120 ～ 150 mm 程度の浅いものにすると，膝や車いすを入れるスペースが確保しやすくなります。

⑤　一般的に普及しているガスコンロよりも，こげつき消火機能やタイマーつきのコンロを選ぶようにしましょう。また，加熱面が高温にならない**電磁調理器**[13]（➡ p. 302 参照）などを選ぶのもよいでしょう。

⑥　JIS では，食堂・台所については照度を 100 lx としています（ただし，食卓や調理台，流し台などは 300 lx としています）。

照明について

　照明は，均一の明るさを必要とする場所では蛍光灯を，寝室など落ち着いた雰囲気を出したいときには白熱灯のランプを使用するなど，部屋の用途によって使い分けてもよいでしょう。

　一方，照度が低いことによる事故も発生しています。とくに廊下の照明は居住室と比較して一般的に照度が低く，いつも点灯しているわけではありません。しかし，高齢者の場合，トイレに行く回数が多くなること，明るい所から暗がりに入って目が慣れるまでの時間がかかることなどを考慮すると，夜間にトイレに行く際には適度な明るさが必要です。

① 　高齢者は光が入ると眼の水晶体のにごりにより光が乱反射して，まぶしさを感じます。照明器具は露出させずにおおいや笠などをつけて，光源が直接目に入らないようにします。

② 　長寿命の照明器具を選択するようにします。

③ 　光が家具の影を床面に落として段差と見間違えないか，照明のあたり具合や自然光の入り方と家具配置なども十分に検討しましょう。

色への配慮

　加齢にともなって視力が低下したり，眼の病気になったりするため，高齢者にとっては色への配慮も必要になってきます。

① 　高齢者の場合，全般的に色彩の判別能力が低下するため，明暗差の大きい配色を心がけます。

② 　眼の水晶体が黄色くにごってくると，とくに青い系統の色彩の微妙な区別がつきにくくなります。浴室や玄関など危険をともなう所に青い系統の色彩の微妙な色違いでの配色は好ましくありません。

③ 　床面に光が反射すると眼の疲労の原因になります。床材など広い面積に反射率の高い材料を使用するのは避けるようにします。

④ 　段差と見間違えないように同一色での床面とします。

⑤ 　つまずきの原因となるため，意味のない床面の変化は避けます。

騒音への配慮

騒音のとらえ方は生理的状況や心理的状況によって同じではありませんが、一般的に人体への影響は 130dB[14]（➡ p.302 参照）くらいになると耳にずきずきした痛みを感じます。また、おおよそ 85dB 以上の騒音をくり返し長期間聞くと、騒音性難聴が起こるといわれています（表 2-2-1）。

騒音の防止対策には遮音と吸音があります（表 2-2-2）。遮音は音というエネルギーをはね返すので、かたくて重量のあるもの（コンクリート、鉛板など）や気密性が高い二重サッシなどが用いられます。吸音はエネルギーを吸収するので、スポンジなどを適所に使うのがよいでしょう。

■表 2-2-1　騒音とおもな環境

120dB	飛行機のエンジンの近く
110dB	自動車の警笛（正面 2m）、リベット打ち
100dB	電車が通るときのガードの下
90dB	犬の鳴き声（正面 5m）、騒々しい工場の中、カラオケ（店内客席中央）
80dB	地下鉄の車内、電車の車内、ピアノ（正面 1m）
70dB	ステレオ（正面 1m、夜間）、騒々しい事務所の中、騒々しい街頭
60dB	静かな乗用車、普通の会話
50dB	静かな事務所、クーラー（室外機、始動時）
40dB	市内の深夜、図書館、静かな住宅の昼
30dB	郊外の深夜、ささやき声
20dB	木の葉のふれあう音、置き時計の秒針の音（正面 1m）

注：東京都の「都民の健康と安全を確保する環境に関する条例（環境確保条例）」によれば、飲食店などの営業を行う者は第 1 種区域（低層住居専用地域等）における夜 11 時～朝 6 時までの夜間帯は 40dB 以上の音が禁止されている。

■表 2-2-2　防音対策

遮音	窓ガラスを二重にする，床にじゅうたんを敷く，厚いカーテンを使用する，防音サッシ，防音ドア，石・煉瓦・コンクリートなどの塀，植えこみをしつらえる。
吸音	吸音ボード（穴が多くやわらかい材料がよい）を壁や床，天井などに使用する。

居住環境における安全性の確保

　居住環境という観点から安全性について考えるときには，しばしば危険やその元となる要素のハザードという言葉と，そのことによって身体・活動・財産に支障が生じる確率という意味でのリスクと呼ばれる言葉の2つが使われます。

　現実的な安全対策を考える場合，「ハザード」による「リスク」をはっきりさせて，居住者・専門家・行政の側と，さまざまな立場の人々が「受け入れられる安全性のレベル」について話し合うことが大切です。リスクの高さや，リスクを低減させるための費用などを考え，情報を共有し，互いの合意形成を進めていくことが必要となります。

家庭におけるおもな不慮の事故を未然に防ぐ配慮

　家庭におけるおもな不慮の事故による死亡数は，2021（令和3）年の人口動態統計によると全体で1万3352人であり，近年では交通事故による死亡者数を大きく上回っています。

　家庭におけるおもな不慮の事故で亡くなった人を年齢別にみると，65歳以上の人が圧倒的に多くなっています。

　また，家庭内事故の危害内容では，65歳以上の高齢者の場合では擦過傷・挫傷・打撲傷がもっとも多いことから（図2-2-3），死にいたらなくても，高齢者は転倒や転落の多いことがうかがえます。

　高齢者にとって転倒・転落は大変危険なものです。とくに階段や廊下はこうした事故が発生しやすい，危険な場所といえるでしょう。

　転倒事故は転落事故と比べ，安易に考えられがちですが，高齢者の場合には，事故そのものによるけがに加え，けがが治るまでのあいだに筋力がおとろえ，いわゆる「寝たきり」になってしまう例があります。

　転倒事故や転落事故が命取りになるケースもあります。介護職は住まいの安全性に注意し，利用者に対しても意識をうながしながら，これらの事故を未然に防ぐための配慮が必要です（表2-2-3）。

■図 2-2-3　高齢者の家庭内事故の危害内容

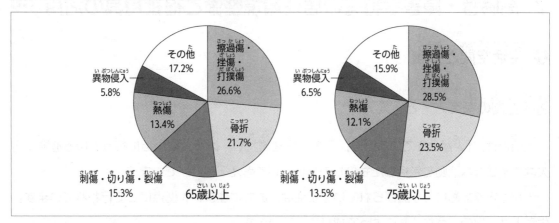

注：医療機関ネットワーク事業に参加している13医療機関より，20歳以上の事故情報が2010（平成22）年12月から2012（平成24）年12月末までに1631件寄せられている。そのうち，住宅での事故は20歳以上65歳未満が687件，65歳以上が516件である。
資料：独立行政法人国民生活センター「医療機関ネットワーク事業からみた家庭内事故——高齢者編」2013年より作成

■表 2-2-3　事故の種類と防止のための物理的配慮

転倒事故	・階段に手すりを設置する。 ・足元灯をつける。 ・風呂場にすべり止めのタイルや床材（耐水・耐湿・耐食）を使用する。 ・敷居の段差をなくす。
転落・墜落事故	・転落につながる床面の摩耗や損傷は放置しない。 ・手すりやフェンスを設置する。 ・階段の形状や勾配を考慮する。
衝突事故	・突起部分をつくらない家具の配置。 ・ガラスの使用場所に配慮し，透視性のよいもの，適切なガラス等の材料（破損しにくい・飛散しにくい・破片が鋭利でなく小粒になる）を使用する。 ・鋭利な角などはあらかじめ緩衝材を設置する。
溺水事故	・浴室内に手すりを設置する。 ・浴室と脱衣所などの温度差を少なくする。
はさまれ事故	・ドアクローザーを設置する。 ・余分な開口部や隙間を設けない。
落下物による事故	・家具や棚には重量物は重ねないようにする。 ・必要に応じて家具などは転倒防止用具で固定する。 ・照明などは落下防止措置を行う。

第2章　自立に向けた介護の展開　**101**

❶ 生活空間と介護

生活空間の考え方・とらえ方

　生活とは，「人が生きている限り，その生命を維持し，はぐくむために行っている必要不可欠なさまざまな活動を包括したもの」の総称として考えることができます。

　人が生きるためにくり広げられている生活は，おもに住まいを拠点にして行われています。生活とは，次のような活動によって成り立っています。

① 衣……何を着るのか自分らしく衣服を選択し，身にまとう。

② 食……生活の糧を得る，食べる。

③ 住……住まいを自分らしい空間につくり上げる。

④ コミュニケーション……話す・聴く・語らう，家族と団らんする。

⑤ 余暇……娯楽，レジャーやスポーツをする。

⑥ 労働……働いて賃金を得る。

⑦ 経済……家計のやりくりをする。

⑧ 性……男性・女性の性差を意識したふるまいを行う。

⑨ 結婚……配偶者を得る。

⑩ 出産・育児……子どもを育て教育する。

⑪ 扶養……子ども・老親の世話（介護）をする。

⑫ 健康……健康の維持と増進をはかる。

　そのほかに信仰や葬祭などの活動も考えられます。このような活動を通して，自分らしい生活を自己表現し，自己実現する空間が住まいといえます。

住み慣れた場所と介護の関係

　長年住み慣れた地域や家で暮らしつづけることは，高齢者にとって重要な意味があります。住んでいた地域の空気感やまわりの人との人間関係がどれだけその人を支えているのか，目には見えないものの，その人の心理や行動に深く影響しています。

　生まれ育った土地を離れ，子どもと同居する高齢者のなかには，言葉や生活習慣の違いなどによって，周囲の環境や人間関係に溶けこめないという人もいます。

　介護が必要な高齢者の生活支援では，生活してきた地域やそこでの暮らしに目を向け，生活から切り離さない介護を考え，生活の継続をはかることが重要です。とくに生活意欲が低下している高齢者には，生活の背景に目を向け，居心地よい居住環境を整えることが，その人らしい生活を再構築することにつながります。

居場所の確保

　居場所とは，自分が安心して身をおくことができる場所であり，自分が自分らしくあるための環境をさします。単なる物理的な場だけではなく，心理的な面も含んだものととらえることもできます。

　居場所の条件としては，次のことが考えられます。
① 食事や排泄，睡眠・役割などの生理的欲求を満たす環境。
② だれからも干渉されることがない自由な環境。
③ 心地よく，精神的に安心できる。
④ 役割があり，所属感や充足感を感じられる。
⑤ 他者や社会とのつながりがある。
⑥ さまざまな学びや体験ができる。

　居場所に身をおくと，安心した心理状態になれるとともに，そこに他者とのつながりが存在していることが重要です。それは，介護が必要な状態になったとしても同様です。居場所があるかないかによって，その人の QOL や満足度は大きく異なってきます。

　自宅はプライベートな空間だけに，居場所は確保されやすいといえます。施設においてもなるべくプライベートな空間を確保しようと，談話室やプレイルーム，家族との面会室，理美容室や喫茶室など，生活空間にゆとりをもたせる工夫がみられます。

　従来型の介護保険施設では，多床室から個室へと生活空間も見直され，小グループを単位としたユニットケア[15]（➡ p. 302 参照）の施設も整備されてきています。施設も，自宅にいたときと同じように「あたりまえの生活ができる」場へと変わりつつあります。

❷ 住宅改修

介護保険による住宅改修

　介護保険による住宅改修は，個人の資産形成につながらないように，また，借家と持ち家の場合とでサービス利用の不公平が出ないようにするため，住宅自体の大きな改修を行うのではなく，手すりの設置など，簡易なものに限られています（**表 2-2-4**）。

　住宅改修費は，原則，利用者が居住している住居に対して，要支援状態区分・要介護状態区分にかかわらず 20 万円を限度として，その 9 割（一定以上の所得者は，8 割または 7 割）相当が**償還払い**⑯（➡ p. 303 参照）で支給されます（ただし，転居や要介護度の大きな変化があった場合には，あらためて支給を受けることができます）。

■表 2-2-4　介護保険の対象となる住宅改修

❶　手すりの取りつけ
❷　段差の解消
❸　すべりの防止および移動の円滑化等のための床または通路面の材料の変更
❹　引き戸等への扉の取り替え
❺　洋式便器等への便器の取り替え
❻　その他❶〜❺の住宅改修に付帯して必要となる住宅改修

介護保険による住宅改修の利用の流れ

　住宅改修の利用の手続きは，事前に市町村に住宅改修を申請し，支給対象であるか，内容が適切かを判断する**事前申請制度**となっています。事前申請には，介護支援専門員（ケアマネジャー）（➡第 1 巻 p. 97 参照）などが記載する「住宅改修が必要な理由書」が必要です。

　利用者の自立支援に向けて住宅改修の効果を発揮させるためには，改修計画を適切に立案することが重要です。そのためには「改善をしようとしている生活動作」と「期待する効果」を具体化しておくことです。その計画にそって，利用者の生活動作を容易にし，自宅での自立した日常生活を支援します。

　住宅改修後は，実施した場所での動作の改善度合いを確認するとともに，継続的な**モニタリング**⑰（➡ p. 303 参照）を実施し，新たな問題が確認されれば，**ケアプラン**⑱（➡ p. 303 参照）の見直しを行います（**図 2-2-4**）。ここでは，利用者の日常生活を知る介護職の情報が重要なものとなります。

■**図 2-2-4　住宅改修の利用の流れ**

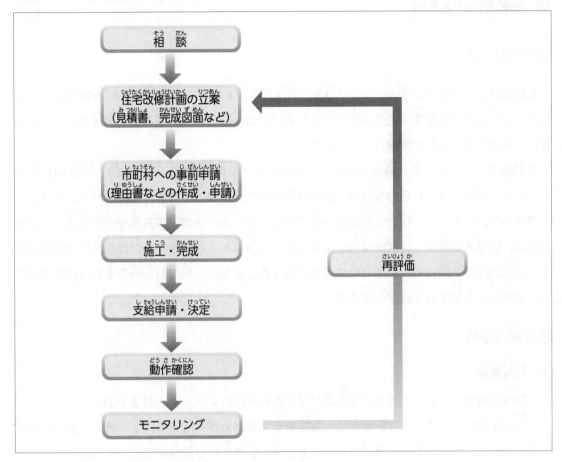

❸ 福祉用具の活用

福祉用具とは

　福祉用具[19]（➡ p.303 参照）は，「心身の機能が低下し日常生活を営むのに支障のある老人又は心身障害者の日常生活上の便宜を図るための用具及びこれらの者の機能訓練のための用具並びに補装具をいう」と定義されています。

　高齢者に対しては，老人福祉法にもとづく日常生活用具給付等事業が 1969（昭和 44）年から始まり，現在ではこれらの種目は一部の種目を除き介護保険法により給付されています。

　障害者の日常生活及び社会生活を総合的に支援するための法律（障害者総合支援法）による補装具，日常生活用具，介護保険法による福祉用具貸与および特定福祉用具販売の対象用具などの公的制度を活用して，利用者の生活を支援するとともに，給付対象外の福祉用具についても，積極的に活用する視点が大切です。

起居関連用具

① 特殊寝台

　特殊寝台は，ギャッチベッドや電動ベッドとも呼ばれています（図 2-2-5）。
　床板全体が上下する高さ調整機能，背中を支える部分が昇降する背上げ機能，膝上げ機能などがあり，ベッド上での寝返りや起き上がり，立ち上がり動作を補助します。

■図 2-2-5　特殊寝台

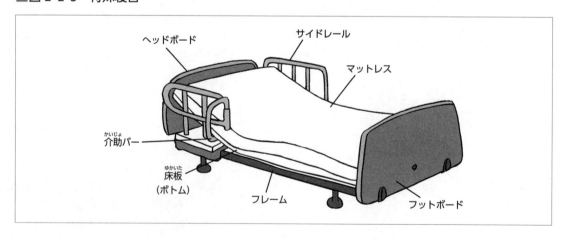

106

② 褥瘡予防用具

　褥瘡ができないように，**支持基底面積**[20]（➡ p. 303 参照）を拡大し，圧迫の分散を行ったり，圧力がかかる部位を移動させて（一時的に浮かせる），圧迫の解放を行ったりするものです。

　エアマットやウォーターマットのようにマットレスとして使用するものや，ビーズクッションのように除圧しながら体位を保持するもの，スライディングシート（スライディングマット）のように，摩擦を減らしてベッド上での姿勢を変えるものなどがあります（図2-2-6）。

■図 2-2-6　褥瘡予防用具

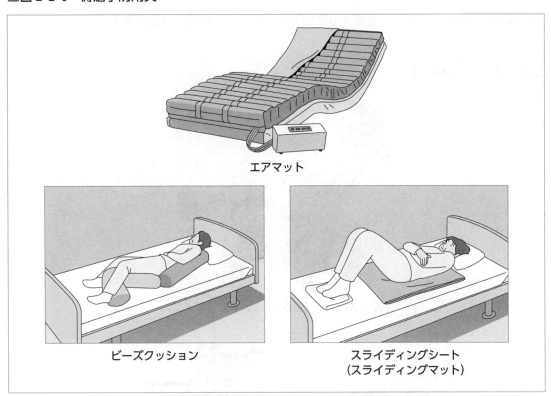

エアマット

ビーズクッション

スライディングシート
（スライディングマット）

移動・移乗関連用具

① 手動車いす

　車いす（→第 2 巻 p. 144 参照）は車輪がついたいすで，歩行が困難な人が用いる福祉用具です。後輪の外側についているハンドリムと呼ばれる輪を，両手で操作する自走用と，介助者が取り扱いやすいように駆動輪を小さくし，ハンドリムがついていない介助用があります（図 2-2-7）。

② 電動車いす

　電動車いすは，上下肢の障害のため手動車いすを自分で駆動できない人や，駆動はできるが長距離の利用が困難な人が使います。道路交通法において，電動車いすは歩行者とみなされ運転免許は不要ですが，最高速度は時速 6 km 以下に制限されています。

■図 2-2-7　手動車いす

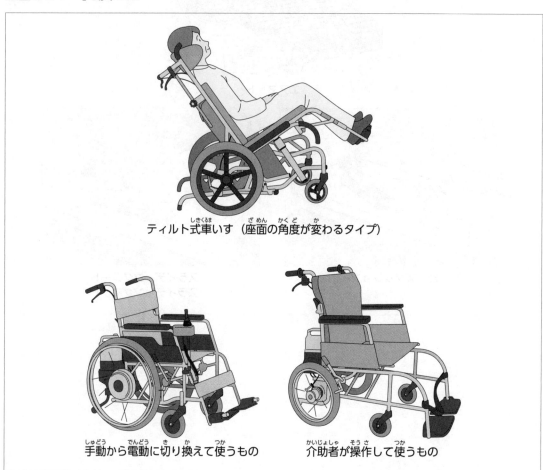

ティルト式車いす（座面の角度が変わるタイプ）

手動から電動に切り換えて使うもの　　　　介助者が操作して使うもの

③ **簡易スロープ**

　玄関などの段差を解消するために用いる持ち運び可能なもので，2本のレールのものとフラットな板状のものがあります。

④ **簡易手すり**

　移乗や移動に用いるため，居室やトイレの床に置いて使用するものや天井と床のあいだに突っ張って固定するものなどがあります（図 2-2-8）。

⑤ **歩行補助具**

　歩行補助具として，杖や歩行器などがあります。杖（➡第2巻 p. 143 参照）には，一般的なＴ字杖以外に，ロフストランド・クラッチ，多点杖（多脚杖），サイドケイン（ウォーカーケイン／杖型歩行器）などがあります。また，歩行器（➡第2巻 p. 142 参照）は，身体を囲むフレームと，長さ調整が可能な4本の脚で構成されます。車輪のない歩行器には，固定式と交互式があります。

⑥ **スライディングボード**

　天板の上部がすべりやすい素材で加工されており，ベッドから車いすなどへすべりながら移乗できる用具です（図 2-2-9）。

■**図 2-2-8　簡易手すり**

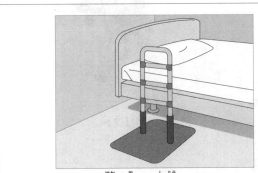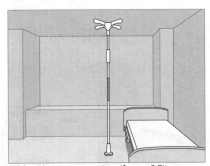

床に置いて使用するもの　　　　　天井と床のあいだに突っ張って固定するもの

■**図 2-2-9　スライディングボード**

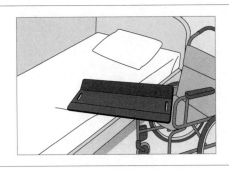

⑦　**移動用リフト**

　移動用リフトは，身体をつり上げることで，移動が困難な人の移動を補助する用具です（図2-2-10）。①据置式（➡第2巻 p. 146 参照），②床走行式（➡第2巻 p. 146 参照），③固定式に分けられ，おもに居室，浴室，玄関周囲で使用されます。

　車いすの段差昇降を可能にする「段差解消機」，座いすやいすが昇降することで立ち上がりを補助する「立ち上がり補助いす」，車いすやいすに座った状態で1段ずつ階段を昇降する「階段移動用リフト」は，介護保険では福祉用具貸与の種目として取り扱われています。

■**図2-2-10　移動用リフト**

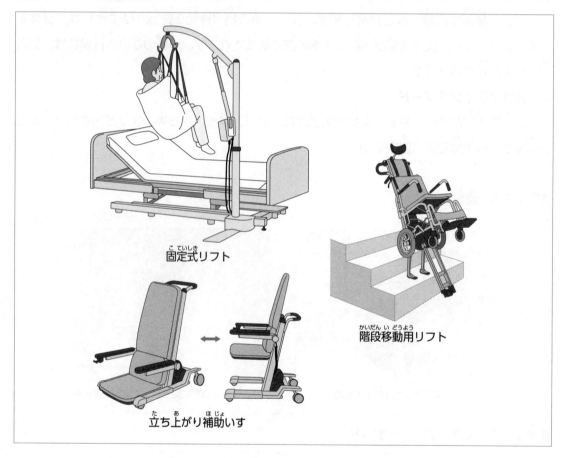

固定式リフト

階段移動用リフト

立ち上がり補助いす

排泄関連用具

　腰掛便座は，トイレで座ったり立ち上がったりすることが困難な場合に使用する福祉用具です。①和式便器の上に置いて腰掛式に変換するものや洋式便器の上に置いて高さをおぎなうもの，②電動式またはスプリング式で便座から立ち上がる際に補助できる機能を有しているものがあります。

　また，一般的にポータブルトイレ（➡第2巻 p. 260 参照）と呼ばれている移動可能な便器などもあります。

　自動排泄処理装置は，尿または便が自動的に吸引されるものです（図2-2-11）。尿や便を受ける部分と蓄尿部から構成されています。その他，尿器，差しこみ便器などがあります。

■図2-2-11　自動排泄処理装置

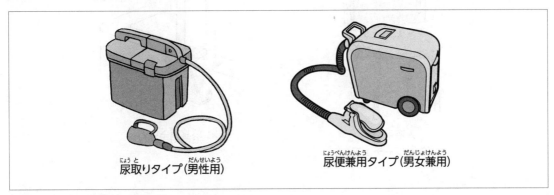

尿取りタイプ(男性用)　　　尿便兼用タイプ(男女兼用)

注：尿取りタイプ（女性用）は受尿部を交換する。

　排泄予測支援機器は，本人が常時装着し，膀胱内の尿量が一定の量に達したと推定されたときに，介護者に通知する機器です（図2-2-12）。おむつへの排泄を可能な限り減らすことが期待できます。

■図2-2-12　排泄予測支援機器

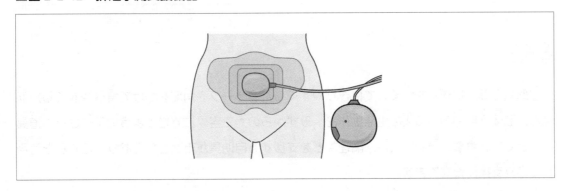

入浴補助用具

　入浴補助用具は，浴室への移動，洗身時の座位保持，浴槽への出入りなどの補助を目的とする用具で，入浴用いす（シャワーチェア），入浴用車いす（シャワーキャリー），浴槽内いす，浴槽用手すり，入浴台，浴室内すのこ，浴槽内すのこ，浴槽内昇降機（バスリフトなど），入浴用介助ベルトなどがあります（図2-2-13）。

　浴室や浴槽の形状は多様なため，入浴動作とともに浴室の環境に配慮して，福祉用具を選択するようにします。

■図2-2-13　入浴補助用具

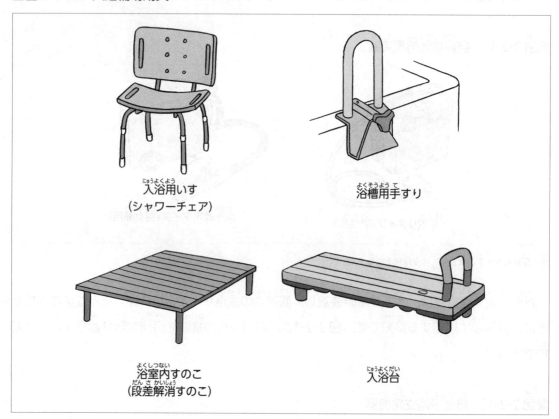

入浴用いす
（シャワーチェア）

浴槽用手すり

浴室内すのこ
（段差解消すのこ）

入浴台

自助具

　自助具とは，にぎりを太くしてにぎりやすくしたフォークや角度をつけて食べやすくした皿など，肢体不自由のある人の生活動作を，みずからの力で容易にできるように工夫された道具のことです。食事，更衣，入浴，調理などを支援する自助具が市販されており，これらを活用して自立支援に役立てます。

生活で福祉用具を活用する視点

① 生活上の問題の明確化

福祉用具で解決できる生活動作を明らかにすることが重要です。1つの福祉用具によって，入浴，排泄といった一連の生活行為すべてが解決するわけではありません。たとえば，入浴台で浴槽の出入りがしやすくなるといったように，入浴動作の一部が容易になるものです。したがって，入浴行為のうちどの動作が問題であるかを具体的に把握し，その問題が解決できるよう，福祉用具の組み合わせを考えていかなければなりません。

② 利用者との適合

車いすの座幅やフットサポートの長さが不適切で，身体が前方にずれ落ちた姿勢をよく見かけます。福祉用具の使用には，利用者の体型と福祉用具が適合していることが不可欠です。

起き上がり動作を例に考えてみましょう。ベッド上で起き上がりの介助を必要とする人の場合，本人の身体機能をおぎない，介護者の負担も軽減するため，特殊寝台を利用しようと考えます。このとき，利用者の体格が大きく，手をつくスペースがせまいために起き上がりが困難であれば，幅が広いベッドを選択するだけで，利用者本人の能力を活用した起き上がり動作を支援することができます。動作を確認し，なぜ起き上がりに介助が必要なのかを明らかにする視点が大切です。

③ 家族介護者との適合

車いすを動かす際，グリップは操作しやすい高さなのか，家族が入浴する際に入浴用いすや浴室内・浴槽内すのこの取りはずしに負担がかからないかなど，福祉用具の操作や準備について，家族介護者の能力との適合をはかることは重要です。

また，慢性の腰痛などは，長期にわたる身体的ストレスで悪化します。こうした家族介護者の腰痛や健康状態の悪化により，十分な介護力が得られないことも多く，負担を軽減する福祉用具の導入・活用は家族介護者の健康を守るためにも必要です。

④ 環境との適合

入浴用いすを洗い場に置くと浴室の扉の開閉ができない，設置したスロープの角度が急で使いづらいなど，居住環境により福祉用具の有効性は左右されます。使用する環境に配慮して福祉用具を選定することが大切です。また，段差の解消，扉の交換といった住宅改修や家具の配置換えを行い，福祉用具が使いやすい環境を整備する視点も重要です。

介護保険による福祉用具の給付の対象

　介護保険では，福祉用具貸与として13種目，特定福祉用具販売として6種目が給付の対象となっています（表2-2-5）。要介護者は身体状況や介護の必要度が変化しやすいため，状態像に応じて適切な福祉用具が提供されるように貸与が原則となっています。しかし，排泄や入浴に関する用具は貸与になじまないため，これらに該当する福祉用具は販売の対象となっています。

　福祉用具貸与は，要支援・要介護度別の支給限度基準額の範囲内において，ほかの居宅サービスと組み合わせて利用することができます。一方の特定福祉用具販売については，実際の購入費のうち，1年度で10万円を限度として，原則その9割（一定以上の所得者は，8割または7割）相当が償還払いで支給されます。

介護保険による福祉用具の利用の流れ

　福祉用具の利用の流れは，必要性の判断，ケアプランへの位置づけ，取りつけ・調整・使い方指導などがあります（図2-2-14）。

　介護支援専門員は，福祉用具の必要性の判断にもとづき，適切にケアプランに福祉用具を位置づけ，利用者の自立的な生活を支援する役割をになっています。また，福祉用具の貸与・販売事業者に所属する福祉用具専門相談員[21]（➡ p. 303 参照）は，福祉用具が適切に選択されるように利用者へ情報を提供します。さらに福祉用具の搬入・設置・調整後は，取り扱いに間違いがないように，必要に応じて使い方の指導も行います。時には，貸与した福祉用具の使用状況を確認し，修理や交換なども検討します。

　せっかく導入した福祉用具が活用されていない場合，福祉用具が適切に選定されているかを見直す必要があります。選定は適切でも，使い方が間違っている場合もあります。また，利用者の状態が変化していた場合には，福祉用具の変更を検討することが必要です。したがって，福祉用具の使用状況について，実際の生活場面で総合的かつ継続的にモニタリングを行うことが重要です。そのため，直接サービスを提供している介護職の情報提供も大切です。

■表 2-2-5　介護保険における福祉用具の給付対象種目

福祉用具貸与	特定福祉用具販売
・車いす ・車いす付属品 ・特殊寝台 ・特殊寝台付属品 ・床ずれ防止用具 ・体位変換器 ・手すり ・スロープ ・歩行器 ・歩行補助杖 ・認知症老人徘徊感知機器 ・移動用リフト（つり具の部分を除く） ・自動排泄処理装置（本体部分）	・腰掛便座 ・自動排泄処理装置の交換可能部品 ・排泄予測支援機器※ ・入浴補助用具 　入浴用いす 　浴槽用手すり 　浴槽内いす 　入浴台 　浴室内すのこ 　浴槽内すのこ 　入浴用介助ベルト ・簡易浴槽 ・移動用リフトのつり具の部分

注：※の排泄予測支援機器は，2022（令和 4）年 4 月 1 日より追加

■図 2-2-14　福祉用具の利用の流れ

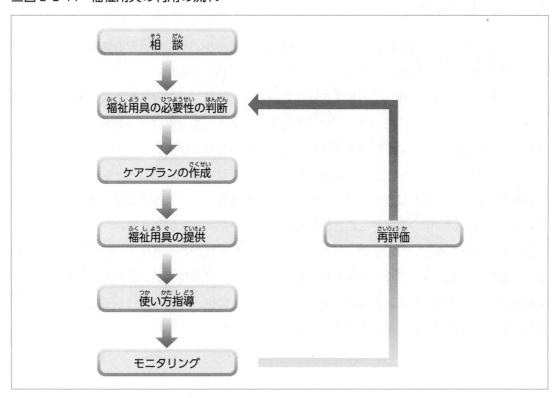

相談

福祉用具の必要性の判断

ケアプランの作成

福祉用具の提供

使い方指導

モニタリング

再評価

整容に関連したこころとからだのしくみと自立に向けた介護

学習のポイント 📋

● 整容の必要性と，整容に関連するこころとからだのしくみを理解する
● 利用者本人の力を活用し，整容の介護を行うための技術を身につける

1 整容に関する基礎知識 ::::::::::::::::::::::::::::::::::::

❶ なぜ身じたくを整えるのか

身じたくを整える意味

　予定のない休日に，寝衣のまま過ごすことはありませんか。そんな状況で訪問者があると，あわてて着替えたり，髪を整えたり，歯みがきをしたりしませんか。

　人は他者とかかわるとき，時と場所を考えて自分らしい身だしなみを整えようとします。それは自分と他者との関係において，不快感を与えないようにする気づかいであったり，よい印象をもってもらいたいという効果を考えてのことであったりします。

　しかし，高齢になったり，介助が必要な状態になったりすると，こころとからだのはたらきに制限が起こることがあります。その結果，身じたくを整えることへの関心が薄れる，したいけれどもできない，自分の好きなことは頼めないという気持ちを生みます。

　身じたくを整えるということは，人が人として，社会とかかわるうえでの重要な自己表現です。介護職として，身じたくを整える意味を知ることは，介護を必要とする人が自立した生活を営んでいくうえで，その人の立場に立ち，その人なりの自己表現を維持してもらうために必要な援助であるということを知ることにつながります。

❷ 自立生活を支える身じたくの介護とは

身じたくの効果

　身じたくは，外部環境や危険物から身を守る，体温を調整する，清潔を保持するといった効果のほか，精神面にも大きく関係します。また，その時々の状況により，身じたくの整え方も変化します。身じたくのでき具合も，精神面に影響を及ぼします。身じたくがうまくできないと，外出したくなくなるといった経験をしたことがある人もいるでしょう。

　さらに，身じたくにはその人の好みが大きく影響します。服装の例でいえば，人それぞれ好きなデザインや好きな色があり，そのデザインや色を気分や目的にあわせて選択しています。

　このように，身じたくは，自分らしさを表現する1つの手段であり，社会生活を快適かつ円滑にし，精神的満足感を得ることで社会性や生活意欲を高めるものでもあります。それを支援するということは，その人らしく生活をするための支援といえます。

身じたくに関心をもってもらうための工夫

　介護職は，利用者が身じたくに楽しみを見いだせるように支援します。「できること」「できるであろうこと」を利用者とともに考え，その方法を工夫しながら支援していくとともに，個別性を尊重し，その人らしさを表現できる身じたくの支援をします。

　まずは活動の意欲を引き出すために，朝の身じたくをはじめ，生活にメリハリをつけることが大切です。顔を洗う，髪を整える，寝衣から日常着に着替える，などのだれもが日常行っている行為を，その人ができる方法で，その人の生活習慣を尊重しながら支援していくようにします。

　また介護職は，少しでも利用者の関心が外に向くように支援します。そして，外に出ることや人との交流をもつことなどに意欲が出てきたら，目的をもった社会参加を支援するように心がけます。目的にあわせた身じたくを考えると，生活に対する意欲や楽しみにつながっていくでしょう。

2 整容の支援技術 :::

❶ 洗面

　朝起きて洗面することで，すっきりとした気分で1日を始めることができます。洗面には，顔面の皮脂やよごれを落として清潔を保つとともに，血流をうながす効果があります。

　洗面はなるべく洗面所へ移動して行います。立位保持や前傾姿勢が困難な場合はいすに腰かけ，できるだけ自分で行ってもらい，前傾姿勢や上肢の動きなど，困難な動作を介助します。

　車いすで移動する場合は，洗面台の下に，車いすに座ったまま奥まで入れるような奥行きが必要です。

　移動が困難でも座位がとれる場合は，ベッドサイドで**端座位**22（➡ p. 303 参照）になり，テーブルに洗面器やタオルを準備して，なるべく自分で洗ってもらいます。

　安静時や起き上がりが困難なときは，熱めのお湯（50〜55℃前後）で濡らして，かたくしぼったタオルを渡し，できるだけ自分でふいてもらいます。高めの温度に設定するのは，タオルが肌にふれたときに適度な温かさを維持できるようにするためです。ふき残しのないように，利用者のペースにあわせて言葉かけします。

一部介助を要する利用者への介助方法（左片麻痺がある場合）

❶ 車いすを利用している利用者の場合，介護職は利用者の同意を得てから，利用者を車いすに移乗し，洗面所へ移動します。

❷ 洗面所まで移動し，洗面台の下の奥まで車いすを入れます。ブレーキをかけ，フットサポートから足を下ろし，足底が床についているかを確認します。

❸ タオルや洗顔料などを準備し，健側（右側）の手の届きやすい場所に置きます。必要に応じて声をかけながら手渡します。

❹ 介護職は，利用者の手が届かないところを介助しやすいよう，患側（左側）に立って利用者の洗面動作を見守ります。

❺ 介助を終えたら，体調などを確認して終了します。

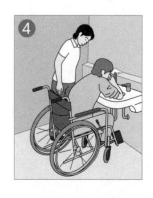

全介助を要する利用者への介助方法

❶ 介護職は利用者に介助内容を説明し，同意を得て，必要物品を準備し，介助しやすいベッドの高さに調整します。

❷ 利用者がタオルを持って顔をふく動作が可能な場合は，動作しやすい角度までベッドをギャッチアップします。そして，熱めのお湯（50～55℃前後）で濡らして，かたくしぼったタオルを渡し，顔をふいてもらいます。

❸ 介護職は利用者のできないところを介助します。タオルの面を替えながらふいていきます。

❹ 介護職が介助する場合は，利用者の意向を聞きながら，図2-3-1のようにふきます。必要に応じて洗顔料や石けん，クリームなどを使用します。洗顔料や石けんを使用したあとは，泡を十分にふきとります。

❺ 介護職はふき残しがないか，利用者に鏡などで確認してもらったあと，体調などを確認します。ベッドの角度を元に戻して終了します。

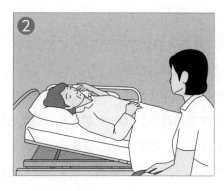
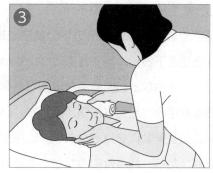

■図2-3-1 顔のふき方

・額→鼻→頬→顎の順に，筋肉の走行にそって3の字を描くようにふきます。
・目の周囲は，目頭→目尻の方向にふきます。
・髪の生え際，目尻，鼻の周囲，耳の後ろ，口元もていねいにふきます。
・タオルの面を替えながらふきます。

❷ 整髪

気分転換，頭髪・頭皮の健康維持，社会性の維持のためには，整髪の習慣を忘れずにいたいものです。起床時，外出時，入浴後など，適切なタイミングで整髪をうながしましょう。

介助する場合は，利用者の希望を聞きながらていねいに行います。ブラッシングは髪のよごれを取り，頭皮の血行を促進する効果があります。ヘアスタイルや整髪料を使うかどうかは，生活習慣やその日の気分で変わりますから，ていねいにコミュニケーションをはかって確認するようにします。

一部介助を要する利用者への介助方法（左片麻痺がある場合）

介助方法は，基本的に「❶ 洗面」の「一部介助を要する利用者への介助方法」（➡第 2 巻 p. 118 参照）と同様です。

❶ 車いすを利用している利用者の場合，介護職は利用者の同意を得てから，利用者を車いすに移乗し，洗面所へ移動します。

❷ 洗面所まで移動し，洗面台の下の奥まで車いすを入れます。ブレーキをかけ，フットサポートから足を下ろし，足底が床についているかを確認します。

❸ ブラシ，タオルなど必要物品を健側（右側）の手の届きやすい場所に置きます。

❹ 介護職は利用者の患側（左側）に立ち，いつ座位のバランスをくずしても支えられるように，利用者の整髪動作を見守ります。支援が必要なところは介助します。

❺ 介助を終えたら，利用者に鏡などで確認してもらったあと，体調などを確認して終了します。

介助の留意点

・利用者の状況に応じて，端座位やいすに移って行う場合もあります。

全介助を要する利用者への介助方法

❶ 介護職は利用者に介助内容を説明し，同意を得て，ブラシ，鏡，タオル，オーバーテーブルなどの必要物品を用意し，介助しやすいベッドの高さに調整します。

❷ 介護職はベッドを30〜60度くらいギャッチアップし，クッションなどを使って利用者を安楽な姿勢にします。

❸ 利用者の肩にバスタオルをかけるなどして，髪が衣服やシーツなどにつかないように配慮します。

❹ できる範囲で，鏡を見ながら利用者自身に髪を整えてもらいます。介護職は支援が必要なところを介助します。

❺ 介助を終えたら，利用者に鏡などで確認してもらったあと，体調などを確認してベッドの角度を元に戻して終了します。

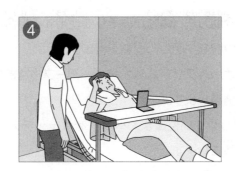

❸ ひげの手入れ

日本人男性にとって**ひげそり**は一般的な生活習慣です。

しかし，ひげを伸ばすことが好きな人，適度に残したい人，長年手動かみそりを使用してきた人，電動かみそりを使用してきた人など，好みや方法はさまざまです。

介護職が手動かみそりを使用してひげそりを行うことは認められていないので，通常は電動かみそりを使用して介助します。介助する際は，利用者の生活習慣やその時々の希望をよく理解し，必要に応じて介助します。

高齢になると，ひげそりをおろそかにしたり，手入れがゆきとどかなかったりすることがあるので，介護職の配慮はとくに大切です。

ひげは1日に約0.4mm伸び，すぐに目立つので，1日1回はひげそりをするのが一般的です。

全介助を要する利用者への介助方法（電動かみそりを使用する場合）

① 介護職は利用者に介助内容を説明し，同意を得ます。

② 電動かみそり，鏡，タオル，クリーム，オーバーテーブルなどの必要物品を用意し，介助しやすいベッドの高さに調整します。

③ 利用者が鏡で顔を確認しやすい位置までベッドをギャッチアップし，クッションなどを使って利用者を安楽な姿勢にします。

④ 利用者の口のまわりから首筋のよごれを取ります。

⑤ しわを伸ばしながら，そり残しのないよう，ていねいにひげをそります。鏡で確認してもらったり，可能な場合は自分で触ったりして，ひげの状態を確認してもらいます。

⑥ 顔の表面に残ったひげを取り除きます。

⑦ クリームやローションなどで皮膚を保護します。

⑧ 介助を終えたら，利用者に鏡などで確認してもらったあと，ベッドの角度を元に戻し，体調などを確認して終了します。

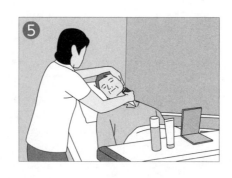

介助の留意点

・電動かみそりは簡単にひげをそることができますが，伸びすぎたひげには向きません。また，皮膚のくぼんだ部分はそりにくいことがあります。電動かみそりを使用するときは，音や振動による利用者や周囲への不快感にも配慮します。

・ひげそり後の皮膚はかみそり負けを起こしやすいので，クリームやローションなどをつけて皮膚を保護するよう配慮します。

❹ 爪の手入れ

爪切りの効果

爪は1日に約0.1mm伸び，足より手のほうが早く伸びます。爪はまめに手入れをしないと，巻き爪[23]（➡ p. 304 参照）や爪肥厚[24]（➡ p. 304 参照）など変形の原因となって，足の指先の動作や歩行の障害になったり，皮膚や衣服を傷つけたりします。そのため爪切りは，身だしなみや清潔保持のほか，安全な生活を維持するためにも必要な行為です。

爪の切り方

爪を切るときは，指から少し上のあたりの伸びた部分を直線に切ります（スクエアカットといいます）。足の爪の場合は角を残したままで，手の指の爪は少し角を切って丸く仕上げます（図2-3-2）。この切り方をスクエアオフといいます。最後にやすりをかけて整えます。

高齢になると爪がもろくて割れやすいため，力を入れすぎたり大きく切ろうとしたりせず，少しずつ切るようにしましょう。切りすぎると深爪になり，かえって巻き爪の原因になります。

爪は水分にひたすとやわらかくなるので，入浴（手浴・足浴）後や，蒸しタオルなどを当てたあとに行うと安全にできます。

介護職による爪切り

従来，爪切りは医療職が行うべき医行為とされてきました。しかし，爪そのものに異常がなく，爪の周囲の皮膚にも化膿や炎症がなく，かつ糖尿病などの疾患にともなう専門的な管理が必要でない場合に限り，介護職が爪切りで爪を切ることや爪やすりでやすりがけをすることが認められるようになりました。

なお，爪や皮膚状態に異常が認められる場合には，すみやかに医療職に報告します。

■図2-3-2　正しい爪の切り方（スクエアオフ）

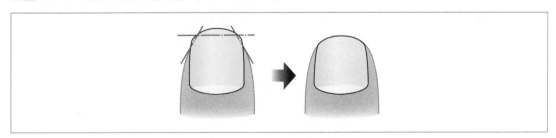

一部介助を要する利用者への介助方法

❶ 介護職は利用者の同意を得て，切り方などの希望を聞くとともに，爪や周囲の皮膚に異常がないかを確認します。

❷ 爪の飛び散り防止のため，周囲に敷物を敷きます。

❸ 利用者は手足を楽な位置にして，介護職は利用者の指先をしっかり持って少しずつ爪を切ります。介護職は利用者が手を差し出しやすい位置に座って行います。

❹ 利用者の表情を見ながら，痛みや不快感の有無を確認します。

❺ 爪と皮膚が癒着している場合もあるので，皮膚を切らないよう注意します。異常がある場合は爪切りを中止して，医療職に報告します。

❻ 切ったあとにやすりをかけて，爪の表面や角をなめらかにします。爪の表面が荒れている場合は，クリームやオイルなどをつけて保護します。

❼ 切った爪が飛び散らないよう始末するとともに，利用者の体調などを確認して終了します。

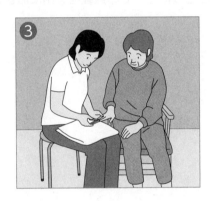

いすに座っている利用者の足の爪を切る際の留意点

・介護職は台座にタオルを敷き，利用者の素足を乗せ，爪を切ります。

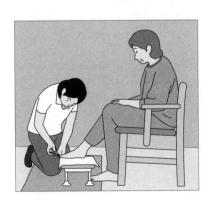

❺ 化粧

　化粧は，単なる身だしなみのほかに，気分の活性化や社会参加，自己表現，コミュニケーションの手段でもあります。

　化粧の程度も，スキンケアや基礎化粧から専門的メイクアップまで，人それぞれの好みや習慣，ライフスタイルによってさまざまです。最近は男女を問わずスキンケアや化粧への関心が高まっているので，利用者の生活歴や希望をよく知って，必要な部分を介助するようにします。

　もともと化粧をする習慣がある人は，なるべくそれを維持することが大切です。習慣がない人でも，簡単な化粧をすることで気分転換になったり，表情豊かに他者とコミュニケーションをはかれるようになるなど，自信をもって毎日を送れるようになった例が多くあります。

　化粧をはじめとする身だしなみは，利用者が社会（友人，知人，地域社会等）とつながりをもち，良好な関係を保つうえで潤滑油の役目をする重要な生活行為です。介護職は，それぞれの行為の目的や，利用者一人ひとりにとっての意義を念頭におきながら介助にあたることが大切です。

❻ 衣服の着脱

衣服の種類と選択に必要な視点

衣生活を介護する際は，その人らしさや本人の好みを尊重します。そして，利用者の状態にあった適切な衣服を選びます。

また，経済面にも配慮して衣服を選択していくことも大切です。

■表 2-3-1　衣服を選択する際の一般的な視点

下着類，寝衣
- 吸湿性，吸水性，透湿性があるものを選ぶ。
- 発汗などによる汚染が生じやすい場合などは，蒸れない素材が望ましい。
- 皮膚を刺激しないやわらかい素材を選ぶ。
- 化学繊維などは皮膚を刺激しやすいので，皮膚に何らかのトラブルなどがある場合は避けたほうが望ましい。
- よごれやすく洗濯の頻度も高いため，洗濯に耐え，変質・型くずれしにくいものがよい。

上着類
- 利用者のライフスタイルや目的にあわせたものを選ぶ。
- 着心地がよく，保温性や通気性が適度に保たれ，衣服による圧迫感や重量感がなく，快適なものがよい。
- 夏は通気性のよい素材，冬は保温性に優れた素材などを選ぶ。
- 上着類は社会とのかかわりをもつ心理的な快適性も考える。

靴
- 透湿性，防湿性のよいものを選ぶ。
- 負担のかからない重量や，足を圧迫しないもの，強度があるもの，手入れがしやすいものがよい。
- かかとの高さやすべり具合など，安全性も考えて選ぶ。

一部介助を要する利用者への介助方法①
——前開きの上衣の着脱（右片麻痺がある場合）

❶ 介護職は介助内容を説明し，同意を得ます。着替える衣服を確認し，介護職は患側（右側）に立ちます。

❷ 利用者は，健側（左側）の手でボタンをはずし，患側の肩の衣服をはずします。

❸ 健側上肢の袖を脱いでから，患側上肢の袖を脱ぎます。

❹ 新しい上衣の患側上肢の袖を通してから，健側上肢の袖を通します。

❺ 健側の手でボタンをとめ，えりもと，両肩，すそなどを整えます。

❻ 介護職は利用者に衣服の着心地や体調などを確認します。

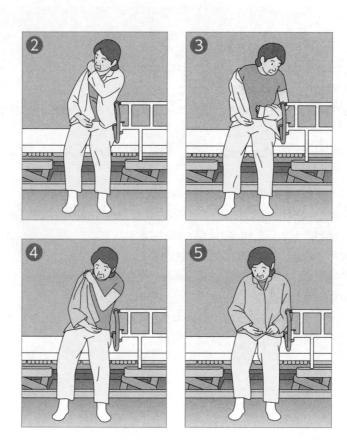

介助の留意点

・片麻痺の場合，脱健着患（脱ぐときは健側から，着るときは患側から）が基本となるため，どうしても肌が露出しやすくなります。そのため，バスタオルなどを利用して肌が露出しないように配慮します。

・介護職は，支援が必要なところを介助します。

一部介助を要する利用者への介助方法②
──ズボンの着脱（右片麻痺がある場合）

❶ 健側（左側）の手でできるだけズボンを下げておき，健側下肢，患側（右側）下肢の順でズボンを脱ぎます。

❷ 健側の手で患側下肢，健側下肢の順にズボンを通します。

❸ 健側の手でズボンをできるだけ上まで上げます。健側下肢に重心をかけて立位をとり，ズボンを上まで上げます。

❹ 介護職は利用者にズボンのはき心地や体調などを確認します。

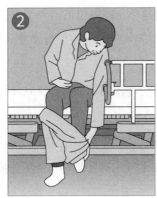
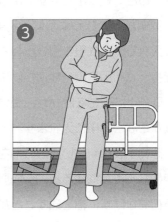

介助の留意点

・ズボンの着脱時もバスタオルや膝かけなどを利用して，肌の露出を防ぎます。

・介護職は，支援が必要なところを介助します。

全介助を要する利用者への介助方法①
──前開きの上衣の着脱（右片麻痺がある場合）

❶ 介護職は利用者に介助内容を説明し，同意を得ます。

❷ 着替える衣服を確認し，袖だたみ（両袖をそろえ，たたむ）にして，患側（右側）に置きます。介助しやすいベッドの高さにします。

❸ 利用者にボタンをはずしてもらいます。必要に応じて介護職がボタンをはずし，健側（左側）上肢の袖が脱ぎやすいように患側上肢の肩口を少し広げます。

❹ 健側上肢の袖を脱がせ，脱いだ衣服は内側に丸めるようにして利用者の身体の下に入れます。あとで取り出しやすいように，なるべく深く衣服を差し入れます。

❺ 健側が下になるように，利用者を左**側臥位**25（➡ p.304 参照）にし，利用者の身体の下に入れていた衣服を引き出して，背中部分を脱がせます。代わりに新しい衣服の前開き部分を持って利用者の身体にかけます。

❻ 患側上肢の袖を脱がせ，脱いだ衣服はよごれをまわりに広げないよう内側にして丸め，脱衣かごなどの中に入れます。

❼ 患側上肢に新しい衣服の袖を通します。このとき，可能な場合には，利用者の上肢が一直線になるようにすると，袖を通しやすくなるため，患側上肢を無理に動かすこともなくなり，負荷をかけずに袖を通すことができます。

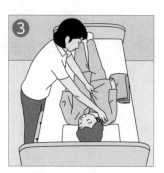
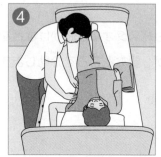

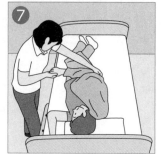

❽　背中，わきの線をあわせ，片側の衣服を利用者の身体の下に入れこみます。あとで衣服を引き出しやすいように，しっかりと身体の下に差し入れます。

❾　利用者を**仰臥位**[26]（➡ p. 304 参照）にし，身体の下から衣服を引き出します。

❿　健側上肢の袖を通し，ボタンをとめます。袖ぐりは，利用者のわきより下のほうにすると，通しやすくなります。

⓫　介護職は利用者に衣服の着心地や体調などを確認します。

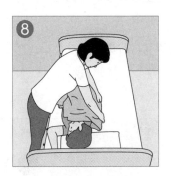
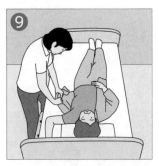

全介助を要する利用者への介助方法②
──ズボンの着脱（右片麻痺がある場合）

❶ 可能であれば，利用者に腰を上げてもらい，協力を得ながらズボンを下げます。健側（左側）下肢，患側（右側）下肢の順でズボンを脱がせ，患側下肢，健側下肢の順に新しいズボンをはかせます。

❷ 可能であれば，利用者の協力を得ながらズボンを腰まで上げます。腰が上がらない場合は，健側を下にして側臥位になってもらいズボンを上げます。このとき，背中側の衣服のしわを取り除きます。

❸ 衣服を整え，はき心地や体調などを確認します。介助を終えたら，ベッドの高さを元に戻します。

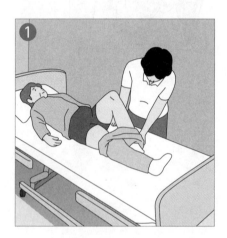
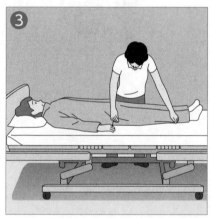

全介助を要する利用者への介助方法③──ゆかたの着脱

臥床状態でゆかたを着脱する場合，基本的な介助方法は「全介助を要する利用者への介助方法①──前開きの上衣の着脱」（➡第2巻 pp. 130-131 参照）と同様です。

ここでは，とくに配慮する部分のみ示します。

❶　えりのあわせは左上（右前）にします。ひもは縦結びでなく，横結びにします。

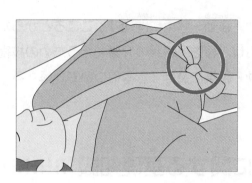

❷　内側のすそは両下肢のあいだに落とすか，三角に折ると，足が動きやすくなります。

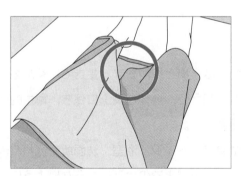 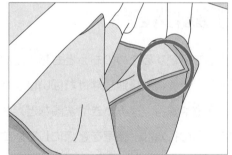

第4節 移動・移乗に関連したこころとからだのしくみと自立に向けた介護

学習のポイント 👨‍🏫

●移動・移乗の必要性と，移動・移乗に関連するこころとからだのしくみを理解する
●利用者本人の力を活用し，移動・移乗の介護を行うための技術を身につける
●心身機能の低下が移動・移乗に及ぼす影響について理解する

1 移動・移乗に関する基礎知識 ::::::::::::::::::::::::

❶ なぜ移動をするのか

生活に必要な行為を行う

日常生活を継続するためのもっとも基本的な行為は食事と排泄です。生きていくためには，栄養をとり，老廃物を排泄しなければいけません。加えて，身体を清潔に保ち，衛生的に過ごすには，入浴や整容（歯みがきや洗顔など）も重要です。

通常これらの行為は，寝室を起点にして居間や食堂，トイレ，浴室，洗面所で行われます。たとえ何らかの障害により移動が困難になっても，ベッド上での生活にならないように，それぞれの場所までの移動を支援することは，生活を支えるうえで基本的な視点です。

快適に過ごす

尿意や便意があるのにおむつを使用することには不快感をともないます。ベッドから立ち上がり，ズボンや下着を上げ下げする能力があれば，ポータブルトイレを利用することができ，おむつよりも快適に排泄できます。

さらに，トイレまで移動すれば，個室でだれにも気をつかうことなく落ち着いて用を足すことができます。

このように，移動は快適な生活を送るうえで重要な行為です。

生き生きとした生活を継続する

　人は他者との交流を求め，さらには集団のなかで役割を果たし，創造的な活動へとみずからの欲求を実現させています。この欲求が生活の範囲を維持・拡大していく源であり，移動する動機の1つといえます。

　高齢者が老人会の親睦旅行や，お祭りなどの地域活動に参加することを例にとってみましょう。集団への参加は，身じたくや行動を見直したり，悩みごとを相談したりするきっかけになります。

　また，共通の趣味をもつ友人との会話，たとえば盆栽などの趣味についての情報交換は，自宅で趣味活動を継続する意欲の向上につながります。

　突然の事故や病気などで障害を負うことになった場合も，同様のことがいえます。それまでの生活が継続できなくなったときの精神的なショックは大きいものですが，再び移動手段を獲得して目的地に行けるようになることは，それまでの生活を継続するだけでなく，気持ちを前向きにするうえできわめて大切なことです。

身体機能を維持する

　筋力や関節の機能を維持し，また骨を丈夫に保つなど，身体機能を維持することは，生活を継続するために必要なことです。

　筋力の維持には，ふだんから最大筋力の20〜30％以上の筋力を利用する必要があります。関節は，長い期間動かさないでいると，動く範囲が減少する拘縮27 (➡ p.304 参照) といわれる状態になってしまいます。

　移動は，姿勢を変える動きをともなうため，筋力や関節可動域を維持する運動につながります。また，重力に抵抗した姿勢をとることは，骨に力を加えることになり，骨を丈夫に保つことにつながります。

　移動はまさに，身体機能を維持する運動の一部といえるでしょう。移動することにより，身体機能の維持がはかられ，身体機能を維持することにより，移動することができるのです。

❷ もっている力の活用と自立支援

状態像の理解

　移動や移乗に介助が必要な人は，麻痺や拘縮をともなっていることが多いものです。その程度は人それぞれであり，介護職はその人に応じた介助方法を提供します。ここでは，**麻痺の種類**（図 2-4-1）や関節可動域などの基本的な知識を押さえます。

麻痺の種類

① 四肢麻痺
　両側上下肢の麻痺。大脳，脳幹，頚髄などの障害によって起こります。体幹筋も麻痺するために座位の保持も困難で，ほとんどの動作に介助が必要となります。

② 対麻痺
　両側下肢の麻痺。**脊髄損傷**[28]（➡ p. 304 参照）によるものが多いです。両側上肢は健全なので，動作のほとんどを上肢で行います。

③ 片麻痺
　片側上下肢の麻痺。**脳卒中**[29]（➡ p. 304 参照)，頭部外傷などによって片側の脳や脊髄などに損傷を受けたときにみられます。ほとんどの動作は自立していますが，重度の場合にはバランスを保持する能力が低下し，介助を要することが少なくありません。

④ 単麻痺
　上下肢のうち一肢だけが麻痺している状態。**ポリオ**[30]（➡ p. 304 参照）など，多くは末梢神経の損傷が原因です。基本的な動作は自立しているため，介助はほとんど必要としない場合が多いです。

■図 2-4-1　麻痺の障害部位

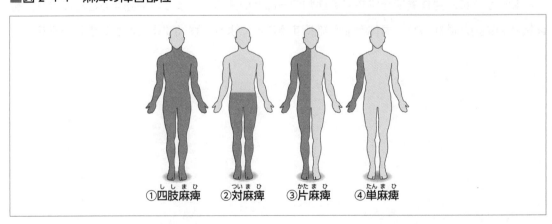

①四肢麻痺　②対麻痺　③片麻痺　④単麻痺

関節可動域

　人間の身体には関節があり，さまざまな動きができるようになっています。しかし，関節の動きにも一定の範囲（可動域）があり，無理な動きは関節をはずしたり，骨折につながることがあります。それぞれの部位については，次のようなポイントで確認します。

① 頸部
　前後に傾ける動き，身体の中心軸を回す動きなど。

② 肩や肘
　肩や肘の角度をせまくする前方への動き，肩や肘の角度を広くする後方への動きなど。

③ 手や足
　手は伸ばしたり曲げたりする動き，足は膝関節を曲げて足底を見せる動き，つま先を下げる動きなど。

④ 股関節
　仰臥位の姿勢で身体の正中面から下肢を遠ざける動き（外転），近づける動き（内転），仰臥位で股関節と膝関節を 90 度に曲げ，身体の一部を支点にして回転する外旋・内旋の動きなど（図 2-4-2）。

■図 2-4-2　股関節の動き

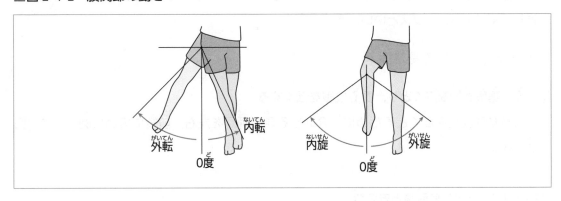

もっている力の活用

　移動・移乗の介護にあたって介護職は，利用者の麻痺の種類や関節可動域などを確認したうえで，その人に応じた介助方法を検討し，提供します。その際に介護職は，**自立支援**の視点も忘れてはいけません。利用者ができる行為まで介助する必要はなく，その人がもっている力を十分に活用しながら介助を行う必要があります。

❸ ボディメカニクスの活用

移動・移乗の介助を行うにあたって

　介護職は，人間の生活行動の基本となっている頭・肘・手足・体幹の自然な動きや使い方を理解し，その自然なはたらきを助けるために，運動力学を応用しながら介助を行います。

■表 2-4-1　移動・移乗の介助における基本的な視点

❶ 移動の可否を判断するための体調を確認する。
❷ 援助内容を説明し，ポイントを相手に伝える。
❸ 自立に向けた自然な動きを理解する。
❹ 適切な介護方法と介護量を提供する。
❺ ボディメカニクスを活用する。

ボディメカニクスとは

　正常な運動機能は，神経系・骨格系・関節系・筋系が互いに影響し合っており，いずれかに支障をきたすと，目的どおりの正確な動きができなくなります。このような諸系の相互関係を総称してボディメカニクスといいます。

ボディメカニクスの基本原理

① 支持基底面積を広くとり，重心位置を低くする
　支持基底面積を広くとるために，介助する側は両足を左右，前後に広めに開きます（図2-4-3）。

■図 2-4-3　支持基底面積と安定性

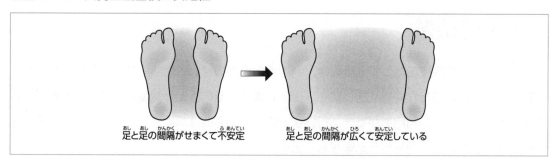

足と足の間隔がせまくて不安定　　　足と足の間隔が広くて安定している

② **介助する側とされる側の重心位置を近づける**

　介助する側・される側それぞれの重心位置が近いほど移動がしやすくなります。また身体を密着させると余分な力がいりません。

③ **大きな筋群を利用する**

　身体全体の筋肉に力を配分し，腕だけなど1つの筋群だけに緊張を集中させないようにします。

④ **介助される側の身体を小さくまとめる**

　介助される側の腕や足を組み，身体がベッドなどに摩擦する面積を少なくすることで力の分散を防ぐことができます（図2-4-4）。

⑤ **「押す」よりも手前に「引く」**

　押すより引くほうが力を分散させず，少しの力ですみます。

⑥ **重心の移動は水平に行う**

　足先を重心移動する方向に向け，膝の屈伸で水平に重心を移すと骨盤が安定し，スムーズで安定した移動になります。背筋を伸ばし，膝の屈伸を使うと腰を痛めません。

⑦ **身体をねじらず，骨盤と肩を平行に保つ**

　不自然に脊柱を曲げたりねじると姿勢が不安定となり，力が出せないと同時に腰痛の原因にもなります。

⑧ **てこの原理を応用する**

　支点・力点・作用点のある状態で，小さい力が大きい力に変わる原理です。ベッドサイドに膝を押しつけるなど，膝や肘をてこの支点とすることで，効率的な動作が可能になります。

■**図2-4-4　回転力と起居動作**

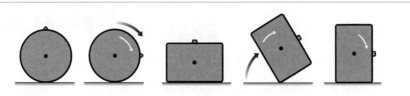

丸い物体は転がりやすく，四角いブロックは転がりにくい

第1章第3節「3　骨・関節・筋に関する基礎知識とボディメカニクスの活用」（➡第2巻 p. 38参照）の解説とあわせて，理解を深めましょう。

❹ 重心と姿勢の安定

重心の位置

　身体の動きは重心の移動をともないます。そのため介助場面では、身体の動きにともなって移動する重心を意識して介助します。
　運動時は上下・左右・前後に重心が移動し、静止立位時は一般的に第二仙骨の高さ（へその下部あたり）が重心となります（図2-4-5）。

■ 図 2-4-5　立位時の重心の位置

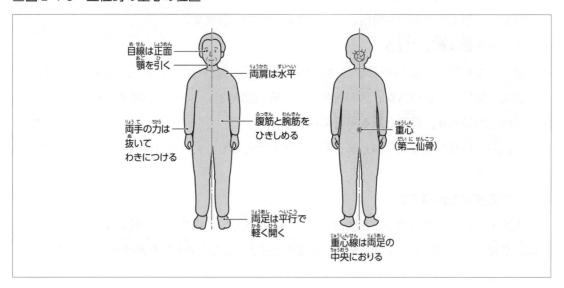

重心線

　静止立位時における重心線は、耳介―肩峰外側―大転子―膝後方―外果前方（外くるぶし）の諸点にあればバランスがとれている状態です。移動するとき、座位や臥位のときも図2-4-6のような軸が一列に整っていることを維持することが基本となります。

■ 図 2-4-6　重心線の通過点

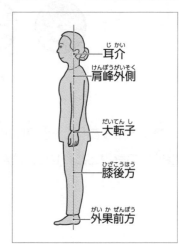

重心の高さ

人間の重心は，通常身長に対して床から約 55 ％の高さに位置します。しかし，それは個人の体型や姿勢，あるいは物を持ったときの物体の重量等により変わります。

ある介助姿勢をとるときにもっとも重要なのは，**姿勢の安定**です。姿勢が不安定になると腰や背中などに過剰な負担がかかり，腰痛などの原因となります。

重心の位置が低いほど姿勢は安定します。同じ立位でも両足を開き，膝を少し曲げて腰を低くするほうが安定性は高まります。両手を上げたりすると重心が高くなり，不安定な姿勢になります。

■表 2-4-2　移動動作の基礎となっている理論

力学的側面	・支持基底面積 ・重心の高さ ・重心の移動 ・ベクトル ・慣性の力 ・トルク（ねじりの強さ）
神経生理学的側面	・首と腰のコントロール
運動学的側面	・押すと引くとの違い ・安定した状態の移動動作 ・回転動作のコントロール
介護学的側面	・介護は最小限に ・口頭での説明は具体的にわかりやすく ・残存機能の活用

2 移動・移乗に関する福祉用具とその活用方法 ::::::::

❶ 手すり，歩行器，杖

　歩行における福祉用具の使用は他人に依存することなく，みずからの力で自立できることが最大の効果となります（表2-4-3）。

■表2-4-3　歩行における福祉用具の種類

項目	種類	選択の視点・活用法
手すり		1人で歩行できるが，安定性に欠ける，疲れやすいなどの状況で手すりを利用します。廊下や階段の壁に取りつけられているので，支持性が高く，転倒予防に効果があります。 　手すりは床から75〜80cmのところに設置するのが目安とされます。手すりの直径は32〜36mm程度が適しています。
歩行器	前腕支持式歩行器 固定式歩行器 	歩行器は，杖に比べて大きな支持性・安定性を必要とする人が利用します。利用には両手が使えること，立位で歩行器を操作するだけのバランス機能をもっていることが条件となります。 　利用者はフレームの中に立ち，手のひらや前腕部で支持しながら操作します。しっかり上から押さえるようにして体重を支えます。在宅で使用する場合は廊下幅や方向転換をするためのスペースが必要となります。 　車輪のあるものはおもに四輪型と二輪型に分かれます。車輪つき（前腕支持式歩行器など）は動きやすいですが，安定性に欠ける面があります。介護者は利用者が慣れるまで危険に備えて付き添います。 　車輪のないものはフレームのにぎりの部分を持ち，左右交互に動かすもの（交互式歩行器）と歩行器自体を持ち上げて動かす固定式のもの（固定式歩行器）があります。両手の力がしっかりしていることが必要です。

| 歩行補
助杖（ほこうほじょえ） | T字杖（じつえ）

　杖の高さ（つえ）（たか）

ロフストランド・クラッチ

多点杖（多脚杖）（たてんつえ）（たきゃくつえ）

サイドケイン
（ウォーカーケイン／杖型歩行器（つえがた ほこうき））
 | 　歩行補助杖は，①歩行時の患側下肢にかかる荷重（体重）の免荷（※）（完全免荷，部分免荷），②歩行バランスの調整，③歩行パターンの矯正，④歩行速度と耐久性の改善，⑤心理的な支えなどを目的に，一般的には杖のにぎり手を把持して体重を支えます。杖の種類は利用者の「免荷の程度」や「手の機能」にあわせた杖を選択します。最近はアルミ合金を用いて軽量化がはかられていますが，①丈夫であること，②軽いこと，③デザイン性に優れていることも選定の条件になります。

〈T字杖〉
　このタイプはもっともよく使われています。比較的少ない支持で歩行が可能な場合に用いられます。適切な杖の長さは，肘を少し曲げた状態でにぎり手をつかむ位置が大転子あたりの高さになるようにします。

〈ロフストランド・クラッチ〉
　杖上方の前腕支えとにぎりの2か所で支持するため安定性がよく，上肢の力を有効に使うことができます。

〈多点杖・サイドケイン〉
　多点杖やサイドケインは支持面積が広く，手を離しても杖自体が立っているため，立位や歩行時のバランスが悪い場合に用いられます。車いすへの過度な依存を防ぐためにも多点杖の活用が注目されています。 |

※：免荷とは，荷重をかけないこと。足にかかる体重を杖で分散させることをいう。

❷ 車いす

車いすの基本構造

　車いすを利用する場合は，車いすの構造（図2-4-7）を理解したうえで，必ず安全に利用できるか確認することが必要です。タイヤの空気圧，ブレーキの効き具合，グリップのにぎり部分がゆるんでいないか，フットサポートはぐらぐらしないかなどの点検は常に行うようにしましょう。

■図 2-4-7　車いすの構造

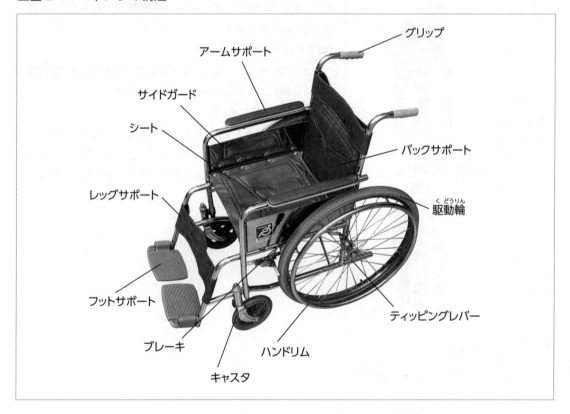

アームサポート
グリップ
サイドガード
シート
バックサポート
レッグサポート
駆動輪
フットサポート
ブレーキ
ハンドリム
キャスタ
ティッピングレバー

■表 2-4-4　車いすのおもな種類

①自走用，②介助用，③片手駆動輪型，④モジュール型，⑤電動車いす，⑥電動三輪車，⑦座席昇降型電動車いす，など。

車いすのたたみ方

❶ ブレーキをかけます。

❷ シートの前後を両手で上に持ち上げ，左右の幅をせばめます。

❸ 最後にアームサポートを持ち，さらに左右をせばめます。

車いすの広げ方

❶ 左右の手でアームサポートをつかみ，少し外側に開きます。

❷ 次にシートに両手を置き，手を下に押しつけしっかりと開きます。このとき，シートの端に指をはさまないように気をつけます。

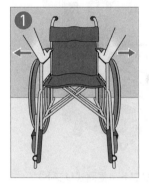 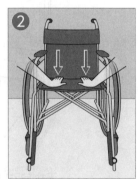

車いすのブレーキのかけ方

車いすの横に立ち，片手はグリップをにぎり，もう一方の手でブレーキをかけます。

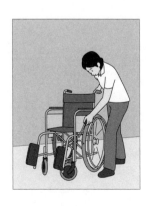

❸ 移動用リフト

介護者の腰痛が大きな問題となっていますが，移動用リフト（図2-4-8）や移乗機器の適切な利用により，介護負担の軽減と，利用者の自立度を高めることにつながります。

① 天井走行式リフト

天井にレールを設置する固定式と，やぐらを組んでその中に設置されたレールにそって移動する据置式とがあります。

② 床走行式リフト

スリング（つり具）や台座を使って人を持ち上げて，キャスタのついたリフト架台を手動で押したり引いたりすることで，床上を移動します。電動式のものもあります。

■図2-4-8　移動用リフト

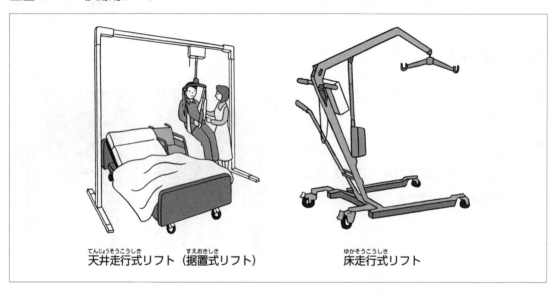

天井走行式リフト（据置式リフト）　　　床走行式リフト

❹ 簡易スロープ・段差解消機

　玄関では，靴を脱いだりはいたりする必要があります。段差があると，さらに動作は困難になります。

　簡易スロープや段差解消機（図2-4-9）を活用したり，その他さまざまな工夫で自立および介護の軽減をはかったりすることができます。

　外に出やすくなると，利用者の外出しようという意欲に結びつきます。

① 簡易スロープ

　玄関部分などの段差を解消するものです。段差をスロープにする傾斜台です。

② 段差解消機

　車いす1台が乗る寸法のテーブルが垂直に上がり下がりする昇降機で，高低差50cm〜1m程度までの段差に対応できます。

■図2-4-9　簡易スロープと段差解消機

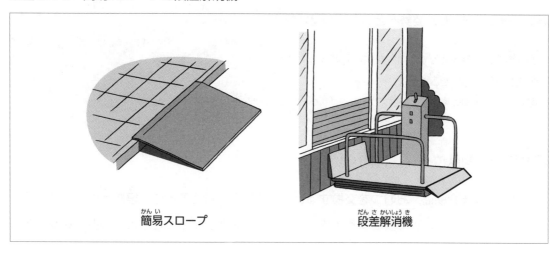

簡易スロープ　　　　　　　　段差解消機

3 利用者・介助者にとって負担の少ない移動・移乗の支援 :::::

❶ 体位変換

体位変換の介助を行うにあたって

　長いあいだ寝たきりの状態が続くと，骨や筋肉が萎縮し，関節も拘縮することからいっそう動くことが困難になります。また，外部からの刺激が少ないと，精神機能が低下する弊害や呼吸機能への影響があげられます。その弊害を予防するのが**体位変換**です。

　そのため，介護職はできるだけ利用者の身体を起こし，体位を変えます。そして，**臥位**31（→ p. 304参照）から座位へと体位が変換できるように，利用者の**自立へ向けた介助**の視点が重要です。

　体位変換の介助を行う際に，介護職はまず自分自身が，**安定した姿勢**をとることが前提となります。安定した姿勢をとるためには，表 2-4-5 に示す視点が基本となります。

■表 2-4-5　安定した姿勢をとるための基本視点

❶ 重心の位置を低くする（膝を曲げて腰を低くする）。
❷ 支持基底面積を広くとる。
❸ 足底と床面の摩擦抵抗を大きくする（すべらない履物を使用する）。

仰臥位から側臥位へ（横に向く）

　側臥位にする介助は，おむつを交換するとき，衣服を着替えるとき，寝た状態で清拭を行うとき，寝たままでシーツ交換をするとき，ベッドから起き上がるときなどに必要となります。

一部介助を要する利用者への介助方法（左片麻痺がある場合）

❶ 介護職は利用者に介助内容を説明し，同意を得てからベッドの高さを調整します。
❷ 利用者は健側（右側）の方向に顔を向け，健側の手で患側（左側）の手を胸の上に置きます。健側の手で同方向へ枕を寄せます。
❸ 利用者は健側の手で患側の手を支え，健側の足を患側の足の下に入れます。
❹ 介護職は健側に立ち，利用者の患側の肩甲骨と腸骨に手を当て，腰を落としながら膝を曲げて，腸骨→肩甲骨の順に利用者を手前に倒します。
❺ 介護職は，ベッドの高さを元に戻し，利用者の体調などを確認します。

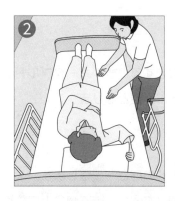 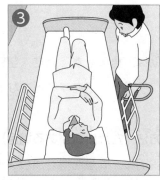 

全介助を要する利用者への介助方法

❶ 介護職は利用者に介助内容を説明し，同意を得てからベッドの高さを調整します。

❷ 介護職は利用者に頭を上げてもらい枕を側臥位になる方向に寄せます。利用者は胸の上で腕を組みます。

❸ 介護職から遠いほうの膝裏から大腿部に，手のひらを上にして，手前に向かって手を差し入れます。もう一方の手は肩甲骨を支えます。

❹ 介護職は膝→肩甲骨の順に利用者を手前に倒します。

❺ 介護職は利用者の身体を安定させます。

❻ 介助し終えたら，ベッドの高さを元に戻し，利用者の体調などを確認します。

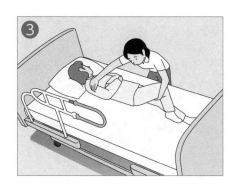 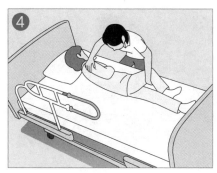

起き上がりから端座位へ

　起き上がりから端座位にする介助は，食事をするとき，整容をするとき，ポータブルトイレに移乗するとき，立位になるとき，手浴・足浴をするときなどに必要となります。

一部介助を要する利用者への介助方法（左片麻痺がある場合）

❶　介護職は利用者に介助内容を説明し，同意を得てからベッドの高さを調整します。

❷　介護職は利用者の患側（左側）上肢の肘関節を持ち，健側（右側）上肢で胸の上に置くようにうながし，足を組みます。

❸　利用者は健側の手で介助バーをつかみ，右側臥位になります。このとき，介護職は健側に立って利用者の肩甲骨と腸骨を支え，利用者が右側臥位になるのを介助します。

❹　利用者は，下肢をベッドの端に移動させ，両足をベッド外に下げながら頭を上げ，右肘，右手の順に力を入れて上体を起こします。このとき，介護職は利用者の首の後ろ付近と大腿部などを支え，起き上がりを介助します。

❺　利用者の両方の足底が床につくように，必要に応じて**殿部**32（➡ p. 305 参照）をベッドの端のほうに移動させ，ベッドの高さを調整します。

❻　利用者の座位の安定と，体調などを確認します。

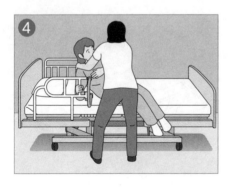

全介助を要する利用者への介助方法（左片麻痺がある場合）

❶ 介護職は利用者に介助内容を説明し，同意を得てからベッドの高さを調整します。

❷ 介護職は患側（左側）の利用者の手を胸に置き，健側（右側）の手で患側の肘を支えてもらい，膝を立てます。

❸ 利用者を支えながら，ゆっくり右側臥位になるのを介助します。

❹ 利用者に，力を入れやすい場所（介助バー・マットレス等）をつかんでもらいます。

❺ 介護職は，利用者の両足をベッド外に下ろしながら肩甲骨周辺を支え，利用者がゆっくり起き上がる介助を行います。

❻ 介護職は両膝裏を支えて，身体の向きを回転させます。

❼ 介護職は利用者の殿部を手前に引き寄せます。

❽ 利用者の両方の足底が床につくようにベッドの高さを調整します。

❾ 手はベッドに，足底は床につけて座位姿勢の安定と，体調などを確認します。

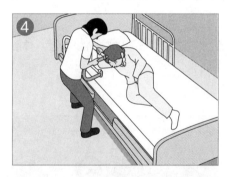

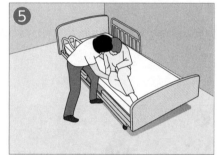

端座位から立位へ

　介助を要する利用者は，腰や膝の力だけでは立ち上がることはできません。足底を膝頭より後ろに引き，体重の前方移動で立つことが必要です。

一部介助を要する利用者への介助方法（左片麻痺がある場合）

❶　介護職は利用者に介助内容を説明し，同意を得ます。

❷　利用者は殿部をベッドの端のほうに移動し，浅く座ります。患側（左側）は介護職が介助します。

❸　介護職は利用者の患側に位置し，患側の膝頭に手を当てます。利用者は健側（右側）の足底を膝頭より後ろに引き，前かがみになります。

❹　利用者は膝と腰を伸ばしながら，上体を上げて立ちます。

❺　介護職は利用者の患側に位置します。利用者の腰を手で支え，もう一方の手で患側の手を保護します。

❻　介護職は利用者の膝裏がきちんと伸びているか，立ちくらみはないかなど，体調を確認します。

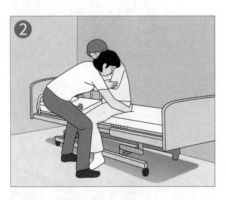

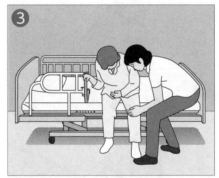

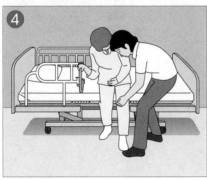

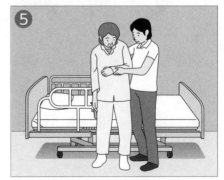

❷ 安楽な体位の保持と褥瘡の予防

安楽な体位を保持する目的

　安楽な体位とは，心身ともにリラックスして心地よい状態にある体位のことです。その条件として，姿勢が安定していること，筋肉のエネルギー消費が少ないこと，内臓諸器官の機能をさまたげないことがあげられます。

　人間は，無意識のうちに，姿勢や体位を変えることで，同一姿勢からくる苦痛や疲労の軽減をはかっています。しかし，自力で姿勢や体位を変えることのできない利用者には，安楽な体位を保つ介護が必要となります。

褥瘡とは

　褥瘡という用語は，「褥」＝しとね（布団・敷物）の「瘡」＝きず，という意味からつけられ，一般には「床ずれ」とも呼ばれています。その言葉があらわすように，寝ている最中や車いすに座っている際，身体の骨の突出している部分の皮膚や皮下組織が持続的な圧迫を受けることで血液の循環障害が生じ，その部分の組織が壊死することをいいます（図 2-4-10）。

■図 2-4-10　褥瘡の好発部位

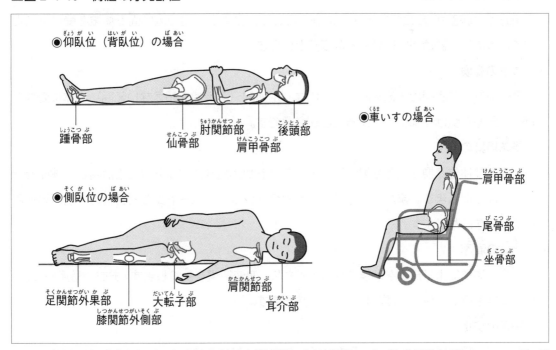

◉仰臥位（背臥位）の場合
踵骨部　　仙骨部　　肘関節部　　後頭部　　肩甲骨部

◉車いすの場合
肩甲骨部　　尾骨部　　坐骨部

◉側臥位の場合
足関節外果部　　膝関節外側部　　大転子部　　肩関節部　　耳介部

出典：介護福祉士養成講座編集委員会編『最新 介護福祉士養成講座 6 生活支援技術 I 第 2 版』中央法規出版，p. 125，2022年を一部改変

褥瘡の原因

① **圧迫**

長時間の同一体位，窮屈な寝衣など

② **摩擦**

皮膚と皮膚との接触，のりのききすぎたシーツや寝衣による摩擦，衣服の縫い目や結び目，ベッドのギャッチアップ時の皮膚の表面と皮下組織や骨に加わる力のずれなど

③ **身体の不潔と湿潤**

おむつや防水シーツによる皮膚の蒸れ，発汗，排尿・排便，飲食物のこぼれによる皮膚のよごれと湿潤など

④ **全身状態の低下**

栄養不良状態，血行障害，浮腫，麻痺（運動・感覚障害），皮膚・筋肉・皮下脂肪の退化など

褥瘡の予防

褥瘡はいったんできてしまうと短期間で悪化する傾向があります。また，細菌が侵入すると，感染を起こして全身状態に重篤な症状を引き起こすことがあるので，その予防が重要です。

① **座位の生活の確保**

背骨と大腿部が90度になるように座ることで，坐骨と大腿の広い面で体重を受けることができるため，褥瘡予防に効果的な姿勢といえます。

② **体位の変換**

同一部位の長時間の圧迫を防ぐためには，定期的（2時間を超えない範囲）に体位変換を行い，圧迫を受ける部位を変えることが必要です。

③ **予防用具の使用**

定期的な体位変換が困難な場合は，エアマットや褥瘡予防マットなどを活用し，体圧を分散するようにします。また，ビーズマットやクッション，ムートンなど各種の予防用具を用いて除圧をはかります。

④ **身体の清潔**

入浴や清拭により皮膚を清潔に保つとともに，血液循環をよくします。おむつ着用時には，随時交換を行い，濡れっぱなしや蒸れを防ぎます。

⑤ **摩擦の防止**

シーツや寝衣に，しわやたるみをつくらないようにします。
差しこみ便器の使用時は皮膚を傷つけないようにします。

ベッドのギャッチアップ時や，座位時にずり落ちた姿勢にならないよう留意します。

⑥ 良好な栄養状態の確保

良質のたんぱく質，高エネルギー，ビタミンを含むバランスのよい食事摂取に努めます。栄養不良状態には補助食品を用いるなど，栄養状態を良好に保つよう留意します。

■図 2-4-11　褥瘡の症状

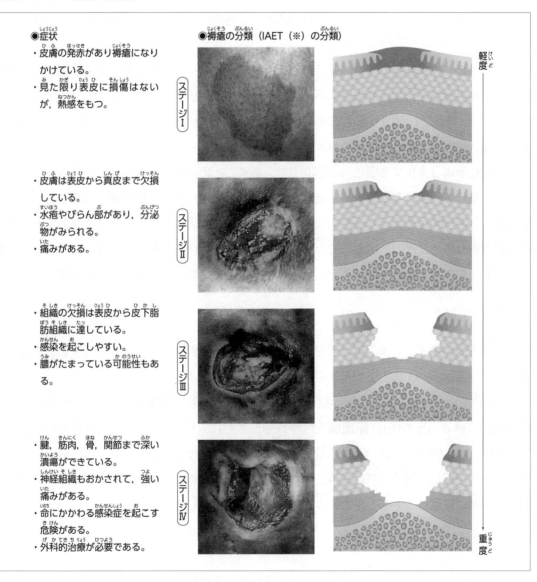

◉症状
・皮膚の発赤があり褥瘡になりかけている。
・見た限り表皮に損傷はないが，熱感をもつ。

ステージⅠ

・皮膚は表皮から真皮まで欠損している。
・水疱やびらん部があり，分泌物がみられる。
・痛みがある。

ステージⅡ

・組織の欠損は表皮から皮下脂肪組織に達している。
・感染を起こしやすい。
・膿がたまっている可能性もある。

ステージⅢ

・腱，筋肉，骨，関節まで深い潰瘍ができている。
・神経組織もおかされて，強い痛みがある。
・命にかかわる感染症を起こす危険がある。
・外科的治療が必要である。

ステージⅣ

◉褥瘡の分類（IAET（※）の分類）

軽度

重度

※：International Association for Enterostomal Therapy

❸ 歩行の介助

歩行の介助を行うにあたって

　人は最期まで誇りをもって生活したいと願っています。その中心的な行為の1つが歩行です。
　歩行は，身体的には全身の血流改善や心肺機能の向上，骨や筋肉の機能低下の防止といった効果があります。また，気兼ねなく動けることで生活の幅が広がり，生きがいにもつながっていきます。
　しかし，とくに高齢者には「つくられた歩行不能」が多くみられます。その原因は，①病気や手術後の「過度の安静」や生活の不活発化，②自宅では歩いていた人が入院や入所をきっかけに「怖い，危ない」という理由で車いす使用となる，③脳卒中の回復期などに「とりあえず」車いす生活になる，などがあげられます。
　歩行できるよう支援する場合，心理面では，歩くことの楽しさ，喜びを感じられるように，買い物や散歩など目標を決めて歩く機会が増えるようにはたらきかけます。介護職としては，転倒防止など安全性を確保するためにも利用者の身体を支えることができる距離を保ちます。介護職が寄り添うことで利用者に安心感を与えたり，成功体験をともに分かち合うなどして利用者の歩行に対する自信を深めると，活動範囲がさらに広がるきっかけになります。

歩行のポイント

　よい歩き方のポイントは，①目線を進行方向に向けて視野は広く，②歩幅は少し広めに，③着地はかかとから，④踏み出す足を後ろに強くけることです。
　歩行困難の原因には，変形性関節症（➡第1巻 p. 301 参照），**脳血管障害**33（➡ p. 305 参照），**脳梗塞**34（➡ p. 305 参照），**脳出血**35（➡ p. 305 参照），パーキンソン病（➡第1巻 pp. 320-321 参照）などがあります。障害の部位や程度によって歩行時の症状が異なるため，介護職にはそれらを把握して適切に対応することが求められます。たとえばパーキンソン病がある人の場合，姿勢が前屈して歩幅のせまい歩き方になることがあります。

平地歩行

　杖を使った平地歩行には3動作歩行と2動作歩行があります。
　3動作歩行は，自立度があまり高くない人に適していて，歩行速度は遅くなりますが2動作歩行よりも安定性は高まります。最初に杖を出し，次に患側，健側の足を運びます。
　2動作歩行は杖と患側の足を同時に出し，次に健側の足を前に出します。「1，2，1，2……」とリズムをとって歩くとよいでしょう。

① **3動作歩行**
――一部介助を要する利用者への介助方法（左片麻痺がある場合）

❶ 介護職は利用者に介助内容を説明し，同意を得ます。

❷ 介護職は利用者の患側（左側）後方に位置します。患側の腕を支え，一方の手は腰にそえて身体を支えます。

❸ 利用者は最初に杖を斜め前方に出します。

❹ 次に患側の足を1歩前に出します。

❺ 最後に健側（右側）の足を1歩前に出します。

❻ 介護職は体調などを確認し，健康状態に配慮します。

② **2動作歩行**
――一部介助を要する利用者への介助方法（左片麻痺がある場合）

❶ 介護職は利用者に介助内容を説明し，同意を得ます。

❷ 介護職は利用者の患側（左側）後方に位置します。患側の腕を支え，一方の手は腰にそえて身体を支えます。

❸ 利用者は最初に杖と患側の足を同時に出します。

❹ 次に健側（右側）の足を患側の足にそろえます。

❺ 介護職は体調などを確認し，健康状態に配慮します。

段差越え

一部介助を要する利用者への介助方法（左片麻痺がある場合）

① 介護職は利用者に介助内容を説明し，同意を得ます。

② 介護職は利用者の患側（左側）後方に位置します。患側の腕を支え，一方の手は腰にそえて身体を支えます。

③ 利用者は最初に障害物の向こうへ杖をつきます。

④ 次に患側の足を出して，障害物を越えます。

⑤ 最後に健側（右側）の足を出して，障害物を越えます。

⑥ 介護職は体調などを確認し，健康状態に配慮します。

階段昇降

一部介助を要する利用者への介助方法（左片麻痺がある場合）

❶ 介護職は利用者に介助内容を説明し，同意を得ます。

❷ 階段を上がるときは，介護職は利用者の患側（左側）後方に位置します。患側の腕を支え，一方の手は腰にそえて身体を支えます。

❸ 利用者は最初に杖を上段につきます。

❹ 次に健側（右側）の足から階段を上がります。

❺ 最後に患側の足を健側の足にそろえます。

❻ 階段を下りるときは，介護職は利用者の患側前方で段をまたいで位置します。患側の腕を支え，一方の手は腰にそえて身体を支えます。

❼ 利用者は最初に杖を下段につきます。

❽ 次に利用者は患側の足から階段を下ります。

❾ 最後に健側の足を患側の足にそろえます。

❿ 介護職は体調などを確認し，健康状態に配慮します。

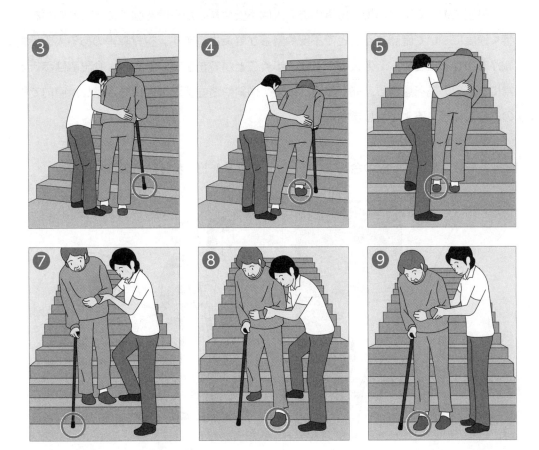

視覚障害のある人の歩行の介助

　視覚障害のある人の歩行を介助する場合，すべての視覚障害のある人が介助を必要としているわけではないため，まず，介助を必要としているかを確認する必要があります。「何かお手伝いしましょうか」と一言たずねながら視覚障害のある人に介助が必要なのかを聞くことが大切です。介助が必要な場合であってもいきなり介助するのではなく，ふだんの介助はどのようにしてもらっているかを聞くことが安心感と信頼関係を得ることにもつながります。

歩行誘導の基本姿勢

　介護職はまず，出かけることを伝えるため声をかけます。一般に視覚障害のある人は利き手に白杖を持つため，白杖と反対側の手の甲に触れて歩行の合図をします（図2-4-12）。次に介護職が視覚障害のある人の半歩前に位置し，介護職の腕を伝いながら肘の少し上をにぎってもらいます（図2-4-13）。なかには，介護職が手をとって肘の少し上まで誘導することで確実ににぎってもらうことができる人や，介護職の肘に腕をからめる方法や肩に手をかける方法などを希望する人もいるためふだんのやり方を確認することが必要です。

　また，外出に慣れていない視覚障害のある人は不安や緊張から腕を強くにぎる傾向があります。歩く速度について確認することで不安や緊張が軽減されます。視覚障害のある人の歩幅に介護職があわせることで，その人のペースで歩くことができます。そして，介護職は歩行する際に常に2人分の幅を意識し，曲がり角，段差，傾斜や路面状況などにも注意し，直前で視覚障害のある人に伝えるようにします。

■図2-4-12　歩行する際の合図

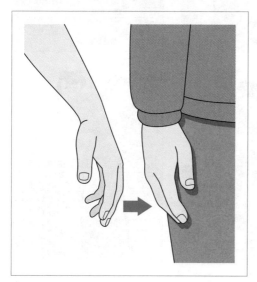

■図2-4-13　歩行誘導の基本姿勢

せまい場所の通過方法

　道幅がせまく2人が並んで通れない通路や人の多い場所は，図2-4-14のように「せまくなるので，一列になりましょう」と声をかけ，介護職の腕を背中に回し視覚障害のある人に介護職の真後ろに入るように伝えます。1人分の幅で足元に注意しながら通過します。

■図2-4-14　せまい場所での歩行

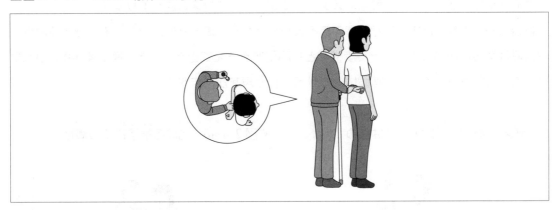

階段の上がり方

　階段を上がる場合は，階段の正面に立ち「階段です。これから上がります」と声をかけます。次に「横並びになりましょう」と声をかけ，白杖およびつま先で階段の側面を確認してもらいます。介護職は確認できたことを見とどけ，必要に応じて手すりの利用もうながします。介護職は「先に1段上がります」と説明し，1段上がります（図2-4-15）。そして，介護職は安全のため重心を前方にかけながら2段目のステップに足をかけてリズムよく上がっていきます。

　最後の段を上がったときに視覚障害のある人がステップぎりぎりで着地しないように，介護職は最後の段の着地は大きく歩幅をとり両足をそろえて止まります（図2-4-16）。視覚障害のある人が上がりきったら「階段は終わりです」と声をかけます。

■図2-4-15　階段の上がりはじめ

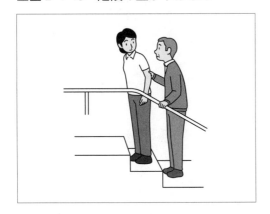

■図2-4-16　階段の最上段での着地

階段の下り方

　階段を下りる場合は，階段の正面に立ち「階段です。これから下ります」と声をかけます。次に「横並びになりましょう」と声をかけ，白杖およびつま先で階段の側面を確認してもらいます。介護職は確認できたことを見とどけ，必要に応じて手すりの利用もうながします。介護職は「先に1段下ります」と説明し，1段下ります（図2-4-17）。そして，介護職は安全のため重心を後方にかけながら2段目のステップに足をかけてリズムよく下ります。

　最後の段を下りたときに視覚障害のある人がしっかりと着地でき，安全が確保できるように介護職は最後の段の着地は大きく歩幅をとり両足をそろえて止まります（図2-4-18）。視覚障害のある人が下りきったら「階段は終わりです」と声をかけます。

■図2-4-17　階段の下りはじめ

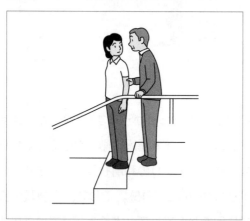

■図2-4-18　階段の最下段での着地

　階段の上り下りは身体への負担や恐怖心といった不安にもつながるため，しっかりと声かけを行います。また，階段に手すりがある場合は利用することで安心につながります。必要に応じてエレベーターを利用したりします。

いすへの誘導

　介護職は視覚障害のある人の手（介護職の腕をにぎっていないほうの手）をいすの背もたれに導き，いすの形や種類を理解してもらいます（図 2-4-19）。次に，介護職の腕をにぎっていた手を机に導き机の形や高さ，いすとの距離を理解してもらいます（図 2-4-20）。そして，視覚障害のある人がいすにきちんと座れるように見守り，座位姿勢の確認をしたあと，机といすの距離の調整を行います。

■図 2-4-19　いすへの誘導

■図 2-4-20　いすへの誘導後の見守り

❹ ベッド・車いす間の移乗の介助

ベッドから車いすへの移乗の介助

一部介助を要する利用者への介助の視点

　一部介助を要する利用者の多くは，介護職が手をそえる，体幹を支えるなどの介助を行えば移乗できる状態の人たちです。介護職は十分に言葉かけを行い，利用者の患側を保護し，安全に移乗するプロセスを理解してもらいながら介助を行います。

一部介助を要する利用者への介助方法（左片麻痺がある場合）

❶　利用者に介助内容を説明し，同意を得ます。

❷　介護職は利用者の健側（右側）に車いすを近づけ，ブレーキをかけてフットサポートを上げ，利用者が移乗しやすい位置に，斜めに車いすを置きます。

❸　介護職は利用者にベッドに浅く座ってもらい，健側の足を後ろに少し引いてもらいます。

❹　介護職は利用者に言葉かけをし，患側（左側）の足は膝折れをしないように介護職が介助しながら，おじぎをするように立ち上がってもらいます。

❺　利用者に健側上肢で右のアームサポートをつかんでもらい，健側下肢を少し前に出して，車いす側へと腰を回転させるのを介護職は介助します。

❻　介護職は車いすのシート前に利用者が位置していることを確認し，いっしょに腰を落とします。

❼　安定した座位になるために深く座ります。利用者が健側を自分で後ろに引くことができる場合は，患側のみを介助します。

❽　フットサポートに足を乗せる場合，利用者が自分でできるところは行ってもらい，必要な部分は介助します。

❾　介助し終えたら，姿勢や体調などを確認します。

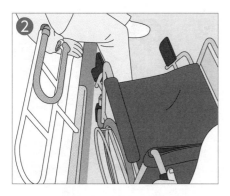
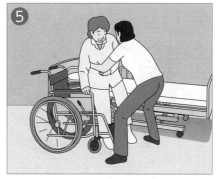

全介助を要する利用者への介助の視点

　全介助とは，自分では移乗が困難なために，動作全般にわたり介助を行うことをいいます。しかし，このような場合であっても，利用者の今もっている力などの活用をはかっていくことが大切です。

全介助を要する利用者への介助方法（左片麻痺がある場合）

❶　利用者に介助内容を説明し，同意を得ます。

❷　介護職は利用者の健側（右側）に車いすを近づけ，ブレーキをかけてフットサポートを上げ，利用者が移乗しやすい位置に，斜めに車いすを置きます。

❸　介護職は利用者にベッドに浅く座ってもらい，健側の足を少し前に出す介助をします。

❹　介護職は利用者の上半身を支え，さらに，介護職の膝で利用者の膝を支え，膝折れを防止します。

❺　利用者は前傾姿勢になって腰を浮かせて，介護職は健側下肢を軸にして腰を回転させます。

❻　介護職は利用者といっしょにゆっくりと腰を落とし，車いすに座ってもらいます。介護職が利用者といっしょに腰を落とすことで，利用者がバランスをくずし，ドスンと座るのを防ぐことができます。

❼　安定した座位を保つことができるように，利用者が車いすに深く座れるようにします。利用者に胸の前で手を組んでもらい，介護職は利用者の身体を健側に傾け，患側（左側）大腿部が浮き上がったところで手を差し入れ，深く座ってもらいます。健側は自分で後ろに引いてもらうか，必要に応じて介助します。

❽　安定した座位が保てたら，介護職は患側の足をフットサポートに乗せます。健側の足は自分で乗せてもらうか，必要な場合は介助します。

❾　介助し終えたら，姿勢や体調などを確認します。

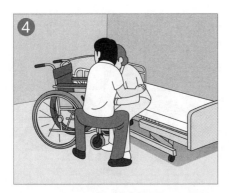

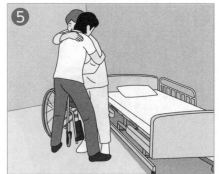

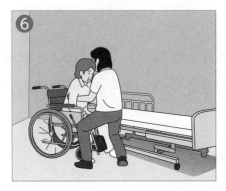

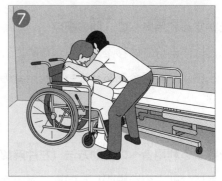

車いすからベッドへの移乗の介助

一部介助を要する利用者への介助方法（左片麻痺がある場合）

❶ 利用者に介助内容を説明し，同意を得ます。

❷ 介護職は利用者の健側（右側）をベッド側にして，利用者が移乗しやすい位置に，斜めに車いすを止めます。

❸ 介護職は利用者に足をフットサポートから下ろして，車いすに浅く座ってもらい，健側の足を少し前に出してもらいます。

❹ 利用者は健側上肢をベッドにつき，介護職は利用者が健側下肢を軸にして腰を回転させるのを介助します。

❺ 介護職は利用者がゆっくりと腰を下ろし，ベッドに座るのを介助します。

❻ 介護職は利用者が安定した姿勢を確保できるようにベッドに深く座ってもらいます。介助し終えたら，姿勢や体調などを確認します。

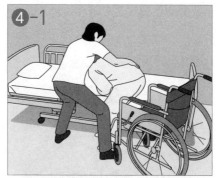
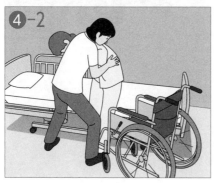
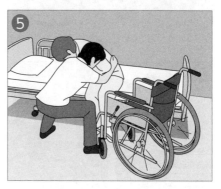

全介助を要する利用者への介助方法（左片麻痺がある場合）

❶ 利用者に介助内容を説明し，同意を得ます。

❷ 介護職は利用者の健側（右側）をベッド側にして，利用者が移乗しやすい位置に，斜めに車いすを止めます。

❸ フットサポートから足を下ろします。利用者が自分でできるところは行ってもらい，必要な部分は介助します。

❹ 介護職は利用者に車いすに浅く座ってもらい，健側の足を少し前に出してもらいます。介護職は利用者の上半身を支え，さらに，介護職の膝で利用者の膝を支え，膝折れを防止します。

❺ 利用者は前傾姿勢になって腰を浮かせて，介護職は健側下肢を軸にして腰を回転させます。

❻ 介護職は利用者といっしょにゆっくりと腰を落とし，ベッドに座ってもらいます。いっしょに腰を落とすことで，利用者がバランスをくずし，ドスンと座るのを防ぐことができます。

❼ 介護職は利用者が安定した姿勢を確保できるようにベッドに深く座ってもらい，介助し終えたら，姿勢や体調などを確認します。

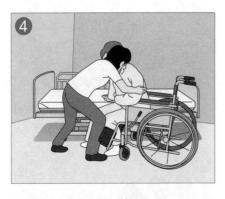
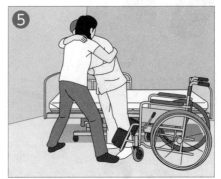
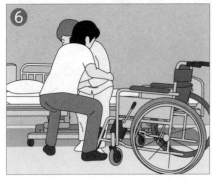

❺ 車いすの介助

車いすを押す介助

　車いすでの移動でいちばん問題となるのは，段差や坂道です。キャスタが小さいため，少しの段差でもつまずいたり，溝に入ったりします。また，キャスタがよく回転するため，急な坂道の上りでは力が必要であり，下りは危険をともなうことが多いです。

■表 2-4-6　車いすの介助にあたって介護職が準備しておくこと

❶ 服装は動きやすく，靴はすべりにくく，かかとの低いものをはく。
❷ 利用者を傷つけるような危険なもの（ブレスレット，ブローチ，ネックレス，腕時計など）は身につけない。
❸ 手荷物はウエストポーチ，リュックサックなどに入れる。
❹ 外出時は，タオル，膝掛け，帽子，飲み物など，雨の日はレインコートを準備する。

段差越えの介助

　段差に対しては不安感を与えないように，利用者に深く腰かけてもらい安定した姿勢にし，言葉かけをしながら介助します。

段差を上がるときの介助方法
❶ 利用者に介助内容を説明し，同意を得ます。
❷ 介護職は段差に対して車いすを正面に向け，直角に近づき，止まります。
❸ 介護職はティッピングレバーを踏みこみながらグリップを押し下げると，キャスタが上に上がります。

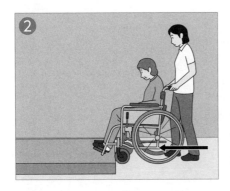
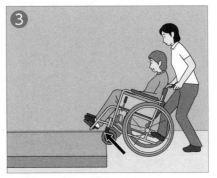

❹ キャスタが上がったらそのまま前進し，段差の上段にゆっくりと静かに下ろします。

❺ 介護職は段差に駆動輪をしっかりつけます。膝を曲げて腰を落とし，グリップを前上方に押し上げます。大腿部でバックサポートを前に押しながら，車いすを上段に乗せます。

❻ 段差を上がり，利用者の姿勢がくずれていたり，体調などに異常がなければそのまま進みます。

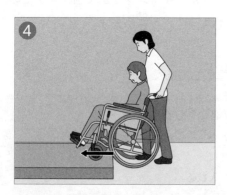

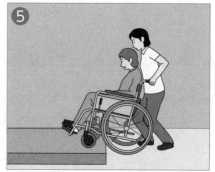

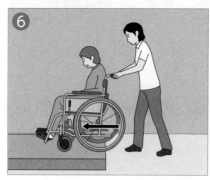

段差を下りるときの介助方法

❶ 利用者に介助内容を説明し，同意を得ます。

❷ 段差を下りる場合は必ず後ろ向きで，駆動輪をゆっくりと静かに下ろします。

❸ ティッピングレバーを踏みこみながら，グリップを押し下げてキャスタを上げます。

❹ そのまま後ろに少し進み，キャスタをゆっくりと静かに下ろします。

❺ 利用者の姿勢や体調などを確認します。

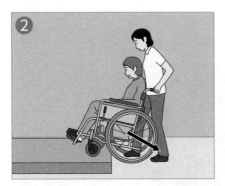

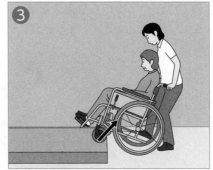

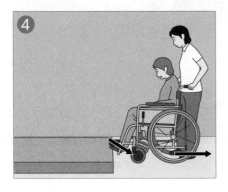

坂道の上り下りの介助

　介護職は事前に利用者に介助内容を説明し，同意を得ます。介助後は利用者の様子を確認するようにします。

坂道を上るときの介助方法

　車いすが後ろに下がらないように，介護職はしっかりわきをしめて，両足を前後に大きく開き，急な坂道ではとくにゆっくり進みます。

坂道を下るときの介助方法

　前向きで下ると，利用者が前のめりになり，恐怖感を与えます。とくに急な坂ではスピードが出て危険なので，必ず後ろ向きで進みます。介護職はしっかりわきをしめて，両足を前後に大きく開き，後ろの安全を確認してゆっくり下ります。

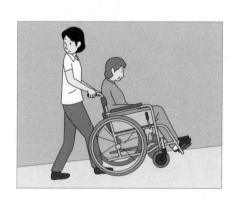

エレベーターでの介助

　車いす専用のエレベーターは乗降時のボタン位置の配慮，位置確認のための鏡，ある程度の広さもあり，大変便利です。しかし，車いす専用のエレベーターでないときは介護職が細心の注意を払い，介助することが大切です。

　介護職は事前に利用者に介助内容を説明し，同意を得ます。介助後は利用者の様子を確認するようにします。

エレベーターでの介助方法（図2-4-21）

① 乗り方

　ドアが開いたら，乗車中の人に声をかけて，場所を確保してもらいます。エレベーター扉の溝にキャスタがはまらないように気をつけ，まっすぐ進み，乗車します。

② 降り方

　エレベーターの中で方向転換をし，目的の階に到着したら，前から出ます。

■図2-4-21　エレベーターでの介助方法

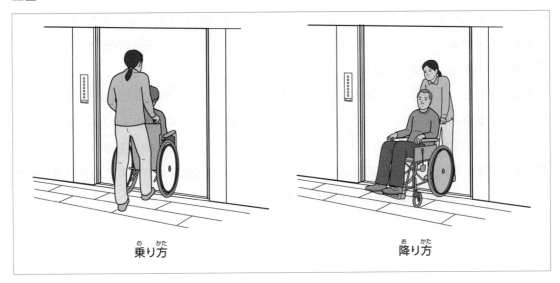

乗り方　　　　　　　　　　　降り方

介助の留意点

・エレベーターへの出入りは正面からを基本にします。ドアにはさまれそうになったときなど，とっさの対応がしやすいからです。しかし，エレベーター内で方向転換ができない場合は後ろ向き（エレベーターに乗車したまま）の状態で進みます。

4 移動・移乗を阻害する要因の理解とその支援方法 ::::::

❶ 精神機能の低下が移動に及ぼす影響

意欲の低下

さまざまな原因により，物事に対する関心や何かに取り組む意欲が低下する場合があります。関心や意欲の低下は，座ったまま，あるいは寝たままで過ごす時間を増加させ，廃用症候群36（➡ p. 305 参照）を引き起こす原因になります。

また，意欲の低下がいちじるしい場合には，傾眠37（➡ p. 305 参照）になる場合があります。このような場合には，仮に移動に必要な機能があったとしても，実際に移動することは困難でしょう。

物事に対する関心や何かをやろうとする意欲は，人が移動するうえでの基礎になるものです。

意欲を低下させる原因

認知症や脳卒中の後遺症などで，意欲が低下する場合があります。また，一般に高齢者では，新しいことに関する記憶力が低下するため，状況の変化に対応しにくくなります。たとえば転居などで環境が変わると，周囲の環境の変化に柔軟に対応できず，混乱や不安を生じて，外出の意欲が低下することがあります。

そのほかにも，近親者との死別により生活の張りを失ったり，病気や転倒に対する不安などを感じたりするようになることも，外出に対する意欲の低下を招く原因になります。

高齢者や，軽度の認知症がある人の場合，適切な外出場所や外出の機会を確保することが重要になります。また，積極的に話しかけたり，可能ならば座位または立位をとったりするなどして，外部からの刺激を与えることも必要です。

❷ 身体機能の低下が移動に及ぼす影響

視覚・聴覚の障害と移動能力の低下

　加齢にともない，老視（老眼）や白内障（➡第1巻 pp. 310-311 参照）による視力低下のほか，緑内障（➡第1巻 p. 311 参照）などによる視野障害，水晶体のにごりなどによる色や明るさの識別能力の低下がみられるようになります。

　これらの視覚障害は，段差が把握しにくくなるなど転倒の要因になります。また，交通量の多い場所では衝突などの危険性が高くなります。

　聴覚については，50歳代以降に高音域での聴力低下が生じます。**加齢性難聴**38（➡ p. 305 参照）では，語音が大きくなっても理解度が向上せず，単に声を大きくするだけでは伝わらないことがあります。

　このように，感覚機能の低下は転倒などの不安を生じさせるほか，コミュニケーションを困難にするため，それまでご近所同士でのおしゃべりが好きだった人が外出する機会や意欲を失うきっかけになります。

臓器の機能低下と移動能力の低下

　高齢者では，腎臓や尿路，消化器，肺，心血管系など，多くの臓器で機能低下がみられます。
　腎臓機能障害などの疾患では疲労感の訴えが多くみられ，移動することをひかえがちになります。肺や心血管系の疾患では，息切れや運動制限などがみられ，以前よりも少ない運動量で疲労を感じるようになるため，休みがちになることもあります。

　また，尿もれなどがあると，外出をひかえるきっかけにつながるほか，夜間の排尿頻度の増加はきちんと目を覚ましていない状態での移動となるため，転倒の危険性を高めたりします。

骨折にともなう移動能力の低下

　加齢や疾患などにより筋力や神経伝導速度の低下，平衡感覚にかかわる器官（視覚や聴覚，体性感覚など）の機能低下が生じた場合，さまざまな刺激に対する反応速度が低下します。このためバランスをくずしやすくなり，転倒の危険性が高まります。

　また，高齢者では骨密度が低下する傾向にあるため，転倒による**骨折**（➡第1巻 p. 308 参照）の危険性が高まります。とくに，手首，肩，股関節，背骨を骨折しやすいとされています。なかでも**大腿骨頸部骨折**（➡第1巻 p. 309 参照）では，長期間の臥床を余儀なくされるほか，尻もちをつくなどしたときに生じる**椎体**39（➡ p. 306 参照）の骨折（圧迫骨折）も，腰痛が長期間続いて移動を困難にする原因になります。

切断にともなう移動能力の低下

　事故や糖尿病性壊疽などによる下肢切断も移動を困難にします。

　膝より下の切断者では，**義足**[40]（➡ p. 306 参照）の利用により健常者と変わらない歩行を行っている場合もあります。

　ただし，高齢者では，義足を使いこなすことができなかったり，断端（切断面）の状態が不良で義足が使用できず，車いすの利用となる場合があります。

廃用症候群にともなう移動能力の低下

　長期間の臥床や活動の低下にともなって二次的に生じる機能低下を**廃用症候群**といいます。具体的な症状としては，全身の筋力の低下（筋萎縮）や関節可動域の制限（関節拘縮）のほか，呼吸筋力が低下して換気量が減少したり，心筋にも筋力低下が及ぶために，心拍出量が減少します。そのほか，**起立性低血圧**[41]（➡ p. 306 参照）を生じやすくなり，起き上がったり，立ち上がったりした直後にふらつく場合もあり注意が必要です。

　精神面でも，刺激が減少することにより意欲が低下したり，抑うつ状態を招いたりします。

　これらの症状は離床をさまたげる原因となり，さらに機能低下をきたすといった悪循環になるおそれがあります。

変形性関節症や腰部脊柱管狭窄症にともなう移動能力の低下

　変形性関節症は膝関節や股関節に多くみられ，立ち上がり動作や歩行，とくに階段や坂の昇降で**疼痛**[42]（➡ p. 306 参照）を生じます。疼痛を生じると歩行に負担を感じるために生活範囲がせまくなり，廃用症候群による移動能力の低下を生じるおそれがあります。

　腰部脊柱管狭窄症（➡第 1 巻 p. 309 参照）は，脊椎の変形などによって神経や神経近くの血管が圧迫されることで，腰痛や下肢のしびれを生じる疾患です。これらの症状は長距離の歩行を困難にするため，同様に廃用症候群を生じるおそれがあります。

脳血管障害にともなう移動能力の低下

　脳梗塞や脳出血といったいわゆる脳血管障害は，その病原のある箇所や大きさにより，症状や障害の程度はさまざまです。

　下肢の麻痺の程度によっては，装具や杖などを利用して歩行することができる場合があります。しかし，患側の下肢は，体重を支える能力が低下していたり，すばやく自由に動かしたりすることが困難なため，バランスをくずしやすい状態になっています。

　多くの場合，下肢と同じ側の上肢にも麻痺がみられることから，患側にバランスをくずすと転倒の危険が大きいため，介護職は患側に位置するようにします。

　歩行が自立していても，装具を利用している場合には，段差や坂の昇降は不安定になりがちで，手すりを必要とすることがあります。また，麻痺が重度で立位や歩行が困難な場合には，車いすを利用します。

　脳血管障害では，麻痺以外にも**失語症**[43]（➡ p. 306 参照）や認知力の低下などの**高次脳機能障害**[44]（➡ p. 306 参照）と呼ばれる障害を負う場合があります。

　失語症ではコミュニケーションが困難になるため，外出意欲や外出目的を喪失するきっかけになります。

　また，認知力の低下は，片側（とくに左側が多い）を見落としがちになり，肩がぶつかる，足を踏みはずすなどの危険が生じたり，電車に乗っても降りるべき駅を通りすぎたりするなど，目的地までの移動を困難にする要因になります。

5 移動と社会参加の留意点と支援 ::::::::::::::::::::::::::::

❶ 外出の支援

　外出の際には，外出が快適かつ安全で，楽しく過ごすことができるように，次のことについて確認，準備しておくようにします。

外出前

① 外出予定者の心身の状態を考慮して，食事や休憩する場所，トイレのある建物を確認します。

② 自宅から目的地までの段差や坂道の有無，道路の幅，交通量などの移動環境を把握します。

③ 健康状態の急変に対応できるように医療機関，家族への連絡方法を確認します。

④ 外出予定日の天候，道路事情を前もって把握します。

外出直前

① 利用者の健康状態をチェックします（体温，脈拍，呼吸，顔色など）。

② 利用者に外出の目的や場所などを説明します。

③ 天候や気温の状態も考慮に入れ，目的や場所にふさわしい衣服を選択します。必要に応じて上着や着替えも準備しておきます。

外出中

① 利用者の健康状態をチェックします（とりわけ疲労度）。

② 移動中の安全性と快適さを考慮します。

③ 移動にかかる時間，距離などに配慮し，適切に休憩やトイレの利用ができるようにします。

外出後

① 利用者の健康状態をチェックします（とりわけ疲労度）。

② 安楽や快適さを確認します（外出が苦痛をともなわない楽しいものであったか）。

❷ 円滑な外出のための留意点

バリアフリーを考える

　高齢者や障害のある人が住み慣れた地域や家庭で，なじみのある友人・隣人とともに暮らしつづけていくためには，生活環境の整備や移動の配慮が重要です。

　段差や坂の多い道路，せまい道路，すべる道路，歩道橋の階段，バスの昇降口の段差など。これらの物理的な障害（バリア）は，高齢者や障害のある人にとって外出を困難にする要因と

もなります。

　高齢者や障害のある人にとって，自宅から目的地までの移動環境そのものが整備されていないと，本当に住みやすい街にはなりません。

　物理的な障害の解消（バリアフリー）は，外出の機会を増やし，地域の人々とともに暮らしていくためにも重要です。

友人・隣人の協力を得たり，ボランティアを活用したりする

　閉じこもりがちになりやすい高齢者や障害のある人が生き生きと暮らしつづけるためには，近隣地域の友人・隣人の協力を得ることが大切です。利用者の生活歴や個性，価値観を理解している仲間の訪問や，なじみの人間関係から生まれる会話は，たとえそれが不定期なものであっても，利用者の生きがいともなり，日常生活の活性化にもつながります。

　また，高齢者や障害のある人の外出には，交通手段の利用などさまざまな支障が生じる場合があります。そこで，ボランティアの活用によって円滑な社会生活を支援することが望まれます。

　介護職はフォーマルな保健・医療・福祉サービスのみならず，ボランティアなどのインフォーマルな社会資源の活用についても情報を提供することが大切です。

外出時の感染予防と熱中症対策

　感染予防策として，手指衛生とマスク着用は必須です。

　特に，新型コロナウイルスの感染拡大を防ぐために，咳エチケット，手指衛生等に加え，「3つの密（密閉・密集・密接）」を避けて行動することがすすめられています。

　手指衛生については，2002年に発表された，CDC(米国疾病管理予防センター)の「医療現場における手指衛生のためのガイドライン」によって，速乾性擦式アルコール製剤が，感染防止において効果的であると評価されています。外出の際には，アルコール製剤を常備しましょう。

　また，マスク着用を推奨されていますが，屋外においては，マスク着用するのは他者と身体的距離（2m以上を目安）が確保できないなかで会話を行う場合のみとされています。それ以外の場面については，マスクの着用の必要はありません（例：公園での散歩やランニング，サイクリング／徒歩や自転車での通勤など，屋外で人とすれ違う場面）。特に夏場については，熱中症予防の観点から，屋外でマスクの必要のない場面では，マスクを外すことが推奨されています。

❸ 外出先における留意点

食事において

　外食をするときの献立は基本的に利用者の自由ですが，咀嚼する力が弱い人や，糖尿病などにより食事の管理が必要な人の場合には配慮が必要になります。あらかじめ献立やカロリー，変更の可否などについて確認しておくとよいでしょう。

　また，服薬が必要な場合には，食前，食後など服用に際しての注意事項を守り，飲み忘れないようにします。

トイレにおいて

　外出先では，ふだん使用しているトイレとは構造が異なる場合もあるため，水の流し方，トイレットペーパーの位置などを事前に確認しておくようにします。

　障害者用トイレの数も必ずしも十分とはいえません。長時間待機しなければならないこともあるので，複数箇所を探しておくことが望ましいでしょう。

バスの乗車・降車において

　乗車に際しては，運転手に利用者の身体に障害があることを告げ，確実に座席に座ってから発進してもらうよう声をかけます。

　乗車口の階段を昇るときは，利用者に健側で手すりをしっかりにぎってもらい，健側の足を1段上に置いて患側を引き上げてそろえるようにします。その際，介護職は1段下で利用者の腰を支えます。座席は，昇降口に近い通路側で，健側から座れるところが望ましいでしょう。

　降車するときには，運転手に降車を告げ，バスが停車してから席を立ちます。昇降口では患側の足から降り，介護職は1段下で利用者の腰を支えます。

車いすの介助において

　車いすの利用者の外出支援では，事前準備が重要です。とくに，車いすの空気圧やブレーキなどの点検は確実に行いましょう。

　石畳やタイルの道は，車いすに乗っている人に振動が伝わりやすいため，できる限り平坦な道を選びます。動き出す前や，後退する，曲がる，止まるなど，動作をするたびに声をかけると，車いすに乗っている人も心構えができて安心です。また，曲がり角や混雑した場所では，フットサポートが人や物に当たらないよう前方を十分に確認しながら進みましょう。

❹ 社会参加の支援

社会参加を拒否する理由

　人は社会とのかかわりのなかで暮らしています。私たちは組織や学校，地域，国といったさまざまな社会を支え，また支えられながら暮らしています。社会に参加することは，あたりまえのことですが，病気や障害を負ったことがきっかけとなり，近隣社会にも参加できにくいさまざまな要因が生まれることがあります。

　社会参加を拒否する理由の多くは，かつての自分と現実の自分とのギャップ，そこから生まれる劣等感や，今後の自分に対するあきらめなどにあるといえるでしょう。

　このような人たちに対して，直接的に社会参加をうながしても効果的ではありません。一人ひとりの生活リズムと希望を尊重した支援が大切であり，利用者自身の自己決定と参加が重要となります。

社会参加を支援するうえでの留意点

　社会参加を支援するうえでは，「できないこと」や「失ったこと」に目を向けるのではなく，本人が「したいこと」や「ありたい姿」に目を向けて，どうすれば実現できるかをともに考え，支援することが大切です。

　1つの手法として，身近な立場にある仲間のつどいへの参加を呼びかけることがあります。同じ立場の仲間同士のふれ合いと共感は，互いをはげまし，なぐさめ，勇気づけ，奮闘しようとする意欲を生み出すきっかけともなります。

　一般に，施設で暮らしている人の場合，施設の中だけで生活が完結してしまいがちです。しかし，これは望ましいことではありません。その人らしく生きていくうえでは，さまざまな人々との交流関係を築き，社会性を維持・発展させることが必要です。

食事に関連したこころとからだのしくみと自立に向けた介護

学習のポイント 📝

● 食事の必要性と，食事に関連するこころとからだのしくみを理解する
● 利用者本人の力を活用し，食事の介護を行うための技術を身につける
● 心身機能の低下が食事に及ぼす影響について理解する

1 食事に関する基礎知識 ::

❶ なぜ食事をするのか

生命と健康的な生活の維持

　食事とは一般に「口から食べる」ことをいいます。栄養素を体内に取り入れることで，健康の維持・増進をはかり，生きるエネルギーを生み出します。食事は，生命を維持するとともに，健康的な生活を送るために必要不可欠な行為といえます。

コミュニケーションの場

　口から食べるということは，ただ単に栄養を取り入れることにとどまらず，生活のなかでの楽しみとなっています。好きなものやおいしいものを食べているとき，人は幸福な気持ちにひたることができます。空腹感を満たすことに加え，好きなものやおいしいものを食べることによって，こころの満足度が増すと考えられます。

　さらに，食事は一家団らんの場となり，家族の絆を強くします。また，友人といっしょに食事をすることは，互いの関係を深めるうえで大切な機会となります。そして何よりも家族や友人など，気の合った人といっしょに食事をするひとときは，楽しさがより増して充実した時間となることでしょう。このように食事は，人と人とを結びつけるコミュニケーションの場となり，人間関係を築いていくうえでも大切な役割を果たしています。

口から食べることの意義

　食事には，「栄養」「おいしさ」「楽しさ」という要素が求められます。栄養を取り入れることだけを考えるならば，胃ろう等の経管栄養という方法もあります。しかし，残念ながら経管栄養では栄養素やエネルギーはとれても，おいしさや楽しさを実感することはむずかしいといえます。

　また，口から食べて味わうことは大脳の活性化につながります。食べ物を見る（視覚），においをかぐ（嗅覚），音を聞く（聴覚），口唇や舌，頬で触れる（触覚）という行為から知覚や感覚が刺激されます。さらに食べるための姿勢を保ち，手で箸やスプーンなどを使って口に運ぶ，咀嚼して嚥下するといった行為は，身体のさまざまな筋肉や骨を活用することになります。そして何よりも，口から食べることは，人が生まれてから自然に親しんできた行為であり，生活の根幹となっています。その意味において食事の支援では，口から食べるということにこだわりをもつことが大切です。

介護の視点からみた食事

　介護の視点からとらえると，食事の場面はもっとも危険がともなうといっても過言ではありません。なぜなら，利用者の口へ食べ物を運ぶまでは介護職の手を介していますが，そこから先の咀嚼して嚥下するまでは介護職の手を離れ，利用者自身の力にゆだねられることになるからです。介護職にとって食事の場面は，誤嚥や窒息（➡第2巻 p. 198 参照）といった危険と隣り合わせであることを十分認識しておく必要があります。

　なかには誤嚥性肺炎[45]（➡ p. 306 参照）や重度の嚥下障害によって，口から食べることがむずかしい利用者もいます。その場合は経管栄養の方法をとることがあります。経管栄養を実施するかどうかについては，医療職や利用者本人，その家族間での相談や調整が不可欠となりますが，本人の意思を大切にしていくことは自立支援の大切な考え方です。そのうえで，経管栄養となってからも口から食べることをあきらめずに，さまざまな角度から口から食べる可能性を考えていくことが大切です。

❷ 食事に関連したこころのしくみ

食欲とは

　おなかが減って空腹になると，「食事がしたい」という空腹感を生じますが，これはおいしそうな物を見た際に生じる食欲とは異なった感覚です。

　食欲は，胃腸管，ホルモン中枢と自律神経系をともなう複雑なプロセスです。空腹感や満腹感は，**視床下部**46（→ p. 306 参照）における摂食行動をつかさどる本能行動や，体温調節，血圧などの自律神経機能や内分泌機能を調整する中枢で，なかでも神経核と呼ばれる部位が摂食機能に関係します。

食欲の増加と減退

　視床下部には，口渇中枢も存在していますが，発汗や呼吸によって水分量が減り，体液の浸透圧が高くなると，口の渇きを感じます。

　食欲調節には脂肪細胞（レプチン）や血糖値（血中のブドウ糖）などが関与しています。血糖値が 70 ～ 110 mg/d*l*（空腹時血糖値）になると視床下部の摂食中枢が反応し，血糖値が上昇すると視床下部の満腹中枢が反応し，食欲がなくなります。

　大脳辺縁系は，視床下部をコントロールする部位です。においや見た目，食感や舌触りといった五感の過去の記憶がこの部位に入力され，伝達された情報が分析されて摂食のための行為へとつながります。

　食べ物を見た際に，食欲が増進したり，減退するのは，このようなコントロールによるもので，この部位の障害の有無や過去の体験が食事に影響します。

　食事をしているときの状態（雰囲気や気分，食べる人の状態など）と食体験の記憶，知識は脳で照合され，これらの判断は摂食中枢，あるいは満腹中枢に伝えられます。

❸ 食事に関連したからだのしくみ

口腔内のしくみ

　食事の機能を理解するうえで，口腔から食道までのおぼえておくべき解剖図とその名称については図2-5-1のとおりです。

■図2-5-1　口腔から食道までの解剖図

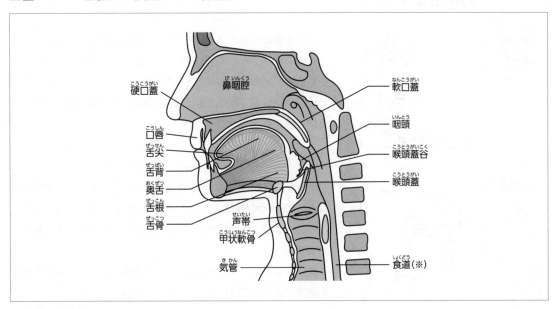

こうこうがい　硬口蓋
びいんくう　鼻咽腔
なんこうがい　軟口蓋
いんとう　咽頭
こうしん　口唇
ぜっせん　舌尖
ぜっぱい　舌背
おくぜつ　奥舌
ぜっこん　舌根
ぜっこつ　舌骨
こうとうがいこく　喉頭蓋谷
こうとうがい　喉頭蓋
せいたい　声帯
こうじょうなんこつ　甲状軟骨
きかん　気管
しょくどう　食道（※）

※：食道は通常閉じている。

摂食と嚥下運動

　食事の動作には，先行期，準備期，口腔期，咽頭期，食道期といった段階があり，これを摂食嚥下の5期といいます（表2-5-1）。なかでも，口腔期から食道期までの3つの時期は「嚥下3期」といわれる嚥下運動を示します。口腔期は，咀嚼し食塊を形成する口腔準備期と，舌により食塊を咽頭に送りこむ口腔送りこみ期に分けられます。

① 先行期は，食べ物の形や色，においなどを認知する時期です。

② 準備期は，食べ物を取りこみ，唾液とともに咀嚼し，**食塊**[47]（➡ p.306 参照）を形成する時期です。

③ 口腔期では，食塊が奥舌のほうに移送されてくると，軟口蓋が上がり，鼻への逆流を防ぎます。咽頭の入り口あたりの部分で嚥下反射がうながされ，ごっくんと飲みこみます（嚥下）。

	状態	内容
先行期 (認知期)		食べ物の形や色，においなどを認知する時期。食事を見ながら食べ物のかたさや味などを過去の経験から想像するが，条件反射的に，唾液が分泌され，食事の準備が行われる。
準備期 (咀嚼期)		食塊を整える時期で，捕食，咀嚼，食塊形成の 3 段階がある。食べ物の取りこみには，姿勢や上肢の動き，口唇の力，スプーンや食器，あるいは集中できる環境などの要因が関係する。また，食べ物を口に取りこんだら，固体の際は，咀嚼し，食塊の形状を整える。
口腔期	食塊	食塊を口腔から咽頭へ移送する時期。移送はおもに舌で行われる。舌は食塊を形成したり，辺縁を硬口蓋に押しつけ，送りこむのに重要なはたらきをしている。声帯は内転し，仮声帯は閉鎖する。 　また，咀嚼し，食塊を形成する口腔準備期と，舌により食塊を咽頭に送りこむ口腔送りこみ期とに分けられる。
咽頭期		嚥下反射により，食塊が咽頭を通過する時期。軟口蓋が鼻腔を閉鎖し，喉頭は舌骨上筋群により引き上げられ挙上する。食塊が咽頭に入ると，舌骨が咽頭後壁に押しつけられ，咽頭に蠕動運動が生じ，喉頭蓋が反転して喉頭の入り口を閉鎖する。嚥下反射のタイミングは食塊の内容や量などによって変わる。
食道期		食塊が食道入口部から胃へ移送される時期。食塊は輪状咽頭筋が弛緩し，食道に入りこむと，括約筋が閉鎖し，蠕動運動，重力，腹腔内圧によって，胃へと移送される。食道下部（胃との境）には，下部食道括約筋があり，胃からの逆流を防止している。

この嚥下反射は無意識に行われ，食塊が咽頭に入ります。この時期を咽頭期といい，次の食道期にかけての蠕動運動は意識をしない状態で行われます。一連の運動により，食塊は 0.5 〜1 秒程度で咽頭を通過します。

消化器のしくみ

　消化器は，全長はおおよそ 9 m で，口腔，咽頭，食道，胃，肝臓，胆嚢，膵臓，小腸（十二指腸，空腸，回腸），大腸（盲腸，上行結腸，横行結腸，下行結腸，S 状結腸，直腸），肛門からなっています。

　消化とは，取りこんだ食べ物を栄養素の状態で吸収することです。吸収とはこの栄養素を小腸の粘膜などから取り入れ，血液やリンパ液の中に送りこむことです。

　口腔では，咀嚼によって食べた物が唾液（アミラーゼ）と混ざり，糖質（炭水化物）を分解します。途中通過する咽頭，咽頭と胃をつなぐ食道では食塊が**蠕動運動**48（➡ p. 307 参照）によって移送されます。

　胃は袋状の器官であり，入り口から噴門，胃底部，胃体部，幽門部と呼ばれます。食塊は胃液と混合し，さらに粥状にされます。

　肝臓で生成される胆汁は胆嚢に貯蔵されますが，胆汁に含まれる胆汁酸は食物中の脂質を乳化し，酵素のリパーゼと反応し，小腸からの脂質の消化吸収に役立ちます。

　肝臓は，おもにたんぱく質や脂質，糖質（炭水化物）などの**代謝**49（➡ p. 307 参照），胆汁の生成，アンモニアの尿素への変換，解毒作用，アルブミンの合成，グリコーゲンの貯蔵とブドウ糖の生成，造血などの機能があります。

　膵液は十二指腸へ排出され，アミラーゼによる糖質（炭水化物）分解，リパーゼによる脂質分解，トリプシンによるたんぱく質分解など**三大栄養素**50（➡ p. 307 参照）の消化が行われます。

　小腸で吸収された栄養素は，門脈系あるいはリンパ系といわれる 2 種類の経路によって全身に運ばれ利用されます。さらに，食べ物は蠕動運動によって大腸に運ばれ，大腸菌などの腸内細菌によって分解，発酵，腐敗され，一部の栄養素と水分の吸収が行われ，最終的に糞便として肛門から排出されます。

2 食事環境の整備と食事に関連する用具の活用方法 ::::::

❶「おいしく食べる」を支援するために

食事の介護とは

　食事では，生活のなかで長年にわたりつちかってきた，その人なりの食文化があります。そのため，利用者一人ひとりの食生活を尊重した介護を提供するためには，自立した，健康で豊かで，おいしく楽しく食べられるような食事を支援することが大切です。

　また，介護職は，食事がもたらす身体への影響や効果を理解していることも必要です。栄養のバランスのほか，利用者の病気や障害などを理解したうえで，食事の介護を行います。

食の嗜好性を尊重する

　食事は，栄養素を摂取し，身体の健康を維持・増進することが大きな目的です。同時に，食事を「楽しめる」ことも QOL という観点からは重要です。

　食事の介護では，利用者にみずからの意思でおいしく食べてもらえるよう，その人の食の嗜好性を尊重することから始めてみることが大切です。利用者の身体の状況に応じた食事形態を工夫し，満足感が得られる食事を提供することが重要です。

献立に興味をもってもらう

　介護によって食事が成り立っている利用者であっても，その利用者の主体性を尊重し，みずから意欲的になってもらえるよう介護職が配慮することは大切です。そのためには，これから自分が食べる献立について関心をもってもらうことが重要です。

　まずは配膳した食事の内容を説明することで献立の内容がよくわかり，食材や調理方法などがイメージできるようにします。

　また，同じ食材で調理されていても，利用者の咀嚼や嚥下など状態によっては，調理の仕方や盛りつけに違いが生じます。一目ではどのような献立なのかがわからない場合には，介護職はきちんと説明することが必要です。

食事の姿勢に配慮する

私たちはふだんから無意識に食事をしていますが，食事をするときの姿勢は安全で楽しく食べることに大きく影響します。利用者のなかには，安全に食べるための姿勢を保てない人もいます。

基本的な姿勢としては，座位が保持できるいすを使用し，両足を床に，両肘をテーブルに，それぞれきちんとつけます。そして，誤嚥（➡第2巻p. 198参照）しないようにやや前傾した姿勢をとるのがよい姿勢といえます（図2-5-2）。

麻痺や拘縮などの障害によって適切な姿勢が保てない場合などは，利用者の状態に応じてさまざまな福祉用具を活用したり，身体を支えたりして介助を行い，安全・安楽に食事ができるようにします。

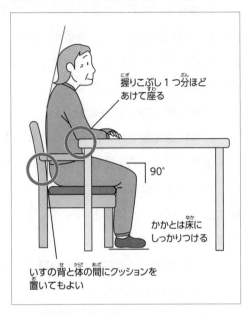

■図2-5-2　基本的な食事の姿勢

握りこぶし1つ分ほどあけて座る

90°

かかとは床にしっかりつける

いすの背と体の間にクッションを置いてもよい

食器や食事の用具を工夫する

少しでも食欲が増し，味わってもらうためには，盛りつけ方や色どりに注意が必要です。そのため，食欲を引き出す工夫として，食器選びも重要です。また，本人が自分の力を活用し，快適に食事ができるように，箸やスプーン，フォークなどの選択も重要です。利用者の指の動きや握力などの状態や好みにあわせて使いやすいもの，慣れ親しんだ食器などを利用するとよいでしょう。

食卓の環境づくりに配慮する

食事をする環境は清潔で明るく，静かでリラックスできる雰囲気が必要です。たとえばテーブルクロスの色に配慮したり，花を飾ったりするなど，くつろげる場にします。また，使いやすいテーブルやいす，適切な照明，温度や換気などにも配慮するようにします。

❷ 食事の介助

一部介助を要する利用者への介助方法（右片麻痺がある場合）

❶ 介護職は利用者の体調を確認し，食事の介助を行うことを伝えて同意を得ます。

❷ 排泄の有無を確認し，食事前にすませておいてもらいます。

❸ 誤嚥を予防するため，しっかり目覚めているか言葉かけし確認します。

❹ 座位の安定を確認します。
- 足底が床についているか
- いすに深く腰をかけ，安定して座っているか
- 患側（右側）の上肢がテーブルの上にのっているか
- 体幹の傾きはないか　など

❺ 献立を説明し，何をどの位置に置くのか，利用者に確認しながらテーブルに食事を配膳します。
- 食べるための必要物品（**自助具**⑤1（➡ p. 307 参照）など）はそろっているか
- 食べやすい位置となっているか
- 献立に応じた適切な温度で配膳されているか

❻ 飲みこみやすくするために，お茶などの水分からすすめます。

❼ 食事中の様子を観察します。

- 患側の口腔内に食べ物がたまっていないか
- 自助具が適切に活用されているか
- 自助具の不具合はないか
- 患側が利き手の場合には，利き手が使えないための食べにくさはないか　など

❽ 食事の進行にあわせて必要な介助を行います。
- 食器の位置を変える
- 骨を取る，皮をむく　など

❾ 食べた内容の確認と言葉かけを行います。
- 偏食や摂取量に問題はないか，食事に要した時間は適切だったか
- 水分はとっているか

❿ 食後の体調を確認します。

⓫ 下膳と後片づけをして，テーブル上や床への食べこぼしがないか，食後の服薬がすんでいるかなどを確認します。

⓬ 口腔ケアを洗面所で行います。

全介助を要する利用者への介助方法

❶ 介護職は利用者の体調を確認し，食事の介助を行うことを伝えて同意を得ます。

❷ 排泄の有無を確認し，食事前にすませておいてもらいます。

❸ 誤嚥を予防するため，しっかり目覚めているか言葉かけし確認します。

❹ 介護職はベッドの高さを調整し，利用者のベッドサイドに立ちます。

❺ 腹筋をゆるめ安楽な姿勢となるように，介護職はベッドの下肢側をギャッチアップし膝を上げるか，膝の下にクッションを当てます。

❻ 食べやすく，逆流を予防するため，介護職はベッドをギャッチアップ（30度程度）し，利用者の上体を起こします。**背抜き**52（➡ p. 307 参照）をし，ベッド上での適切な座位の位置や安定を確認します。

❼ 顎を引いた姿勢になるように枕やクッションで調整します。

❽ 介護職は着衣や寝具がよごれないよう，利用者の首元にタオルなどを当てます。

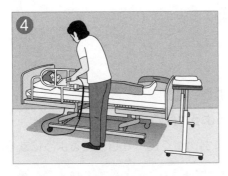

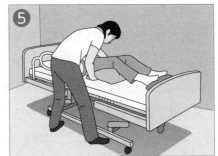

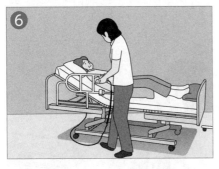

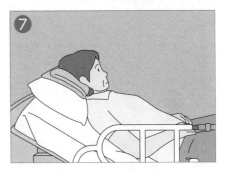

⑨　必要物品の準備をします。

　・おしぼり

　・食べやすく工夫されたスプーンやフォーク，飲みやすいコップなど，利用者が日ごろから
　　使っている自助具

　・とろみ調整食品　など

⑩　介護職はさらに食事の介助がしやすいベッドの高さにし，利用者の手指を清拭します。

⑪　配膳し，献立の説明をします。

　・必要な自助具はそろっているか，位置は適切かを確認してもらう

　・実際に食事が見える位置で献立を確認してもらう

　・食べる順番を選んでもらえるようコミュニケーションをとる

⑫　口腔内をうるおし，飲みこみやすくするために水分をすすめます。誤嚥を予防するため，
　顎を引いた状態で水分がとれるよう言葉かけを行いながら介助します。水分をとったら，食
　事の介助を行います。

　・食べたい物を聞き，口元に運んでいる食べ物の説明をする

　・口腔内に食べ物がたまっていないかを確認

　・嚥下の観察・確認

　・献立の内容に応じた温度で食べてもらえるような配慮

　・偏食にならず，バランスよく食べてもらえるような配慮

　・利用者の食べるリズムに応じて，無理なく，おいしく食べてもらえるようにする。また，
　　1口の量などに留意する　など

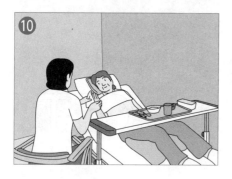

⑬ 利用者が食べ終えたら，口元や手指などの清潔への介助を行います。

　・おしぼりなどで，口元や手指などの清拭を行う

　・食後の状態（満腹感や体調，衣服・寝具の汚れなど）を確認する　など

⑭ 後片づけをします。

　・下膳をする。食べ残しがある場合は利用者の体調の再確認を行い，残した量などを確認する

　・タオルなどの使用物品を洗濯に出す

　・ベッドまわりを整える　など

⑮ 服薬介助を行います。

⑯ 口腔ケア（➡第2巻 pp. 204-205 参照）を行います。

　・必要物品をそろえる

　・義歯を使用している場合は言葉かけをしてから義歯をはずしてブラッシングし，洗って戻す

　・口腔内を観察し，うがいをすすめる

⑰ 30分程したら（逆流予防のため）ベッドの高さを元に戻し，利用者の楽な体位にします。介助し終えたら，体調を確認します。

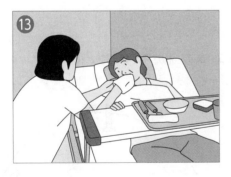

食後に配慮すべきポイント

・顔色や気分などの確認を行い，状況に応じて言葉かけをし，体位を整えます。

・食後は胃からの食べ物の逆流などを防ぐため，しばらくのあいだは上体を起こしておくことの説明をし，同意を得ます。

・必要に応じて摂取量をチェック表などに記入します。

視覚障害のある人の食事の介助

　視覚障害のある人が食事をする際に，テーブルの上に置いてある料理などの位置関係がわかりにくいことがあります。そのようなときに食事の位置をわかりやすく説明する方法としてクロックポジションがあります。図2-5-3のように料理の位置関係を時計の文字盤に見立ててテーブルに配置することで，視覚障害のある人が料理の位置を認識しやすくなります。本人が食べやすいように配置を変えることも大切です。

　介護職は視覚障害のある人の手を食器にそえ，軽く触れてもらいながら「『6時』の位置に箸があります。『5時』の位置に味噌汁，『7時』の位置にご飯，『3時』の位置にマグロの刺身，『9時』の位置にお茶があります」と説明します。とくに熱いものはこぼれた際にやけどの原因になるため，手を触れる前に熱いことをしっかりと伝えて注意して見守るようにします。さらに，おしぼりの位置も伝えておくと自分で手や口をふくことができます。

　また，本人の食べ方や利き手を把握し，茶碗を持つほうに，お茶や汁物のようなこぼれやすいものを配置すると取りやすく，安全です。

　先天性の視覚障害がある人の場合，時計をイメージできないこともあります。はじめに時計がイメージできるかを確認し，クロックポジションを使うようにします。

■図2-5-3　クロックポジション

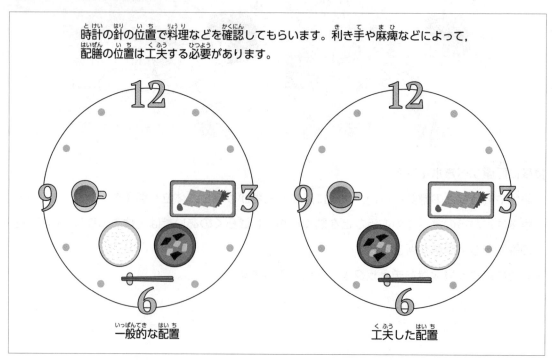

時計の針の位置で料理などを確認してもらいます。利き手や麻痺などによって，配膳の位置は工夫する必要があります。

一般的な配置　　　　　　工夫した配置

❸ 食事関連用具

自助具を利用する意味

　介護を必要とする人のなかには，食べる動作がしづらい人もいます。そのような場合に，その人の状態に応じた自助具を使用することで，自分の力で食べることができ，食べやすくなることで食事が楽しめるようになることが期待できます。

　自分で食べる場合と，だれかに食べさせてもらう場合とでは，同じものを食べても味わいが違います。要介護度が重度になった場合でも，自分の力で食事をすることによって，より主体的な生活の実現が可能となります。

　介護職は，さまざまな自助具の知識をもち，利用者の状態をアセスメントし，その人の心身の状況や希望にそった自助具について，利用者や家族に情報の提供や使用法を助言できることが求められます。

筋力の低下などがある人の自助具

　食べる動作は，身体の機能をいくつも連動させて行います。筋力の低下や麻痺・拘縮などによって上肢の運動機能に制限があるような場合は，表2-5-2のような自助具を活用することによって，それらの機能をおぎなうと，自力で食事がしやすくなります（図2-5-4）。

■表2-5-2　筋力低下などがある人の自助具

❶ 軽くソフトで，にぎりやすいスプーンやフォーク。柄の部分が取りはずし可能で，手入れがしやすいものもあります。

❷ バネで固定されていて，軽くてにぎりやすい箸

❸ 軽くて扱いやすい皿や小鉢など

❹ （とくに握力が弱い，指先の細かい動作ができないなどの場合）にぎりやすい大きな取っ手のついたカップなど

片麻痺がある人の自助具

　一般的に，スムーズな食事の動作では上肢を活用します。片麻痺がある人などが箸やスプーンを使って食事をする場合，食器やトレーなどがテーブルの上で動いてしまい，食器内の食べ物をうまくつかめなかったり，すくえなかったりする場合があります。

　これらを防止するために，皿や小鉢などの食器の裏にすべりにくい素材などがついているものを使ったり，すべりにくい素材のマットなどを敷くことで，食器が動かず，食べやすくなります（図 2-5-4）。

　また，にぎりやすく工夫された箸やスプーン，フォークなどを活用することで，さらに食事がしやすくなります。

食事の介助を必要とする人の自助具

　食事に介助を必要とする人には，物による刺激を少なくするために，口当たりのやわらかいシリコンでできたスプーンなどを使うとよいでしょう。うまく口が開けない人には薄くて平たい形状のスプーンを使うと口に入りやすく，身体への負担が軽減されます。

　また，首を後方に傾けなくても飲めるコップや湯飲みなども便利です。

　食べこぼしがあったり，食べ物が口腔からこぼれやすい場合は食事用のエプロンなどの使用も検討します。エプロンを着けるのに抵抗感がある場合などには，一見すると衣服のような形状にできているものも開発されています。

●食器類・箸やフォーク等

バネつき
固定箸

にぎりやすくした
フォーク・スプーン

曲がりスプーン

カフベルトつき
スプーンホルダー

浅型・深型
スプーン

にぎりやすい食器

吸盤で
食器を固定

角度をつけて
食べやすくした皿

こぼれない
コップ

ホルダーつき
コップ

吸い飲み

にぎりやすい
湯のみ

●その他

安定して持てる鍋

角度がついた包丁

すべり止めマット

ボトルオープナー

気管と食道の位置関係

　誤嚥の原因は，口腔から喉頭にかけての構造に関係しています。

　喉頭は，気管と食道の仕分けをしており，食べ物が食道に入るとき，気管の入り口は一時的にふさがれる（喉頭蓋が気管の入り口をふさぐ）しくみになっています（**図2-5-5**）。この嚥下反射がうまくいかず，気管に食べ物が誤って入ることによって，誤嚥が起こります。

　また，お正月に高齢者が喉に餅をつまらせて死亡する事故が報道されたりしますが，誤嚥によって気管内に食べ物や異物がつまると窒息を起こすことがあります。

　食べ物の摂取は，かむ（咀嚼），飲みこみやすい形にする（食塊の形成），食道内に送る（嚥下）などによって成り立っていますが，この一連の動作が加齢による嚥下機能の低下や，病気による麻痺などによってうまくいかないと誤嚥しやすくなります。

■**図2-5-5　嚥下のしくみ**

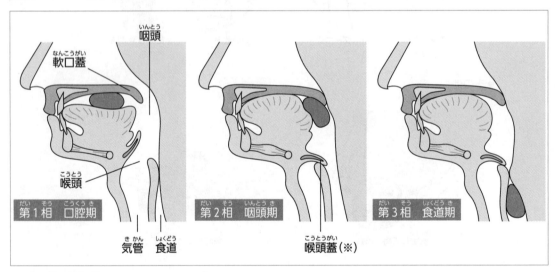

咽頭
軟口蓋
喉頭
第1相　口腔期
気管　食道

第2相　咽頭期
喉頭蓋（※）

第3相　食道期

※：食べ物が気管に入らないように「ふた」が閉まる。

食べ物の形態の工夫

　嚥下障害のある人への食事では，食材を食べやすく切ったり，煮こんだり，調理器具を使ってペースト状にするなどの食形態を工夫したり，とろみ調整食品の活用やムース食などの利用でうまく飲みこめるようにします。むせやすい食材などは避けるようにします（**表2-5-3**）。また，**きざみ食**[53]（➡ p.307 参照）は誤嚥を引き起こすことがありますので，とろみ調整食品を利用し，いっしょに食べるなどの工夫が必要です。

繊維，スポンジ状，水分の少ないもの	たけのこ，こんにゃく，高野豆腐，パン，カステラ，餅，油揚げ，ごま，さつまいも，豆等
口腔内に付着するもの	のり，わかめ，にら，ほうれん草の葉先，ウエハース等
むせやすいもの	お茶，みそ汁，雑炊などのサラサラしたもの。または酢の物など酸味のあるものや香辛料等

出典：柴田範子監，大日向光・内田治子『ホームヘルパーに学ぶ──一人分でもおいしいお年寄り家庭料理帳』中央法規出版，p. 155，2003年

食事の姿勢

　食事の姿勢が悪いと，誤嚥につながります。安定した座位を保ち，やや前傾した姿勢をとると，誤嚥しにくくなります。

　顎が上がり，頭部が後ろに傾く姿勢になると，物が飲みこみにくくなります。さらに，口の中と気管が直線的になり，気管に入る危険性が増します。

介助の実際

①　食事の介助は利用者の視線にあわせて行う

　介護職は利用者と視線をあわせて介助します。立位での介助は利用者の視線が上がり，頭部が後ろに傾きます。また，介助者がスプーンを持ち上げて抜いてしまうため，顎が上がり誤嚥につながります（図 2-5-6）。利用者がやや前傾した姿勢を保持できるよう，介護職は介助の位置に留意します。

②　ベッド上での介助は，食後に上体の姿勢を保持する

　ベッド上での食事の介助は，食事中や食後の体位の状態によって，誤嚥や気管内への食べ物の逆流などにより窒息が発生する場合がありますので，十分に観察や確認を行うようにします。食後はすぐに寝かせたりせず，しばらく食事をしたときの姿勢を保つようにします。

③　適切な体幹の保持を行う

　筋力の低下や麻痺などによって，食事のときに姿勢がくずれる場合には，クッションなどを活用して体幹を支え，安定した座位にして誤嚥を防ぎます。

■図 2-5-6　食事に適さない姿勢

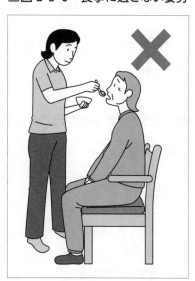

❺ 低栄養の改善と予防

低栄養の状態とは

　人は健康な生活を維持するために，必要な栄養素を含んだ食品をバランスよく取り入れることで，体内で代謝を行い，筋肉や骨などをつくり，同時に活動するためのエネルギーをつくり出しています。低栄養の状態とは，これらの必要な栄養素を何らかの原因によって量的にも質的にも体内に取りこむことができないため，健康な生活を維持することができず，さまざまな生活上の支障を生じることをいいます。

　低栄養の状態の人は体重が減少したり，**血清アルブミン**54（➡ p. 307 参照）値が低くなったりするほか，**表 2-5-4** のような状態がみられやすくなります。

■表 2-5-4　低栄養でみられやすいおもな状態

❶ 免疫力が低下するため，感染症などにかかりやすくなる。
❷ 骨量が減少するため，骨折しやすくなる。
❸ 筋力が低下するため，動きが緩慢となり，疲れやすくなる。
❹ 気力が低下するため，認知機能が低下しやすくなる。

低栄養が起こる要因

　高齢者の場合，低栄養が起こる要因はいくつかありますが，おもなものとして表 2-5-5 に示す 4 つがあげられます。

■表 2-5-5　低栄養が起こるおもな要因

❶ **活動量の低下**
　外出の機会が少なくなり，運動量も減り，刺激を受けることも少なくなると，食欲も低下して食事の量が減少する。
❷ **一人暮らしによる孤食**
　あまり調理をせずに簡単な食事ですませたり，偏食傾向になりやすい。そのため十分なエネルギー量やたんぱく質を摂取できなくなる。
❸ **身体機能の低下**
　取り入れた栄養素を体内で効果的に代謝することができなくなり，また栄養素を蓄える力も低下するため，栄養状態が低下する。
❹ **口腔内の変化**
　咀嚼や嚥下の機能低下にともない，食べやすいものを選んだりして，栄養価の高い肉類や繊維質の食品をとらないようになる。

低栄養の改善

　低栄養を改善するためには，毎日3回きちんと食事をとることが大切です。活動量が少ない高齢者であっても，1日に必要な総カロリーは，男性では 2050 kcal，女性では 1550 kcal といわれています。このなかで必要な栄養素をバランスよく取り入れられるようにします。

　また，できるだけたんぱく質が毎食とれるような献立にすることも大切です。なかなか調理ができない場合は，ハム，ソーセージ，納豆，豆腐などの加工食品や，魚の缶詰などの手軽な食品を利用するとよいでしょう。スーパーマーケットで惣菜を買って食べるなど，高齢の利用者が準備しやすい食品の活用も便利です。

　食欲がない場合は，利用者が好む食材を選択したり，味つけや盛りつけを工夫したりして食べてもらうようにしましょう。さらには，栄養補助食品など，栄養素をおぎなってくれるものもあります。

　利用者によっては，疾病の治療をしているために食べることのできないものがある場合もあるので，医療職との情報共有が必要です。

低栄養の予防

　低栄養の状態を予防するためには，日ごろから食生活への関心をもち，高齢期になっても栄養バランスのよい食事を毎日3食とることが大切です。

　介護職は，体重を定期的にチェックして体重の減少がないかを確認します。また，健康診断を受け，健康状態を確認したりするなど，利用者にはたらきかけて低栄養の予防に心がけます。

　ベッドの上で過ごすことが多く，体力の低下傾向がみられる利用者で，発熱や下痢，食欲不振などが続くような場合には，低栄養の状態にならないように他職種と連携して介護にあたることが必要になります。食事や水分の摂取状況と排泄の状況を確認し，情報を共有したり，1回の食事で摂取量が少ない場合は，間食の回数を増やすなどの介助を通じて低栄養の予防に注意します。

❻ 脱水の予防

脱水が起こる要因

　人間の身体には**恒常性**[55]（➡ p. 307 参照）が備わっており，一定の水分やその他の必要な成分が保たれることによって，健康が維持されています。水分は食事や飲水などによって体内に補給され，尿や便，汗などによって体外に排泄されます。このバランスがくずれ，体内の水分量が減少すると脱水になります。

　人体の水分の保有率は，およそ 50〜60 ％といわれています。つまり，人体の半分は水分で成り立っていることになります。高齢者の場合は，成人に比べ水分の保有率が少ない傾向にあるため，脱水になりやすいのです。

　また，感覚機能の低下により渇きを感じにくくなる，トイレへの移動動作が困難で水分をひかえるなど，脱水になりやすい条件をいくつももっていることが多いです。

　食事の介護においては，水分摂取に対して留意することが大切です。とくに夏場の汗をかきやすい時期は，こまめな水分摂取の介助を心がけるようにします。

脱水の弊害

　脱水になると水分とともに電解質（からだをつくったり，動かす物質）も失われます。電解質が失われると脳のはたらきが悪くなり，物事の適切な判断ができなくなったりする場合があります。

　このような状態になるとさらに脱水が進み，熱中症につながる心配があります。

脱水の見つけ方

　食事の介助や口腔ケアの際に，唇や舌が乾燥していないかをチェックしたり，排泄の介助のときに尿の量や色をチェックしたりして，脱水傾向になっていないかを確認するようにします。水分チェック表などもあわせて活用するとよいでしょう。

　ほかにも，何となくぼんやりしていて元気がない，食欲がない，発熱している，皮膚にはりがないなどの症状についても注意して観察します。

介助の実際

① こまめに水分がとれるように工夫をする

水分補給がいつでも手軽にできるよう，居室やリビングの手に取れる範囲のところに水分を置いておきます。また，食事やお茶の時間などには必ず水分をすすめるようにします。

嚥下障害や認知症などによってなかなか水分をとってもらえない場合には，1回の量は少なくても介助の回数を増やして飲んでもらうようにします。

1人の介護職がずっとついていられなくても，複数のスタッフがかかわり，何回かに分けて少しずつでも飲んでもらう「ちょこちょこ介助」などを実施して，1日の摂取量を増やすなどの工夫もあります。

また，むせるために水分をとりたがらない場合は，水分の多い果物やゼリー，**水分補給用食品**56（➡ p. 308 参照）などの活用も効果的です。

② 排泄の介助と連動させて考える

失禁が心配で水分をひかえる利用者は意外に多いようです。運動機能障害のため排泄の動作に時間がかかるような場合には，排泄の介助と連動させて，排泄環境の整備や介助の工夫をすることにより，利用者が安心して水分がとれるようにします。

③ 着替えや夏場の温度管理に気をつける

感覚機能の低下や認知症などによって適切な温度管理ができず，脱水につながってしまう場合があります。

夏にたくさん汗をかいているのに重ね着をしていたり，部屋の温度が高すぎたりすることなどが原因となり脱水にならないよう，季節にあった衣服の選択や声かけ，室内の換気や適切なエアコンの使用方法についてアドバイスを行います。

❼ 口腔ケア

口腔ケアとは

「口腔ケアとは何か」を考える際には，図2-5-7のように2つの枠組みから考える必要があります。

なかでも介護職が行うのは，おもに口腔清潔の介助（歯の清掃，口腔粘膜の清掃，義歯の清掃など）となります。

■図2-5-7　口腔ケアとは

狭義の口腔ケア
・歯の清掃
・口腔粘膜の清掃
・義歯の清掃など

広義の口腔ケア
・口腔のもつ機能（摂食・発音・呼吸など）の維持・向上
・口腔疾患や口腔乾燥，感染症，誤嚥性肺炎，オーラルフレイルの予防，障害の治療，リハビリテーション，口腔体操など

口腔ケアの目的

口腔とは，狭義的に，口唇から口峡の口の中の空間部分をいいます（図2-5-8）。口腔内には，約700種類の細菌が生息しているといわれています。口腔内は37℃前後の温度に保たれ，唾液によってうるおされており，食事による食べ物が残っている環境にあります。

つまり，温度・湿度・栄養といった3つの面において，細菌が繁殖しやすい条件がそろっています。したがって，適切に口腔の清掃が行われないと，歯と歯肉のあいだ（歯肉溝）に歯垢（プラーク）や歯石が繁殖します。また，その毒素によって歯肉が炎症を起こして腫れていき，歯肉溝が深くなります。これを歯周ポケットといいます。

さらに，口腔の衛生が保たれていないと味覚の減退をきたし，おいしく楽しく食事をすることが困難となります。ほかにも，細菌の繁殖にともなって口臭も発生しやすくなります。

このように，口腔の不衛生な状態は，単に口腔疾患のみにとどまらず，呼吸器をはじめ全身の感染症にも密接に関係しています。その代表例としては，細菌を含んだ唾液を誤嚥して肺炎を発症してしまう誤嚥性肺炎です。

とくに重度の要介護状態では，全身的な免疫機能や口腔機能の低下によって口腔内の細菌を

誤嚥しやすくなり，肺炎などを起こす危険性が高くなります。

■図 2-5-8　口腔内の構造

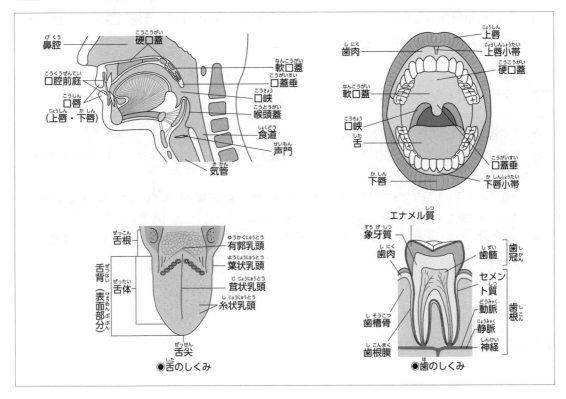

●舌のしくみ

●歯のしくみ

口腔ケアの効果

　適切な口腔ケアは，発熱や肺炎の発症率を低下させることに有効であることが研究によって明らかにされています。つまり，口腔ケアは，歯周疾患や口腔粘膜疾患（**口内炎**57（➡ p.308参照）など）の予防のみでなく，全身の感染症予防にも効果があるといえます。

　口腔の状態（歯数・口腔衛生・口腔機能など）は老化にともなって変化していきますが，口腔健康への関心や心身の予備能力も低下してくると，**オーラルフレイル**（口腔機能が衰えた状態）におちいるといわれています。オーラルフレイルは，とくに身体的フレイルに影響を与えやすく，要介護のリスクも高まります。言い換えれば，口腔の状態の維持・改善をはかるとともに，口腔健康への意識が高まるよう支援することで，オーラルフレイルの予防，さらには心身機能の改善につながる可能性もあります。

ブラッシング法

　ブラッシング法とは，歯ブラシを用いて歯と歯肉をブラッシングし，口腔内を清掃する方法です。これを毎日行っても，適切にブラッシングできていなければ，う歯（虫歯）や歯周病，口臭の改善などの効果は得られません。

■表 2-5-6　ブラッシング法の留意点

❶　利用者にあった歯ブラシを選択する。
❷　歯ブラシは，ペングリップ（鉛筆持ち）で持つと圧力のコントロールがしやすく，毛先も当てやすい（図2-5-9）。
❸　歯面は歯ブラシの毛先を90度（スクラビング法）に，歯肉溝は45度（バス法）に当てる（図2-5-10）。
❹　歯ブラシを動かすときは力を入れすぎないように注意し，小きざみに1歯ずつみがくようにする。
❺　みがき残しやすい奥歯の奥や溝などは歯ブラシのつま先を，前歯の裏側は歯ブラシのかかとを使ってブラッシングする。

■図 2-5-9　歯ブラシの持ち方

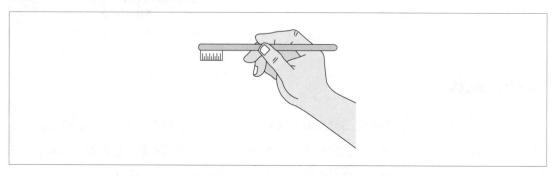

■図 2-5-10　歯ブラシの毛先のあて方

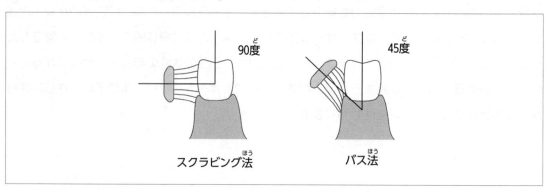

90度　　　　　45度

スクラビング法　　　　バス法

義歯の役割と種類

　義歯は，歯の欠損部分をおぎなう目的で使用します。義歯の役割は，咀嚼やかみ合わせの機能の維持・向上だけでなく，発音や見た目などにも影響します。したがって，義歯を快適に使用するためには，使用方法や管理の仕方について正しい知識が必要です。

　義歯には大きく分けて，可撤式（取りはずし可）と非可撤式（取りはずし不可）があり，可撤式には，全部床義歯（総入れ歯）と部分床義歯（部分入れ歯）の2種類があります。

義歯の装着方法

　義歯は通常，上顎から下顎の順に装着し，下顎から上顎の順ではずします（図2-5-11）。しかし，状況に応じては，しっかり装着しやすい側から装着し，取りはずしやすい側からはずしてもかまいません。

　舌で着脱したり，かんだりして装着すると，義歯の破損や**クラスプ**58（➡ p.308参照）のひずみの原因となるため，義歯の着脱は必ず指を使い，無理な方向に力を加えないようにしましょう。

■図2-5-11　義歯のはずし方

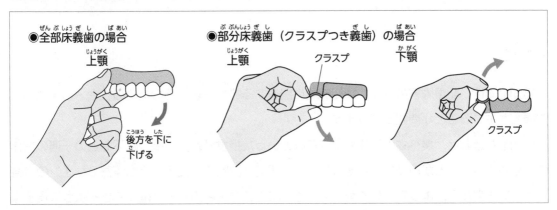

●全部床義歯の場合
上顎
後方を下に下げる

●部分床義歯（クラスプつき義歯）の場合
上顎　クラスプ
下顎
クラスプ

注：手袋は省略しています。

■表2-5-7　義歯の清掃と保管の方法

❶ 基本的に，毎食後に義歯をはずし，義歯用歯ブラシを用いて洗う。
❷ 熱湯や歯みがき剤の使用は，義歯の摩耗や変形の原因になるため，水またはぬるま湯で清掃する。
❸ クラスプは細菌の繁殖しやすい部分のため，小さいブラシなどを使用して入念に清掃する。
❹ 就寝時は義歯をはずすようにする。
❺ 義歯を保管する際は，専用の容器に入れ，乾燥させないように清潔な水や義歯洗浄剤などにひたす。

3 楽しい食事を阻害する要因の理解と支援方法 ::::::::

❶ 精神機能の低下が食事に及ぼす影響

高齢者は，さまざまな原因で食事を円滑にとることができなくなることがあります。いわゆる食欲不振は「食欲がない」状態ですが，原因となる疾患には，表 2-5-8 に示したものがあります。

■表 2-5-8 食欲不振の原因となるおもな疾患

❶ がん，十二指腸などの潰瘍，肝硬変，胃炎，膵炎，腸炎，便秘などの消化器症状
❷ うっ血性心不全などの循環器疾患
❸ アジソン病，甲状腺機能低下症などの内分泌疾患
❹ 重症の気管支喘息などの呼吸器系疾患
❺ 悪性リンパ腫などの血液・免疫系疾患
❻ 腎不全などの泌尿器系疾患
❼ 認知症，うつ病，心身症，神経性食思不振症，神経症，自律神経失調症，脳腫瘍，統合失調症などの精神神経系疾患

❶～❼のほかには，亜鉛欠乏症，アルコール依存症，感染症，薬の副作用など

認知症

認知症では，記憶障害のほか，認知機能に関連する機能障害，そのための社会・日常生活上の障害が生じることが問題となります。

認知症が進むと，食べ物の認知や取りこみといった摂食動作，咀嚼，嚥下などの一連の動作に影響が生じることがあります。そのため，認知症と診断されたら，行動障害のサインの内容に応じて早期から，より安心して楽しく，さらに十分なエネルギーを確保できるように食事環境の整備を検討していくことが重要です。

認知症が進むことで，食事が進まず介助方法に困るということがよく聞かれます。どのようにすると十分に食事ができるかということの詳細はわかっていないですが，行動障害を把握するツールとしては摂食サイクル測定記録シートなどがあります。

実際は直接介助することが必要となりますが，なるべくストレスが少ない状況下で食事が提供できるように，環境整備や食形態の工夫，体位の工夫，嗜好品を取り入れるといったことを心がけながら介助します。

レビー小体型認知症（➡第 1 巻 p. 355 参照）では，幻覚・妄想あるいは幻視があることで，

食事に毒が入っていると言って拒食することなどがみられます。また，前頭側頭型認知症は，初期のころではマナーなどの社会的な行動が困難になり抑制のない行動をとったり，最終的には無気力・活動低下，あるいは過度の活動があらわれることなどから食事行動にも変化を示します。

なお，脱力（衰弱），運動困難，感覚機能の喪失は脳血管障害やパーキンソン病（➡第1巻pp. 320-321 参照）などにみられることがあり，認知症と似たような食欲不振などの症状があらわれます。

うつ病

うつ病（➡第1巻 p. 345 参照）では，興味や喜びが消失し，食欲の減退，疲れやすさ，気力の減退，思考力や集中力の減退，不眠などが生じるために，食事そのものができる状況が整いにくくなっているといえます。

リラックスできる環境下で，時間を十分に確保し，わかりやすい言葉で食事をうながすといった工夫が必要です。

心身症

心身症[59]（➡ p. 308 参照）になりやすい性格として，みずからの感情を自覚・認知したり表現したりすることが不得意で，空想力・想像力に欠ける傾向にある人などがあげられます。こうした人たちには，消化器症状をはじめとするさまざまな慢性疾患，生活習慣病があらわれることがあります。原因となるこころの状態を改善することが大切です。

介護職は，それぞれの病気に適切に対応することが重要となるため，疾患の特徴を理解することが必要です。

とくに疾患を有する場合，薬を服用していることが多く，効用，あるいは副作用として食事場面に影響することがあります。まずは食事場面をよく観察し，日によって，あるいは1日のなかで違いがあるかといったことを詳細に把握していきます。

❷ 身体機能の低下が食事に及ぼす影響

加齢による機能の低下

　加齢にともない，口腔内に残る歯の数は減少していきます。全部床義歯（総入れ歯）になると，かみくだく能力は健康な人の6分の1から3分の1になるといわれます。

　また，加齢により咀嚼に関連する筋肉の低下が起きると，咀嚼に要する時間が長くなるほか，唇の閉じが悪くなり，食べこぼしが起きます。

　さらには，唾液の分泌量が減り，唾液のねばり気が高くなって，口腔内は不潔になりやすくなります。

感覚機能の低下

　視覚，聴覚，味覚，嗅覚などの知覚が低下すると，反応に要する時間は遅くなります。

　たとえば，白内障（➡第1巻 pp. 310-311 参照）や**視野狭窄**60（➡ p. 308 参照），**半側空間無視**61（➡ p. 308 参照）といった視覚障害があると，食器の置き場所が正確にわからず，食べ残したり，こぼしやすくなったりします。

　また，「ご飯を食べましょう」「もう1口食べましょう」といった言葉かけは，食事をするという準備のための重要な刺激ですが，聴力が低下すると，この刺激は遮断されてしまいます。

摂食・嚥下機能の低下

① 先行期

　覚醒レベルが悪いときや，高次脳機能障害などにより集中力や反応がとぼしいときには，食べ物をうまく認知することができず，食事動作が遅くなったり止まったり，誤嚥したりすることがあります。

② 準備期

　姿勢が悪かったり（体幹や頸部をしっかり保持できなかったり），テーブルの高さ，食器やスプーンといった自助具があっていなかったりすると，食べ物を口に運び入れることが困難になります。また，歯が欠けていたり，義歯があっていなかったりすると，歯肉などに痛みが生じるほか，咀嚼や食塊を形成する際のさまたげとなります。

　唾液の分泌が低下すると口腔内はねばつきが増し，食事を適度なやわらかさに整えるまでに時間がかかります。さらに，食塊を形成することが十分にできなくなり，口腔内や咽頭壁への食べ物の付着や残留が多くなります。

　本人の機能にあった食事形態を整えるという考え方が重要で，やわらかすぎたり，かたす

ぎたりしてもよくありません。その意味では，1口で口に入れる量や食べるペースも重要です。ほおばりすぎや，食べるペースが速すぎたり，ゆっくりしすぎたり，まちまちになったりしないように注意します。

障害による機能の低下

何らかの身体的な障害が食事動作や摂食・嚥下機能にも影響することがあります。

発声や会話は，構音機能と食事の際に必要な舌の動きの維持に関係します。発声や会話に障害があっても，黙って1日を過ごすことがないようにはたらきかけることが必要です。重要なことの1つに，口を清潔に保つことがあります。

口腔内の清掃は，においや細菌の繁殖防止のみならず，味覚や食欲，嚥下反射などにも影響しますので，義歯をつけている場合ははずして，口腔内，義歯ともにきちんときれいにします。痰も可能な限り，取り除くことが大切です。自身で咳払いをして出せる場合には，こまめに吐き出してもらいます。

また，臥床状態であっても，ふだんから離床の支援を心がけ，動作をできるだけ本人に手伝ってもらい，使える筋肉を用い，**ADL**⑥2（➡ p. 308 参照）や肺機能の低下などの廃用症候群の防止に努めます。

とくに頭を上げる動作は，頚部の筋肉を用いますので，枕を整える際など，可能な限り自力で上げてもらよううながします。いわゆる基礎体力の維持と向上をはかり，感冒（風邪）などの感染症を予防します。

全身的な機能の低下

脱水，低栄養，全身状態の悪化（肺炎，心不全，がん，貧血，肝臓機能障害など），嘔吐，下痢，食欲不振といった消化器症状，糖尿病や高血圧に対する不適切な食事制限などは，食事行為への影響を及ぼすとともに，食事からも影響を受けるといったような悪循環を誘導します。

当然，これらの状態がみられる場合には，食事の量や形状の制限，工夫，変更が必要になります（表 2-5-9）。また，食事を上手にとらなければ，これらの状態は悪化していきます。

■表 2-5-9　疾患別にみる食事内容の留意点

疾患	食事内容の留意点
高血圧	・食塩の制限，減量 ・カリウム，カルシウム，マグネシウムの適正な摂取 ・食物繊維（とくに水溶性）の同時摂取
腎臓病	・エネルギー，塩分，たんぱく質，糖質，脂質，カリウム，リン，水分，カルシウム，アミノ酸，必須脂肪酸を疾患の種類や病期により調整
糖尿病	・適正エネルギーを標準体重から算出し，1 日のエネルギーを決め，単位を配分 ・インスリンをおぎなっている場合には，低血糖症状（脱力感，手指のふるえ，冷汗，動悸，生あくび，眼の焦点があわない，おかしな行動，意識消失など）に留意しながら糖質の摂取量を調整
心臓病	・減塩，糖質の制限 ・カフェインが含まれるコーヒー，紅茶，緑茶などの制限
高コレステロール	・コレステロールの含まれる食品の制限 ・適正な栄養素の摂取
潰瘍	・嘔吐，悪心などの症状がある場合には絶食 ・食事が可能な場合は繊維の多いもの，脂肪の多いものを避け，消化のよいものを摂取
膵臓病	・脂肪の適切な摂取（脂質の制限） ・塩分の制限 ・アミノ酸製剤を使用している場合はたんぱく質の制限 ・手術後や身体のストレスの高い状態では，高エネルギー，高たんぱく質，高ビタミンで消化吸収のよい調理法や食材を選択 ・消化器症状がある場合，経口摂取は禁忌

4 食事と社会参加の留意点と支援 ::::::::::::::::::::::::::

地域に出かけて買い物をする

　自分で食べることができても，買い物や調理などができないために，その部分での支援が必要になる利用者も多くいます。自宅で一人暮らしをしている人や，同居する家族が仕事で忙しくて利用者本人の食事の準備ができないような場合には，訪問介護（ホームヘルプサービス）を利用して，買い物や調理を援助してもらいます。

　外に出かけることができる利用者であれば，訪問介護員（ホームヘルパー）といっしょに買い物をすることにより，気分転換にもつながり，自分の役割を認識することができます。

地域のサービスを活用する

　そのほかにも，配食サービス63（➡ p. 308 参照）や，地域のコンビニエンスストア・生活協同組合（生協）・スーパーマーケットなどの宅配サービスなどがあります。これらは，インターネットで申し込みをすることも可能です。また，配食サービスのなかには，糖尿病などに配慮してカロリー計算がなされたメニューもあります。

　一人暮らしや生活の状況によって，食事の準備ができない部分をになってくれる地域サービスをうまく活用することで，家族の負担軽減にもなり，毎日欠かせない食事への心配がやわらぎ，自宅での生活を継続していくことにつながります。

入浴・清潔保持に関連したこころと からだのしくみと自立に向けた介護

学習のポイント

●入浴・清潔保持がもたらす心身への効果と，入浴に関連するこころとからだのしくみを理解する
●利用者本人の力をいかし，楽しい入浴の介護を行うための技術を身につける
●心身機能の低下が入浴・清潔保持に及ぼす影響について理解する

1 入浴・清潔保持に関連する基礎知識 ::::::::::::::::::::::

❶ なぜ入浴・清潔保持を行うのか

日本人と風呂の文化

　人はからだのよごれを落としたいとき，リラックスしたいとき，疲れをとりぐっすり眠りたいときなど，さまざまな理由で入浴や清拭などの方法を用い，からだを清潔に保ち，爽快感や満足感などを得ています。

　日本人は世界的にみても入浴好きといわれています。

　昭和30年代に各家庭に内風呂が急速に普及しはじめましたが，それまでは共同浴場での入浴が一般的でした。他人と大勢でいっしょに全裸で入浴することはあたりまえの生活習慣として受け入れられ，共同浴場や温泉は社交の場でもありました。今もくつろぎや楽しみを求めて温泉を利用する人たちは幅広い年齢層にみられます。

　一方で，シャワーの普及とともに簡便なシャワー浴を好む人たちも増え，入浴・清潔保持の方法は変化しています。

入浴の効果

　からだを清潔にするのは人間の基本的欲求の1つです。清潔にする方法としてもっとも効果的なのが入浴です。入浴には，表2-6-1のような効果が期待できます。

■表2-6-1　入浴の効果

❶ 皮膚を清潔にし，細菌感染を予防する。
❷ 血液やリンパの循環を促進する。
❸ 新陳代謝を促進し，老廃物の排出を助ける。
❹ 筋肉の緊張や疲労をやわらげる。
❺ 心身がリラックスする。
❻ 胃腸や腎臓など臓器の機能を高める。

入浴・清潔保持の意義・楽しみは何か

　加齢や障害により代謝が低下したり，関節可動域が制限されたりするなど，日常生活に不自由さが生まれます。しかし，お湯の中に入ると，からだの重さから解放され，代謝も活発になるので，いくらか楽にからだを動かせるようになります（表2-6-2）。

　これらの作用を，心身機能を促進させる面と疲労の両面から考えて，入浴を効果的に取り入れるとよいでしょう。

■表2-6-2　入浴の三大作用

❶ 温熱作用
　血管が拡張し，血行がよくなることで，利尿作用が高まるなど，体内の老廃物が排泄されやすくなり，内臓のはたらきが活発になる。
❷ 静水圧作用
　からだが一回り小さくなるほどの水圧を受け，血液循環が促進されることにより，心臓のはたらきが活発になる。
❸ 浮力作用
　体重が9分の1程度になり，重さから解放される。

❷ 入浴・清潔保持に関連したこころのしくみ

リラックス効果

お湯の温度が38〜41℃の場合は，副交感神経（➡第2巻 p. 44 参照）のはたらきが促進されます。心臓の**拍動**[64]（➡ p. 309 参照）は低下し，血圧も低下します。筋肉もゆるむので，ゆったりとできリラックスします。

さらに，浮力がはたらくことで，からだの重さから解放されます。また，清潔にすることにより，さっぱりとした爽快感をもつこともできます。

心臓や肺に負担をかけられない場合は，首までお湯に入らずに半身浴やシャワー，清拭（➡第2巻 p. 236 参照）などの方法を用いることを検討します。

また，好みにより入浴剤を用いたり，手浴（➡第2巻 pp. 230-231 参照）の際にアロマオイルなどを用いたりすると，リラックス効果が高まります。

1日の疲れをとり，清潔な寝具で眠ることは心地よさを誘い，良質な睡眠にもつながります。

人間関係の円滑化

人と会う前の身だしなみ，学習や仕事の前の心身の活性化，運動のあとに汗でよごれたからだをきれいにするなど，さまざまな目的で人はからだを清潔にします。清潔感はまわりにもよい印象を与え，人間関係の円滑化につながります。

しかし，病気や障害，加齢により心身機能が低下して介護が必要になったとき，気兼ねや遠慮から，からだの清潔に気を配らなくなることがあるといわれています。そのことがさらに心身機能を低下させたり，外出を制限したり，生活全般を不活発にしてしまうなどの悪循環におちいらないように注意します。

「身体拘束ゼロへの手引き」[65]（➡ p. 309 参照）には「清潔にする」ことは基本的ケアであり，「風呂に入ることが基本である。……中略……皮膚をきれいにしておけば，本人も快適になり，また，周囲も世話をしやすくなり，人間関係も良好になる」と書かれています。

❸ 入浴・清潔保持に関連したからだのしくみ

皮膚のしくみ

　私たちのからだは皮膚という薄い臓器で表面がおおわれています。成人の皮膚は約1.6m² の面積があり，重さは約3kg あります。皮膚の表面は弱酸性に保たれ，細菌や真菌が繁殖しにくい環境をつくっています。

　皮膚は大きく分けて表皮と真皮，皮下組織から成り立っています（図2-6-1）。皮膚には表2-6-3 の機能があり，人間のからだを外界から守っています。

■図 2-6-1　皮膚のしくみ

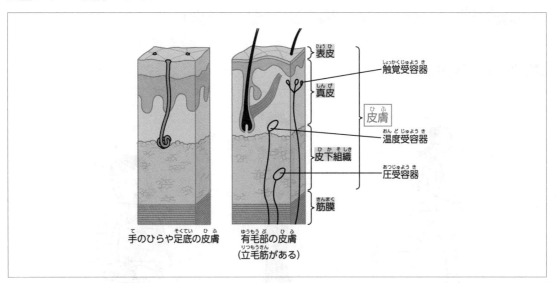

手のひらや足底の皮膚　　有毛部の皮膚（立毛筋がある）

表皮
触覚受容器
真皮
皮膚
温度受容器
皮下組織
圧受容器
筋膜

■表 2-6-3　皮膚の機能

① 真皮の弾力によるクッションのやわらかさと表皮による衝撃を吸収する強さにより，外部からの衝撃を吸収し，体内の臓器を保護する（保護）
② 正常な皮膚にある常在菌が病的細菌の増殖を防止し，外部からの化学的・生物学的な刺激を防ぐ（防御）
③ 皮脂腺からの皮脂や汗腺からの汗により保湿する（保湿）
④ 角質，水分，皮脂により，バリア機能をもつ皮脂膜を形成し，体内の水分や血漿，栄養分の体外への漏出を防ぐ（漏出防止）
⑤ 痛覚，触覚，圧覚，温覚，冷覚を受容する感覚点が分布する（感覚器）
⑥ 脂肪組織による保湿，発汗による熱放散により，体温を調節する（体温調節）
⑦ 紫外線を吸収し，ビタミンDを産生する（産生）

発汗のしくみ

　発汗は，視床下部にある体温調節中枢が，自律神経を介して汗腺に指令を出すことで起こります。汗が皮膚を濡らし，皮膚面で蒸発するときに体熱を放散し，体温を調節します。

　汗腺には，**アポクリン腺**66（➡ p. 309 参照）と**エクリン腺**67（➡ p. 309 参照）の２つがあります。エクリン腺から出る汗の成分が水と電解質なのに対して，アポクリン腺は有機成分を含んでいるのでにおいがあり，体臭の原因の１つとなっています。

　汗腺がいちばん多く分布しているのは手のひらで，次に足底，額と続きます。

　汗には，次の３種類があります（**図 2-6-2**）。

① 　温熱性発汗（運動をしたり，気温が上昇したりするとかく）

② 　精神性発汗（緊張したときなどにかく）

③ 　味覚性発汗（からいものや刺激の強いものを食べるとかく）

■**図 2-6-2　汗の種類**

①温熱性発汗　　②精神性発汗　　③味覚性発汗

皮膚のよごれのしくみ

　私たちのからだは，常に日光やほこり，温度や湿度，乾燥，酸やアルカリなど，さまざまな外からの刺激にさらされています。また，日本は高温多湿の気候風土であり，汗をかきやすく，皮膚がよごれやすい傾向にあります。

　皮膚のいちばん外側にある表皮は非常に激しく新陳代謝がくり返され，古くなった角質層は約45日で垢となり，はがれ落ち，絶え間なく新しい角質層がつくられます。

　皮膚のよごれには，❶外部からつくよごれ，❷皮膚から出るよごれ，❸頭皮から出るよごれ，❹体内から排出されたものが付着することによるよごれがあります（表2-6-4）。

■表2-6-4　皮膚のよごれ

❶ **外部からつくよごれ**
・ほこり，ごみ，油性の化粧品，細菌などでよごれる。
・油分を含まないよごれは水洗いで十分であるが，油分を含む場合は洗浄剤でよごれを落とす。この場合，石けんは皮膚の成分に近い弱酸性のものを使用する。
・感染予防の観点から，手指の清潔についてはとくに気をつける。
・必要時には手指を消毒する。

❷ **皮膚から出るよごれ**
・汗，皮脂，垢などでよごれる。
・皮膚からのよごれは，おもに水洗いで落とす。
・石けんを使用する場合は，洗いすぎにより皮脂を落としすぎないように気をつける。
・垢は自然にはがれ落ちるものなので，ゴシゴシこすらないようにする。
・入浴後はからだの水分を十分にふきとり，必要に応じて保湿クリームなどを使用して乾燥を防ぐ。

❸ **頭皮から出るよごれ**
・頭皮や頭髪は，皮脂や汗，角質，ほこりなどでよごれる。
・よごれを落とすには，定期的な洗髪が必要である。
・過剰な洗髪や強い力での不適切な洗い方は，頭皮を保護している脂質や角質を取りすぎ，乾燥化，脆弱化を招く。
・洗髪は1～3日に1回程度が適切とされている。

❹ **体内から排出されたものが付着することによるよごれ**
・体内から排出される尿と便は，排出と同時にからだから離すことが必須である。
・排泄物は皮膚を刺激して炎症を起こす原因となるので，付着したよごれはできるだけすみやかに取り除き，清潔を保つ。

2 入浴・清潔保持に関連する用具の活用方法 :::::::::

❶「気持ちのよい入浴」を支援するために

利用者の状況に見合った介助方法の選択

　入浴や清拭には，清潔の保持のほか，心身にさまざまな効果をもたらします。入浴場面ではおだやかな表情の利用者をみる機会が多いでしょう。利用者一人ひとりの状況に応じた，きめ細やかな介護が提供できるようにしたいものです。

　入浴時には，利用者の状況にそった介助方法の選択が大切です。入浴当日の健康状態（**バイタルサイン**68（➡ p.309 参照）），入浴習慣，**ストーマ**69（➡ p.309 参照）や**胃ろう**70（➡ p.309 参照）の留置カテーテルの挿入状態，感染症や種々の病気，意欲，要望，気温などを細かく把握したうえで，入浴方法を適切に選択します。

入浴の介助を行うにあたって

　入浴の介助を行う際は，介護職は自分の防御（濡れない，すべらない，感染しない）を十分行い，身を守ってから利用者の介助を行うようにします。そして，利用者が安全で楽しく入れる工夫や環境づくりが大切です。利用者によっては，遠慮や羞恥心から入浴，清拭を拒否する人もいます。時間をずらして，再度，声をかけるなど，受け入れられるようにはたらきかけ，入浴や清拭の必要性を理解してもらいます。

　浴室の設備が身体機能とあわない場合は補助具などを活用し，利用者には安全で安楽な入浴になるように介助します。また，自尊心を傷つけないようにします。

　ヒートショック71（➡ p.310 参照）を予防するため，脱衣室，浴室，浴槽湯温の温度差をつくらないように十分に配慮します。入浴は体力を消耗するため，浴槽につかる時間は 5 分程度とします。医療職とも連携し，循環器系・呼吸器系の病状に注意することも大切です。

　また，入浴の介助は，介護職にとっても体力を消耗し，腰痛になりやすく，労力が大きいものです。介助の方法や動作，姿勢などを考えて，無理のないように行います。

介護事故の防止

　私たちの体温は，外気温に関係なく約 37℃と一定に保たれています。間脳の視床下部にある体温調節中枢は，皮膚で感知された「温かい」「冷たい」などの情報を，血液の温度変化から得るようになっています。

　体温調節中枢は，皮膚から伝わる外気温について，身体が寒いと感じたときは熱を産出する

量を上げ，暑くなると体内にたまった熱を発散して調整をしています。

ただし，高齢になると皮膚感覚が若いころのようにはいかず，寒くても熱を産出する量が増えず，暑くても体内にたまった熱の発散がとぼしくなります。そのため，体温調節機能が低下した高齢者は外気の影響を受けやすくなります。とくに浴室は裸になる場所でもあるので，温度や湿度の注意が必要です。

また，浴室は，転倒・溺水（➡第2巻 p. 101 参照）などの事故が多い場所です。介助中の油断により高齢者の姿勢がくずれて，打撲や捻挫，骨折等を引き起こすこともあります。入浴介助を行う際には，表 2-6-5 を参考にして脱衣から着衣がすむまで安全に配慮し，注意しながら支援しましょう。

■表 2-6-5　入浴中の事故防止の留意点

❶　湯温が42℃以上になると，血圧，呼吸，脈拍（心拍数）に影響する。とくに高血圧症や心疾患などの病気がある人は適温（38～41℃程度）よりも低めに設定する。
❷　高温の湯によるやけど，姿勢調整力の低下（身体バランス力低下），石けん，床のぬめりなどによる転倒に注意する。
❸　温度差，脱水，熱中症などによる意識障害・起立性貧血（立ちくらみ）に注意する。
❹　発汗，利尿作用による皮膚の乾燥，血液の濃度の変化，体調に注意する。
❺　入浴手順などを認知機能にあわせる。

異常時の対応

入浴中に異常があった場合，介護職はすみやかに医療職と連携をとることが大切です。

■表 2-6-6　入浴中の異常時の対応

❶　湯につかっているときなどに体調が悪くなった場合は，いったん入浴を中止し，浴室外に出るか，ベンチや平らなところで安静を保ち，様子をみる。
❷　浴槽内で溺れた人を発見したときは，すぐに浴槽の栓を抜き，同時に利用者の顔を持ち上げて気道を確保する。利用者を前かがみの姿勢で腰を支えて引き寄せ，浴槽から引き上げる。
❸　入浴により温まると手足の血管が拡張し，血圧が低下するため，一過性の脳貧血（めまい）を起こすことがある。その場合は浴槽から出て仰臥位で安静にする。
❹　のぼせたときは冷たいタオルで顔をふき，少し楽になったら水分補給をして様子をみる。

❷ 入浴の介助

一部介助を要する利用者への介助方法

——事前準備（右片麻痺がある場合）

❶ 利用者に同意を得たうえで，体調を確認し，入浴の可否を判断します。

❷ 事前に室温（24±2℃），湯温（40℃前後），必要物品の有無の確認をしておきます。

❸ 着替える衣服を確認し，用意しておきます。

❹ 排泄をすませたあと，脱衣室へ移動します。

❺ 患側（右側）に注意し，移動時の段差や転倒の危険に注意を払います。

❻ 脱衣室でいすに座って服を脱いでもらいます。立って脱衣する場合は，手すりやいすの背もたれを利用します。

❼ 脱いだ衣服は手早くたたみ，入浴後に着る衣服は洗濯物と分けておきます。

❽ 脱衣室から浴室までの歩行距離は，自立レベルにより対応方法が異なります（必要に応じて手引き歩行などを行います）。

❾ バランスのくずれや転倒に注意し，利用者を見守ります。

❿ 使いやすい位置に物品を準備し，配置します。

——入浴介助（右片麻痺がある場合）

❶ 利用者に介助内容を説明し，同意を得ます。

❷ 入浴介助の際は，タオル等を使うなどプライバシー・羞恥心に配慮します。

❸ 浴室内では，利用者の患側（右側）から腕と腰を支え，ともに歩いて移動します。

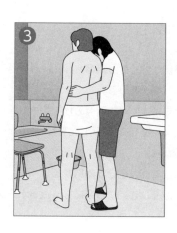

❹　浴槽やシャワーの湯をかけて**シャワーチェア**72（➡ p. 310 参照）を温めます。介護職の膝を患側の膝にあてて膝折れを防止し，腰を支え，座ってもらいます。両足のかかとが床に接地しているかなど，座位の安定を確認します。

❺　湯の温度は，まず介護職が自分の手でたしかめたあと，洗面器等に湯を張り，利用者の左手を数十秒温めます。その次に，心臓から遠い足元，手，体幹へと全身に湯をかけて体を温めていきます。

❻　利用者に石けんをつけたタオルを渡します。利用者の習慣を尊重しつつ，基本としては上半身から下半身の順に洗ってもらいます。

❼　できるところは見守り，洗い残しがあれば介助します。殿部が洗いにくそうであれば，利用者に手すりや浴槽の縁，あるいは介護職の腕をつかんでもらい，前傾姿勢をとって腰を浮かし，洗って流します。

❽　洗髪の支援が必要な場合は，介護職は指の腹で頭皮をもむように洗います（利用者の好みや習慣に応じて，先に洗髪することもあります）。

❾　利用者が洗い終えたら，転倒を防ぐため，床の泡をよく洗い流します。

❿　利用者に浴槽の縁や**バスボード**73（➡ p. 310 参照）に座ってもらい，湯温を確認してもらいます。健側の足を先に浴槽に入れてから，患側の膝関節を支えて入ってもらいます。

⓫　利用者に前かがみの姿勢で，健側の膝を曲げながら，湯につかってもらいます。

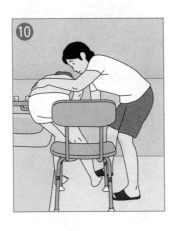

⑫　後ろに倒れないように誘導し，利用者の姿勢を安定させます。

⑬　浴槽の縁や手すりをつかんでもらい浴槽から出ます。利用者は健側の上下肢を活用しながら，前かがみの姿勢で健側の膝を伸ばし立ち上がります。介護職は腰を支えます。

⑭　浴槽の縁やバスボードにいったん座ってもらいます。介護職は，利用者の腰まわりにタオルをかけて配慮します。

⑮　必要に応じて利用者の背部を支え，患側から先に膝関節を支えて浴槽から足を出します。

⑯　浴槽の縁からシャワーチェアへ移動します。座位の安定を確認します。

⑰　上がり湯をかけ，タオルで軽く水分をふきとります。利用者の患側から腕と腰を支えながら脱衣室に戻り，血圧の変化や**気化熱**74（➡ p. 310 参照）による体温の低下に注意して，バスタオルで身体をふきます。

⑱　利用者に確認し，必要な部分を介助しながら，新しい衣服を着用します（脱健着患に注意）。

⑲　脱衣室または居室で，水分補給をすすめ，利用者の体調変化を観察します。

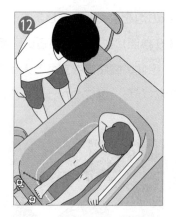
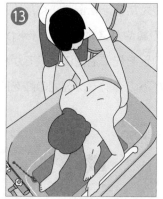
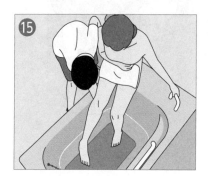

❸ 浴室の空間構成

入浴には身体を清潔にするだけでなく，心身の緊張を緩和させるはたらきや，コミュニケーション，人間関係の円滑化といった社会参加をうながす効果もあります。しかし，一方で浴室は転倒による骨折などの事故が起こりやすい空間でもあります。

安全に入浴するためにも，以下のポイントに注意をしながら浴室の環境を整備しましょう（図2-6-3）。

① 洗い場や脱衣室は，介護者も入ることができるスペースが適当な広さといわれています。広すぎても転倒などの事故につながります。介助スペースを要する広さとしては，間口1650mm×奥行1650mm程度あると，介護職や家族介護者が介助しやすくなります。また，利用者が腰かけられるような台やいすを置いておくと便利です。

② 洗い場，脱衣室に暖房や換気設備を設置します。入浴後は転倒事故などを防止するため，清掃や換気を十分に行います。

③ 浴室の戸は引き戸が望ましいでしょう。また，浴室の開口幅を1600mm程度確保できれば3枚引き戸などが利用でき，介護者や車いすの通行が容易になります。

④ 1段下がった洗い場にすのこ板を用いて床面の高さを同一にして出入りをしやすくしたり，あるいは浴室の床面に**グレーチング**75（➡ p. 310 参照）を設置し洗面・脱衣室側にあわせることにより段差は解消されます。

■図2-6-3　浴室における環境整備

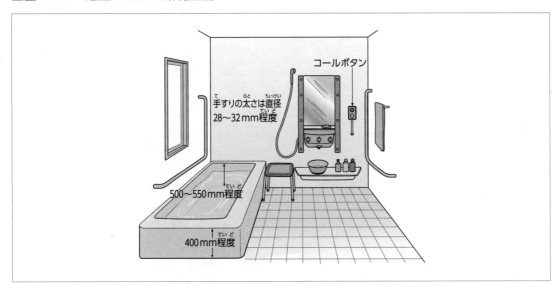

⑤　脱衣室や洗い場，浴槽の側面には手すりを設置し，洗い場や浴槽の中にすべり止めマット
を使用します。入浴動作は障害の程度や ADL によって差異があり，個別性が高いので，手
すりの位置も個別に評価をして設置する必要があります。また，入浴動作を助けてくれる補
助用具を利用しましょう。

⑥　手すりの太さは，しっかりとにぎったときに親指とほかの指先が軽く重なる直径 28 ～
32mm 程度とします。床面はすべりにくい材質を使用します。

⑦　浴槽の高さは 400mm 程度（利用者の膝くらいの高さ）とし，障害にあわせた工夫をしま
す。

⑧　浴槽の長さは外形寸法で 1100～1300mm 程度，横幅 700～800mm 程度，深さは 500～
550mm 程度がよいとされています。

⑨　浴槽の縁は厚すぎるとまたぐときの動作が不安定になりますが，出入りする縁以外の縁に
腰かけスペースを設けることもあります。

⑩　浴槽は背もたれが直角に近く，スペースがあると介護者は介助しやすくなります。

❹ 入浴設備と関連用具

入浴設備の選択の視点と活用法

　身体の機能が低下した人でも，入浴のための関連商品が充実した今日，浴室の改修や補助具の活用により，安全で安楽な入浴を楽しむことができるようになってきています（表2-6-7）。運動麻痺や体力の低下，意欲の低下のために入浴をあきらめたりせず，利用者の希望にそった入浴が選択できるようにします。介護職は適切な補助具などの活用にも目を向け，介護の質の向上に努めることが大切です。

■表2-6-7　利用者の状況により適切な用具を選ぶ視点の例

❶ **麻痺がある人**
　危険な箇所に手すり，いす，マットを設けて，段差は最小限にする。

❷ **立位が困難な人**
　キャスターつき入浴用いす（シャワーチェア），バスボード，すべり止めマットなどを用意する。

❸ **車いすを使用するとき**
　浴室の戸の幅に注意する。

❹ **上肢に麻痺がある人**
　蛇口を，指を使わずに水を出したり止めたりできる自動水栓にする。

浴槽のタイプ

　浴槽のタイプとして代表的なものは，次の3つです（図2-6-4）。

① 和式

　足を曲げて入る，せまくてまたぎにくい深めの浴槽です。湯に深くつかる姿勢になり，呼吸や心臓のはたらきが活発になるため，心臓病や高血圧の人，高齢者は注意が必要です。一方で，背中に当たる部分の形状が直角に近いほど立ち上がりやすいという利点もあります。

② 洋式

　縦に長く浅めの浴槽で，身体を伸ばして入ることができます。縁が低いので入浴しやすく，身体に圧迫のない浴槽です。その反面，足先が届かず姿勢が不安定となり，身体が浮くためすべりやすく，立ち上がりにくい面があります。

③ 和洋折衷式

　洋式よりは身体を起こした状態で入ります。自然な体勢で入浴できる，和式と洋式の長所をあわせた中間タイプの浴槽です。

■図 2-6-4　浴槽のタイプ

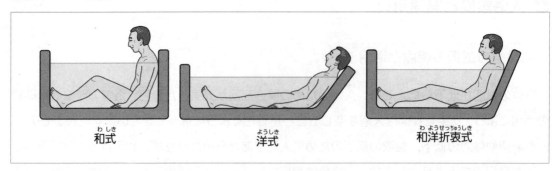

和式　　　　　　　　　　洋式　　　　　　　　　和洋折衷式

浴槽の設置方法

浴槽の設置方法として代表的なものは，次の 3 つです（図 2-6-5）。

① **すえ置き型**

浴槽の深さと床からの高さが同じで，浴室の床に浴槽をすえたタイプです。

② **半うめこみ型**

浴室の床から浴槽の 3 分の 1 程度をうめこんだもので，戸建て用のユニット（システム）バスに多い設置方法です。

③ **うめこみ型**

浴室の床と浴槽の縁の段差がない，完全にうめこまれたタイプです。

■図 2-6-5　浴槽の設置方法

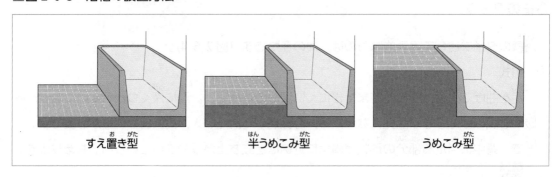

すえ置き型　　　　　　　半うめこみ型　　　　　　うめこみ型

入浴関連用具

　入浴時の関連用具，使用物品としては**表 2-6-8・図 2-6-6** のようなものがあります。介護職は利用者の状態にあわせて適切な入浴介助が行えるように，用具の種類や効果などの知識も学んでいくことが大切です。

■**表 2-6-8　入浴関連用具・使用物品**

- すべり止めマット
- 仕切りボード
- 浴槽用手すり
- 入浴用いす（シャワーチェア）
- バスボード・浴槽台（入浴台・移乗台・踏み台・浴室内すのこなど）
- 浴槽内昇降機（バスリフト）
- 入浴用車いす（シャワーキャリー：トイレ対応として使えるトイレタイプのバスチェアを含む）
- 簡易浴槽
- 簡易シャワー
- 風呂桶
- 風呂ぶた
- 保温マット

など

■**図 2-6-6　入浴関連用具**

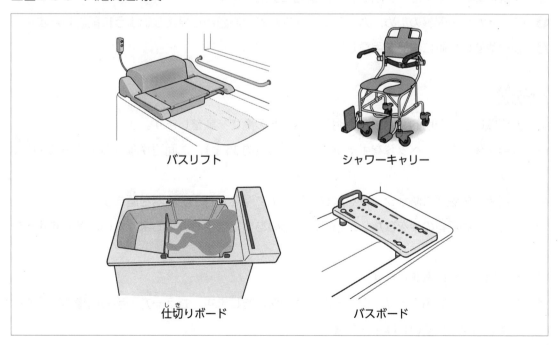

バスリフト　　　　　シャワーキャリー

仕切りボード　　　　バスボード

❺ 手浴・足浴の介助

手浴・足浴の効果

手足をふくだけよりもさっぱりとして利用者の満足度が高いため，手足がよごれた場合や体調が悪くて入浴できない場合などに手浴・足浴の介助を行います。

とくに足浴は，足を温めることで身体が温まり，リラックスした状態になり，眠気も誘います。血液循環の悪い人にとっては，皮膚のよごれを取る効果だけでなく，足裏が刺激されて循環を促進する効果があります。

寝たきりで長期間臥床している場合は，見えない箇所のよごれに気づかないこともあります。指のあいだや足底を念入りに洗うなどして，爽快感をもたらす支援が大切です。

皮膚のかさつき，色つや，湿疹の有無や爪などの状態をしっかり把握して，手順にそって行います。

手浴の介助

事前準備

❶ 介護職は手浴を始めることを説明し，同意を得ます。
❷ 物品・湯を準備し，環境を整えます（湯量は器の2分の1ほどに少なめにします）。
❸ 排泄の有無と全身状態を把握します。
❹ 体調にあわせて手浴の手順を決め，室温を調整します。
❺ プライバシー保護のため，カーテンや衝立などで周囲から見えないように配慮します。
❻ 使いやすい位置に物品を用意します。

介助方法

❶ 介護職は手浴の目的や手順を説明し，ベッドの高さを調整します。
❷ 安楽な体位にし，ベッドをギャッチアップし（約15度），洗面器が置けるスペースを確保します。
❸ 利用者の側腹部に防水シーツを敷き，その上に湯を入れた洗面器を置きます。
❹ 洗面器に利用者の手をひたし，石けんで指のあいだを手もみしてよく洗い，湯ですすぎます。
❺ 新しい湯でかけ湯をします。
❻ タオルで水気をふきとり，クリームなどで保湿をします。もう一方の手も同様の手順で行います。爪が伸びていれば手入れをします。

❼ 体調を確認し，様子をみます。ベッドの高さを戻し，使用物品を片づけます。

❽ 終わったら，必要に応じて水分を摂取してもらいます。

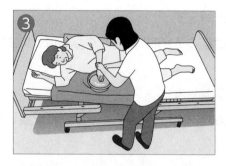

介助の留意点

・座位姿勢がとれる人は，オーバーテーブルを使って自分で洗ったり，車いすで洗面所まで行ったりしてみてもよいでしょう。

・洗面器を共用する場合は，感染症に留意し消毒を徹底します。

足浴の介助

事前準備

❶ 介護職は足浴を始めることを説明し，同意を得ます。

❷ 物品・湯を準備し，環境を整えます（湯量は器の2分の1ほどに少なめにします）。

❸ 排泄の有無と全身状態を把握します。

❹ 体調にあわせて足浴の手順を決め，室温を調整します。

❺ プライバシー保護のため，カーテンや衝立などで周囲から見えないように配慮します。

❻ 使いやすい位置に物品を用意します。

介助方法

❶ 介護職は足浴の目的と手順を説明し，ベッドの高さを調整します。

❷ 介護職は利用者の膝を曲げて膝裏にクッションなどを当て，足元に防水シーツを敷き，その上にバスタオルを敷きます。

❸ 介護職はベッドをギャッチアップします（約15度）。保温効果を高めるためにビニール袋に入れた，湯を張った洗面器を用意します。麻痺がある場合は，とくに患側の足と湯の温度に配慮しながら，利用者の足を支えて，かかとから入れます。足をしばらくつけて保温します。

❹ 介護職は利用者のかかとを支え，石けんをつけて足を洗います。指のあいだや足底は，よく洗います。

❺ よごれた水からかかとを上げて，かけ湯をし，洗面器から足を出します。もう一方の足も同様の手順で行います。

❻ 足をすすいだら洗面器をはずし，バスタオルの上に置きます。水分をふき，爪や皮膚の手入れをします。指のあいだは広げて水気を取ります。

❼ クリームなどで保湿をします。

❽ 必要に応じて，水分を摂取します。

❾ 体調を確認し，様子をみます。ベッドの高さを戻し，使用物品を片づけます。

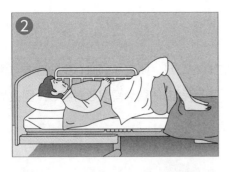
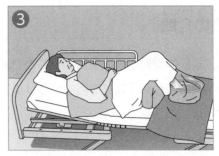
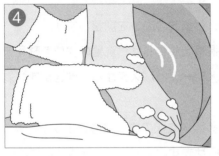

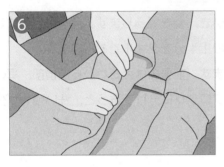
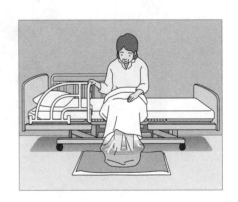

介助の留意点

・足がよごれたときや冷たくて夜眠れないとき，入浴ができないときなどは足浴が効果的です。血行が促進され身体が温まり，安眠につながります。

・座位姿勢がとれる人の場合は，端座位で足浴を行うとよいでしょう。端座位での足浴では，利用者の上半身がふらつかないように，介助バーにつかまってもらい，短時間で行うなどの配慮をします。

・洗面器を共用する場合は，感染症に留意し消毒を徹底します。

❻ 洗髪の介助

　洗髪は，頭部の皮膚と髪の毛を洗うことでよごれを取り，頭皮を刺激し爽快感を与え，血行の促進や毛髪の成長をうながす目的があります。利用者の体調や習慣を考慮し，回数や方法を選択します。

介助方法

❶　介護職は介助内容を説明し，同意を得ます。ベッドの高さを調整します。

❷　膝の下にクッションを差し入れて腹筋の緊張感をやわらげ，洗髪の体位を整えます。

❸　枕をはずし，頭から肩（背中）にかけて防水シーツとバスタオルを敷きます。肩にタオルをかけて，衣服を保護します。

❹　水の流れを考慮して，**洗髪器**76（➡ p. 310 参照）を頭の真下に置きます。

❺　くしで髪をすき，よごれやふけを浮き上がらせます。

❻　湯温を確認してから頭部全体に湯をかけていき，髪を濡らします。目や耳，顔にしぶきが飛び散らないように注意し，必要であれば顔の上半分をタオルでおおいます。

❼　シャンプーを泡立て，指の腹で頭皮を洗います（前髪のはえぎわから頭頂部，耳の後ろから頭頂部，えり足から後頭部というように，ブロックに分けて洗うと，洗い残しが少なくなります）。

❽　蒸しタオルで泡をしごいて捨てます。

⑨ 十分にすすぎ，好みでリンスをします。

⑩ 肩にかけたタオルで頭を巻き，片手で頭を支えて洗髪器をはずします。次に，ベッド上に敷いてあるバスタオルで頭髪の水分をふきとります。

⑪ 髪をドライヤーで乾かし，体位や寝具を整えます。ベッドの高さを戻します。

⑫ 使用物品を片づけます。必要に応じて水分を補給します。

その他の洗髪の介助方法

通常の洗髪が困難な場合は，頭部の下に防水ケープとタオルを敷き，オイルシャンプーやローション（ヘアトニック），ドライシャンプーなど，利用者にあわせて選択をしてから実施します。

オイルシャンプーは，長期に洗髪ができず，頭皮に湿疹やふけなどが多くあり，髪の毛がかたまっている場合などに皮脂をふきとることができます。

ドライシャンプーは種類も豊富です。利用者の身体状況や皮膚アレルギー，好みなどを考慮して使用します。

■表 2-6-9　通常の洗髪以外で頭部を清潔にする方法

・湯で湿らせたタオルでふく。
・ヘアトニック，ヘアローションクリームを使用する。
・オイルシャンプーを使用する。
・ドライシャンプーを使用する。

❼ 清拭

清拭とは

　病気などで入浴ができない場合，体調が悪く体力が低下し，入浴やシャワー浴ができなくなった場合，風呂場の設備に不備がある場合などは，タオルで身体をふく清拭で，利用者の清潔を保ちます。

　清拭には全身清拭と部分清拭があります。全身清拭は身体全体の清潔が保持されて利用者の満足度も高いものですが，時間を要し，体力の消耗が大きいです。そこまで体力がない利用者に対しては部分清拭を行います。

　清拭は入浴の代わりとして行われることが多いので，利用者にとって快適であったかどうかの確認をすることが大切です。汗をかいている場合などは，石けんを用いたほうが，利用者はより爽快感を得られるでしょう。

上半身の清拭

① **上肢**
・指先，指のあいだ，屈曲箇所を伸ばしてしわを開き，ていねいにふきます。
・手の関節，肘の関節は片方の手で支え，手首から肩に向けてふきます。

② **胸部**（図 2-6-7）
・広い範囲をふくので，タオルが冷めないよう肌から離さずにふきます。
・よごれのたまりやすい皮膚の密着している部分（わき，乳房の下側など）は，ていねいに

　ふきます。
・丸みのある箇所（乳房・乳頭・臍・腹部など）はしわを伸ばして，丸くふきます。

③ **腹部**（図 2-6-7）
・腸の走行にそうようにふきます。「の」の字にふくとよいです。

④ **背部**（図 2-6-8）
・健側を下にした側臥位になり，熱めの蒸しタオルで背中を温めてからふきます。
・首から肩，脊柱から腰は上下に，わき・肩甲骨から側腹部は，らせん状にふきます。

■図 2-6-7　胸部・腹部の清拭

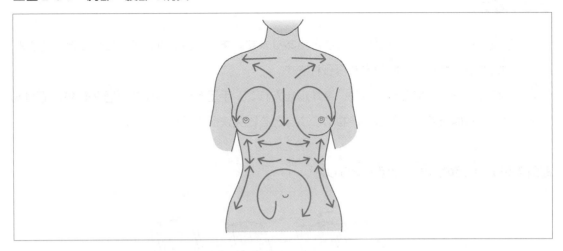

■図 2-6-8　背部・殿部の清拭

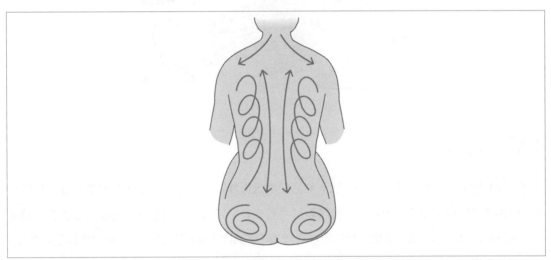

下半身の清拭

① **殿部・陰部**

・殿部は，円を描くように丸くふきます。

・陰部は女性の場合には前から後ろへ，男性の場合は亀頭に配慮し，睾丸は裏のしわを伸ばしながらふきます。

② **下肢**

・膝が立てられる場合は，足首から大腿部にそってふきます。

・膝が立てられない場合は，クッションなどで足首を支えて，足の裏，膝の後ろなど隙間をつくり，蒸しタオルでおおってからふきます。

手足の清拭

・部分清拭を行うだけでさっぱりすることがあります。また，眠れない場合にさっとふくことで，血行をうながし，入眠効果も得られます。
・大きめのビニール袋に湿った温かいタオルを入れて，手足を蒸らします（図2-6-9）。石けんをつけて，しばらくしてからていねいにふきとると爽快感が得られます。

■図2-6-9　手足の清拭（手足の蒸らし方）

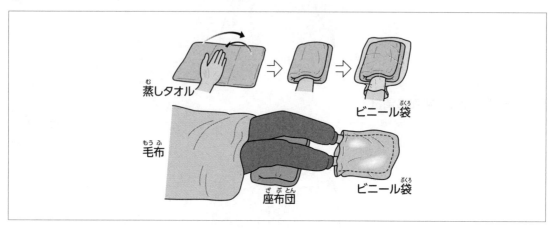

蒸しタオル

ビニール袋

毛布

座布団

ビニール袋

目の清潔保持

　目は涙や目やにが出やすく，視力低下や目の病気にかかったり，目が疲れやすくなったりすると日常生活に影響がでてきます。介護職は手をきれいに洗ってから介助をはじめます。高齢者の水分不足は，体内の脱水状態だけでなく皮膚の乾燥やしわ，ドライアイを引き起こします。外気温や湿度，水分補給量，保湿状態を把握し，目の乾燥の程度なども観察して介助します。

■表2-6-10　目の清潔保持を介助するポイント

・湯で湿らせたガーゼや綿，タオルなどで目を押さえて，目やにをやわらかくしてからふきとる。
・目頭から目尻に向けてふき，同じ面は二度使わないようにする。
・目のごみは，こすると結膜に付着して取りにくいため，まばたきをして涙で洗い流す。
・目のごみが取れない場合は，清潔な指で下まぶたを引っ張って反り返して，湯で湿らせた綿でふきとる（市販の洗眼水で洗い流すのもよい）。
・通常の方法で目のごみが取れない場合は，眼科の受診をすすめる。

鼻の清潔保持

鼻の粘膜は外から入るちり，ほこり，異物などを防ぎ，鼻汁として外に出すはたらきをしています。とおりをよくし，よごれた手で鼻孔を触らず，常に清潔にしておきましょう。

鼻を強くかみすぎると，細菌やウイルスが内側に入りこんで中耳炎などを引き起こす可能性もあるので，注意が必要です。

■表2-6-11　鼻の清潔保持を介助するポイント

- 湯で湿らせたタオルで鼻のまわりをふく。
- 鼻汁がかたまった鼻づまりは，鼻を片側ずつかんでもらう。
- 鼻がかめない場合は，綿棒やベビーオイルなどを使って鼻のとおりをよくする。
- 鼻毛は抜かずに切る。

耳の清潔保持

他人にしてもらう耳そうじは，信頼関係がないと不安が増します。

耳垢がたまると炎症を起こしたり，聞こえが悪くなったりするので，介護職は日ごろからよく観察し，耳垢がかたい場合や厚くなっているときは耳鼻科の受診をすすめます。

■表2-6-12　耳の清潔保持を介助するポイント

- 湯をしぼった温かいタオルで耳全体をふく。
- 耳垢は内側から自然に排出される作用があるため，介護職は外耳の耳介と外耳道のみの手入れをする。
- 耳垢が外耳道にかたまって取りづらいときには，ベビーオイルを少量綿棒につけ，耳の中を湿らせてから除去する。
- 耳垢が大きな塊のようになって外耳道に栓のようにつまってしまう耳垢塞栓のときには耳鼻科を受診する。

介助の留意点

- 清拭や清潔保持に使用するタオルは，どの場合も介護職が自分の素手で温度を確認してから使用します。

3 楽しい入浴を阻害する要因の理解と支援方法 ::::::::

❶ 精神機能の低下が入浴・清潔保持に及ぼす影響

　加齢によって認知機能が低下すると，脳内で情報を処理する速度が遅くなります。そのため，行動するのに時間がかかるようになります。また，注意力や集中力を保つのがむずかしくなるため，同時に多くのことに注意を払いにくくなり，瞬時の反応や判断が遅く，むずかしくなります。

　入浴しているときは，浴室の床面が濡れていること，石けんで床がすべりやすいこと，裸であること，お湯を使うことなどから，まわりの状況に注意を払い，瞬時に反応し判断を行うことが必要とされます。

　認知機能の低下は安全をおびやかすことにもつながるので，利用者一人ひとりの心身の状態をよく知り，細心の注意を払うことが大切です。

　なお，高齢者の認知機能は個人差が非常に大きいことにも留意します。

❷ 身体機能の低下が入浴・清潔保持に及ぼす影響

加齢にともなう皮膚の機能の変化

　介護職は，高齢者に多い皮膚の変化と特徴を知り，入浴・清潔保持の介助方法に留意します。

■表 2-6-13　高齢者に多い皮膚の変化と特徴

❶ 皮膚が薄くなり，血管が透けて見えるようになる。
❷ 拡張した毛細血管が皮膚の表層に浮き出てくる。
❸ 皮膚が乾燥しやすくなるため，かゆみを感じやすくなる。
❹ 真皮の弾力性線維が減少するため，皮膚の弾力性が低下する。
❺ 皮膚はたるみ，皮膚が重なる部分が増える。
❻ 皮膚の感覚機能が低下し，外からの刺激に対する反応がにぶくなる。

かゆみ

　かゆみを起こす刺激には物理的刺激，化学的刺激，心理的刺激などがあげられます。かゆみには，皮膚そのものの原因によりかゆみがある場合（表2-6-14）と，皮膚以外の要因で皮膚症状がある場合（表2-6-15）があります。
　かゆみが気になったり緊張したりすると，さらにかゆみが増し，不快感が増します。かくことで皮膚を傷つけるだけでなく，精神的にも身体的にも大きな苦痛となります。
　かゆみの原因を調べ，原因となるものを取り除きます。また，必要な予防をし，清潔で健康な皮膚を保持します。

かぶれ

　かぶれとは接触性皮膚炎のことで，一時刺激性のものとアレルギー性のものがあります。おむつをつけている場合，おむつの中は高温多湿となり，細菌が繁殖しやすいため，長期間にわたって使用していると「おむつかぶれ」を起こしやすくなります。
　そこで，おむつは排泄のたびに交換し，よごれはすぐに取り除きます。よごれを取り除く場合，石けんは刺激の少ない弱酸性のものを使用し，洗浄効果を高め，皮膚への刺激を少なくするために十分に泡立てて洗います。石けんを使用しないで洗い流すだけのこともあります。

■表2-6-14　皮膚そのものの原因によりかゆみがある場合

皮脂欠乏性皮膚炎	発汗や皮脂の分泌の減少に加え，表皮の角質層の水分保持機能が低下することで起こる。高齢者の場合は，腹部や下肢を中心に好発する。
接触性皮膚炎	異物との接触で起こるかぶれで，おむつ，装飾品，植物，洗剤などによるものが多い。
脂漏性皮膚炎	ふけ，落屑が増えるふけ症。皮膚の常在菌が皮脂を分解し，遊離脂肪酸を増加させることで皮膚の新陳代謝を早め，結果としてふけ症が生じる。
白癬	かびの1種で糸状菌がおもに皮膚の角質層下に寄生する。部位により足白癬，爪白癬，頭部白癬，体部白癬，股部や殿部白癬などがある。感染力は弱いが不潔，湿潤，こすれ，糖尿病などで起こり，皮膚の乾燥，鱗屑（魚のうろこのようなカサカサ）を生じる。清潔と乾燥が有効である。
疥癬	ヒゼンダニ（疥癬虫）が，皮膚の角質層内に寄生して起こる皮膚感染症で，人から人への接触により感染する。毎日入浴して清潔に保つ。衣類，寝具も毎日取り替え，部屋を清潔にする。
その他	・低栄養や脱水などにより皮膚の乾燥が起こる。 ・温熱寒冷が刺激となる。体温が上昇するとかゆみが増す。 ・清潔保持が不十分でかゆみが起こる。

■表2-6-15　皮膚以外の要因で皮膚症状がある場合

腎疾患	透析患者のかゆみはきわめて強く，透析歴が長いほど強い傾向にある。 皮膚が非常に乾燥し，鱗屑が見られることが特徴。
肝疾患	黄疸のあるときには，ビリルビンや胆汁酸などの物質が血液中や組織内に増加して，皮膚の末梢神経を刺激するため，かゆみが生じる。
糖尿病	糖尿病のコントロールが悪いと軽い脱水症状におちいり，皮膚が乾燥する。糖尿病性の感染症を起こし，かゆみが生じる。
薬疹	薬物の副作用，体質（アレルギー），加齢にともなう肝臓や腎機能の変化，身体の状態により出現する。薬疹は薬剤投与開始後数時間から3日，遅いときには1週間以上経ってから出現するものもある。
循環障害	・浮腫：循環障害のため，酸素・栄養不足，免疫力の低下を起こす。皮膚は弾力性にとぼしく，乾燥する。薄くなった皮膚は外的刺激で損傷を起こしやすい。皮膚温も低下する。 ・褥瘡：長時間の局所圧迫，ずれによる循環障害のため，酸素・栄養不足を起こし，組織が壊死する。汚染，湿潤なども誘因となる。入浴の際は，軽度の褥瘡は開放のまま創部はこすらずに洗い流し，重度の場合は防水フィルムでおおって入浴する。 ・壊疽：局所の神経障害，血管障害，感染などにより，末梢の循環障害を起こし，組織が壊死する。変性・変色をきたす。神経障害により足の感覚が低下するので，熱湯によるやけどや打撲に注意する。皮膚が化膿している場合は濡れないように保護して入浴する。

視覚機能の低下と影響

視覚機能が低下すると，視力，視野などに影響があらわれ，今までと同じように情報を得ることがむずかしくなります。浴室は，床がすべる，使用物品が多い，熱いお湯が出るなど，転倒ややけどの危険が多くなるので注意が必要です。

また，よごれが見えにくくなるので，洗い残しがないように言葉をかけたり，必要に応じて介助します。

運動機能の低下と影響

入浴には，居室からの移動，着脱，脱衣室から浴室内への移動，洗身，洗髪，シャワーの使用，浴槽をまたぐ，タオルをしぼるなどの一連の動作を必要とします。

運動機能が低下した場合，それらの動作に影響があらわれます。介護職は，個別の心身の状況や環境などについても十分な観察を行うようにします。

また，福祉用具の使用を含め，自立に向けた安全で適切な介助の方法を検討します。

高血圧がある場合

冬に入浴する際，脱衣室と浴室とのあいだに急激な温度差があり，そのまま熱いお湯に入ると，血圧が上昇し，やがて温熱効果で血圧は下降します。このような温度変化は血管をいちじるしく伸縮させるとともに，血圧や脈拍を大きく変動させます。これにより，脳梗塞や脳出血を引き起こし，深刻な事故につながることがあります。

家庭における不慮の事故のなかでも浴槽内での溺死・溺水は非常に多く発生します。部屋間の温度差，湯の温度には十分な注意が必要です。

心疾患や呼吸器疾患がある場合

心臓や呼吸器に疾患がある場合，温度変化以外にも水圧による影響を受けます。全身浴77（➡ p. 310 参照）では心臓や肺に集まる血液量が増して負担がかかります。そのため，負担の少ない半身浴78（➡ p. 310 参照）やシャワーの使用が望ましいでしょう。

第7節

排泄に関連したこころとからだの
しくみと自立に向けた介護

学習のポイント

- ●排泄の必要性と，排泄に関連するこころとからだのしくみを理解する
- ●利用者本人の力を活用し，気持ちのよい排泄の介護を行うための技術を身につける
- ●心身機能の低下が排泄に及ぼす影響について理解する

1 排泄に関する基礎知識 ::

❶ なぜ排泄をするのか

排泄とは

排泄とは，からだの老廃物を外に出すことです。

吐く息のなかの二酸化炭素や，汗なども排泄物に含まれますが，一般的には排尿と排便のことをさします。

私たちが食べたり飲んだりしたものは，消化，吸収，代謝の過程を経て，必要な栄養素や水分を取り入れ，全身をめぐった末に，老廃物として出されます。老廃物は外に出してしまわなければ体内に毒としてたまるので，生きていくことができません。

私たちが毎日なにげなく行っている排泄という行為は，人間が生きていくうえで不可欠なものなのです。

ふつうの排泄行為

トイレに行って排泄するという行為は，尿意・便意を感じ，トイレの場所や使い方を理解するなどの認知機能と，トイレまで歩く，衣服を脱ぎ着するなどの運動機能，また，尿は泌尿器機能，便は消化器機能のもとに成り立っています。これらのどれ1つできなくなっても，「ふつうに排泄する」という行為は成立しません（表2-7-1）。

■表 2-7-1　排泄行為一覧表

行為	ふつうの状態	ふつうにできる条件
尿意を感じる	・膀胱容量の半分ほどで最初の尿意を感じる。 ・最初の尿意から30分～1時間程度はがまんできる。 ・波のようにいったん退くが，だんだん強くなる。 ・最大尿意では，下腹部の緊満感を感じる。 ・あまりがまんすると鳥肌が立ったり寒気を感じる。 ・睡眠中でも覚醒する。	・膀胱に尿をためられる。 ・尿がたまったことを膀胱から脊髄神経を経て大脳に伝えることができる。 ・大脳で尿意を判断できる。
便意を感じる	・直腸に便がたまると便意を感じる。 ・15分程度で感じなくなる。 ・便かガスかを区別できる。	・直腸に便をためられる。 ・便がたまったことを直腸から脊髄神経を経て大脳に伝えることができる。 ・大脳で便意を判断できる。
トイレ・尿器，便器を認識する	・トイレの場所がわかる。 ・尿器，便器の使用方法がわかる。	・トイレおよび表示を視覚または代替し得る知覚で確認できる。 ・トイレや尿器，便器を判断する認知機能がある。
起き上がってトイレに移動する	・寝返りがうてる。 ・起き上がれる。 ・座位が保てる。 ・立ち上がれる。 ・立位が保てる。 ・歩行できる，もしくは車いすなどの移動補助用具を使用できる。	・移動の必要性が理解できる。 ・筋力がある。 ・四肢の欠損や運動麻痺がない。 ・関節の拘縮（※）がない。 ・バランスが保てる。 ・移動時に痛みがない。 ・移動できる心肺能力がある。 ・移動用具の使用目的と使用方法を理解し，適合している。
衣服を着脱する	・ボタン，ファスナー，ベルトなどの着脱ができる。 ・ズボン，下着の上げ下げ，スカートをまくることができる。	・着脱方法を理解できる。 ・手先の細かい動きができる。 ・立位保持や腰をかがめる動きができる。
尿器，便器を使用する	・尿器，便器の位置を確認できる。 ・ふたを開けたりできる。 ・尿道や肛門の位置を確認できる。	・視覚または代替し得る知覚により確認できる。 ・尿器，便器の使用目的と使用方法を理解できる。 ・手先の動きや腰上げなどの動作ができる。
排尿する	・日中4～7回，夜間0回，200～500mlの尿を30秒以内に出せる。 ・痛みがなく残尿がない。 ・尿意がなくても出せる。 ・尿は無色から黄色で混濁なく，透明。	・蓄尿時は膀胱が弛緩，尿道は収縮する。 ・尿排出時は膀胱が収縮，尿道は弛緩する。 ・大脳から脊髄神経を経て膀胱・尿道までの神経伝達ができる。
排便する	・1日1～3回もしくは1～3日に1回出る。 ・150～250g，水分70～80％程度の，形があり茶色の便をまとめて出せる（ブリストル便形状スケール：p.249図2-7-3のタイプ3～5）。 ・痛みはなく，ある程度のいきみでスムーズに出せる。	・腸の蠕動運動によって便を直腸まで輸送できる。 ・蓄便時は内・外肛門括約筋をしめて直腸に便をため，便排出時はいきみによって直腸が収縮し，内・外肛門括約筋が弛緩する。
後始末をする	・トイレットペーパーを切る。 ・肛門・尿道口をふく。 ・水洗の場合は水を流す。 ・排泄物を捨てる。 ・手を洗う。	・後始末の必要性と方法が理解できる。 ・手先が動く。 ・視覚または代替し得る知覚により確認できる。

※拘縮とは，かたまって動かなくなることをいう。

❷ 排泄に関連したこころのしくみ

こころの問題が排泄に影響を与える

　緊張するとトイレが近くなったり，旅行に行くと便秘になったりすることは，だれでもよく経験します。これは，排尿や排便を調整している自律神経がこころの影響をとても受けやすいために起こっています。このため，ストレスなどのこころの問題が原因で排泄障害が起こることがあります（図2-7-1）。

　心身症は，精神的ストレスあるいは不安の結果，身体症状が出るもので，心因性頻尿や**過敏性腸症候群**[79]（➡ p. 310 参照）があてはまります。その他精神疾患の1つの症状として，排泄障害をともなう場合もあります。

排泄に問題が生じるとこころに影響を与える

　一方で，排泄に問題が生じると，こころにも影響します。それは，排泄が人の尊厳にかかわることだからです。

　排泄に対する一般的なイメージは，「はずかしい」「人に見られたくない」「汚い」「くさい」といったマイナスイメージがほとんどです。介護を必要とする場合では，排尿のたびに介護職に頼る申し訳なさや遠慮，他者に陰部をさらして介助されるはずかしさをともないます。

　その影響のされ方は，その人の性格や価値観，周囲との人間関係などによります。

■図 2-7-1　排泄とこころの関係

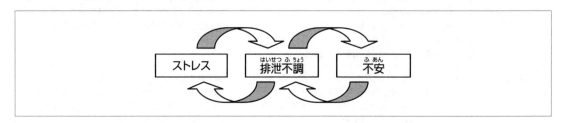

❸ 排泄に関連したからだのしくみ

尿の生成

　私たちが食べたり飲んだりしたものは，腸で吸収され，肝臓で代謝されて，栄養として動脈によって全身に運ばれます。全身をめぐった血液は腎臓でろ過されて，不要になった水分と老廃物を尿として排泄します。腎臓に運ばれる血液は1分間に約1 *l*と大量ですが，腎臓の糸球体でろ過され，1日150〜170 *l*が原尿になります。この原尿のほとんどが尿細管から再吸収され，1日1〜2 *l*が尿になります。

尿の性質と状態

　尿は，水分摂取量にもよりますが無色から黄色で混濁なく，透明です。
　出た直後は基本的には無臭ですが，ある程度は食べた物や薬などで色やにおいが変わります。空気に触れると細菌によって尿が分解され，アンモニア特有のにおいとなります。
　にごっている，血液が混ざって赤い色をしている，生ごみがくさったようなにおいがするなどは，正常な状態ではありません。

蓄尿と尿排出のしくみ

　腎臓でつくられた尿は，尿管という細い管を通って膀胱に運ばれます。膀胱は伸び縮みするやわらかい筋肉でできた袋で，尿はいったんここにためられます。膀胱の下は尿道と呼ばれる管につながっていて，ここから尿は体外に排出されます。
　尿道は，尿道括約筋と呼ばれる筋肉が栓のような役割を果たしていて，しまることでもらすことなく膀胱に尿をためたり，ゆるむことで出したりしています。膀胱の容量は人によって異なり，200〜500 mlです。その半分くらいたまったころから尿意を感じはじめ，いっぱいになるまで波のように寄せては退く尿意をがまんすることができます。そして30分〜1時間くらいたつとしだいに強い尿意になり，がまんの限界となります。
　トイレに移動し，便座に座るなどの排尿の体勢になってはじめて，脳から排尿してもよいという指示が出ます。それまで伸びていた膀胱は縮みはじめ（収縮），同時に尿道括約筋がゆるんで（弛緩），尿は尿道を通って出ていきます。尿をためることを蓄尿，尿を出すことを尿排出といいます。

便の生成

　口から入った食べ物は，歯でかみくだかれ，唾液と混ぜ合わされて，飲みこんだあとは，咽頭，食道を通って胃に運ばれます。

　胃は約 1300 ml の容量の袋状の臓器で，胃液と混ぜ合わされて粥状になった食べ物を小腸へと送ります。小腸は十二指腸，空腸，回腸からなる管状の臓器で，全長が約 6 〜 7 m あります。胃で消化された食べ物は，十二指腸で膵液や胆汁と混ざり，空腸と回腸で消化し，栄養を吸収します。

　水分の 95 ％を小腸で吸収していますが，この段階では便はまだどろどろの状態です。残りの 5 ％のうち 4 ％を大腸で吸収し，腸内細菌によって食物繊維が分解され，肛門にたどり着くまでには形のある便になります（図 2-7-2）。

　大腸は小腸に続く全長約 1.5 m の管状の臓器で，盲腸，上行結腸，横行結腸，下行結腸，S 状結腸，直腸の順に肛門へと続きます。便が肛門まで移動できるのは，蠕動運動と呼ばれる腸の伸び縮みの動きによるものです。通常，食事をしてから排泄されるまでに 24〜72 時間かかります。

■図 2-7-2　便の生成

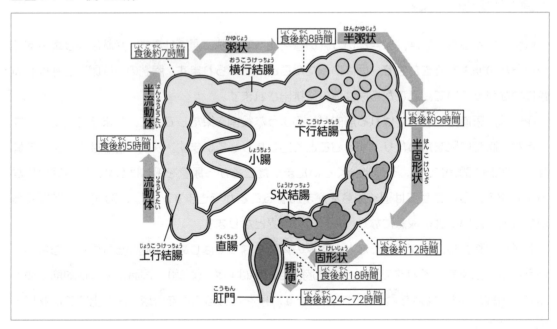

便の性質と状態

　便のかたさ（性状）には日によって差がありますので，かかわる人が共通の基準で観察することが大切です。**ブリストル便形状スケール**80（➡ p.311 参照）（図 2-7-3）のタイプ 3，4，5 が正常便と呼ばれるかたさです。

　便に混ざっている食べ物のカスや便のかたさが，どれくらいの時間をかけて排泄されたのかのヒントにもなります。便に血液が混ざっている，生ぐさいなどは，正常な状態ではありません。

　便の量や回数も個人差があります。健常な人では 1 回 150〜250g，1 日 1〜3 回もしくは 1〜3 日に 1 回程度が正常といわれていますが，摂取した食物繊維の量によります。

■図 2-7-3　ブリストル便形状スケール

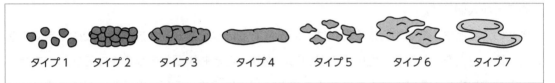

タイプ 1　タイプ 2　タイプ 3　タイプ 4　タイプ 5　タイプ 6　タイプ 7

蓄便と便排出のしくみ

　腸のはたらきは自律神経が調節しています。直腸に便が送られても便をもらさずにいられるのは，交感神経が優位で直腸をゆるめ，肛門をしめている内肛門括約筋と外肛門括約筋を収縮させているからです。これが蓄便の状態です。

　直腸に便がある程度たまると，直腸から脊髄神経を経て大脳までその刺激が伝わり，便意を感じます。排便が排尿と違うところは，便意がないと排便できないことです。便意は 15 分程度で感じなくなるので，がまんしないことが大切です。

　内肛門括約筋は，直腸に降りてきたものが便かガスかを区別する役割もになっています。トイレにたどり着くまでは，この内肛門括約筋と外肛門括約筋がしまっていて，便をもらさずにいます。

　トイレで排便の体勢がとれると，少しのいきみをきっかけに，内肛門括約筋と外肛門括約筋がゆるみ，直腸は収縮することによって，便を排出します。これが便排出です。

2 排泄環境の整備と関連する用具の活用方法 ::::::::::

❶「気持ちのよい排泄」を支援するために

排泄の介護の特徴

　排泄の介護は，利用者の生活の変化や精神的な影響を受けやすく，デリケートな部分の介護になります。

　介護職は，1日に何回もくり返す行為を他人に依存しなければならない利用者の立場を考え，社会面・精神面にどのような影響を及ぼしているかを考える必要があります。

　排泄の介護が，いかに利用者と介護職の双方に精神的ストレスを与えるかをまず理解し，利用者に不愉快な思いやはずかしい思いをさせることなくゆっくりと排泄できるよう，環境を整えることが大切です。

　排泄の介護とは，おむつ交換であれば，清拭までではなく，着衣や排泄物の後始末までも含めた一連の行為をさします。室内のにおいに配慮することも重要な技術の1つですし，また，利用者の排泄物に注意することで，利用者の健康状態に関する情報も得ることができます。

■表 2-7-2　排泄行為のもつ意味

身体面 （生理面）	・生命維持 ・排泄パターン・リズムのくずれ ・排泄障害（便秘，下痢，頻尿，無尿，尿・便失禁など）	
心理面	・自然に排泄がある場合	爽快感，健康感，安心感
	・自立ができなくなった場合	自尊心の喪失，羞恥心，罪悪感，自責，絶望
社会面	・あえて人に見せるものではない，話題にしたがらない，社会に対して消極的になりがち，孤独，疎外感	

介護職としてのかかわり方

　排泄とは，生命を維持し，健康な生活を送るための基本的な条件であり，人間の尊厳にかかわるきわめてプライベートな部分です。そのため，利用者の生活リズムや習慣にあった排泄の仕方を尊重することが，排泄の介護の始まりとなります。

失禁するからとすぐにおむつにすれば，利用者は身体を動かす気力を失ってしまい，それが引き金となって廃用症候群になることもあり，利用者のQOLの低下につながってしまいます。

利用者の病気や障害の程度や心理面も理解して，利用者のできるところ，できないところを観察し，介護職としてきちんと見きわめることが重要です（表2-7-3）。

■表2-7-3　排泄の介護の原則

❶ 利用者の心身の状況にあわせる。
❷ 利用者の尊厳を保持する。
❸ 利用者のプライバシーを保護する。
❹ 利用者が安心して，気持ちよく排泄行為を行うことができる。

排泄の介護における自立支援とは

病気や障害のために，一度失われた能力を取り戻すことは並たいていのことではありません。介護職は利用者が安心して介護を受けることができるよう，ゆとりをもって接することが基本姿勢となります。そして利用者がなるべく自立できるように，介護職は表2-7-4のポイントに配慮します。

■表2-7-4　排泄の自立支援に向けたポイント

❶ 羞恥心の理解と人間としてのプライドを尊重する。
❷ 介護の負担を軽くする合理的な技術を身につける。
❸ 尿意・便意があり，座位が保持できれば基本的にトイレを使用する。
❹ 移動できない場合は，尿器や便器を段階的に検討する。
❺ 排泄の姿勢は，利用者の自然な動きを活用するため，できるだけ座位で行う。
❻ 介護用品や補助具を上手に使う。
❼ 身体機能をいかせる衣服を選択する。
❽ 利用者の排泄リズムや習慣をいかす。
❾ 安心して排泄できるように，環境を整える。
❿ おむつの使用は最後の手段とし，どうしても必要な場合は利用者の尿量や生活スタイルにあったものを使用する。

❷ 排泄の介助

一部介助を要する利用者への介助方法（右片麻痺がある場合）

❶ 利用者に気分・体調を確認し，介助方法を説明して同意を得ます。車いすを利用している利用者の場合，介護職は同行することを利用者に伝え，トイレに移動します。介護職はエプロンをつけます。便座の高さを調整できる場合は，利用者の膝よりも少し高めにします。

❷ 利用者が車いすを便座の近くまで寄せ，車いすのブレーキをかけ，フットサポートを上げ，足を下ろすのを見守ります。必要な部分は介助します。

❸ 利用者は浅く腰かけます。健側（左側）の足を少し移動する側に向けて，健側の手でトイレの手すりをにぎり，前傾姿勢をとり，立ち上がる準備をします。

❹ 利用者は健側の手と足に重心をかけゆっくり立ち上がり，からだの向きを変えます。そのとき介護職は利用者の腰と患側（右側）の膝を支え（膝折れ防止），めまいなどがないか確認をします。

❺ 介護職はズボン，下着を下ろす同意を得て，支えながら下ろします。利用者は便座の位置を確認し，前傾姿勢で着座します。

❻ 座位の安定を確認し，カーテンもしくはドアを閉めることの同意を得ます（プライバシーの保護）。排泄時はその場を離れることを告げ，終了時には教えてくださいと説明します。

❼ 排泄後，声をかけトイレ内に入ります。残っている感じや痛みがないかを確認します（尿路感染症などの早期発見）。

❽ 温水洗浄便座が設置されている場合はそばにいて使い方を確認し，肛門にシャワーが当たる位置を確認します。設置されていない場合は利用者にトイレットペーパーを使ってふいてもらい，ふき残しがあれば介護職は手袋をつけ，利用者には浅く腰かけて前傾姿勢になってもらい，トイレットペーパーで清拭を行います。手袋をはずし，ポリ袋に廃棄します。

❾ 利用者に座位のまま健側の手で下着，ズボンを大腿部まで上げてもらいます。

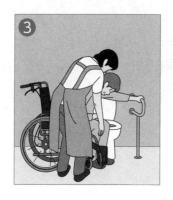

⑩ 介護職は車いすを健側に準備し，ブレーキをかけます。利用者が立位をとったときに，介護職は患側を支え，衣服を整えます。立ち上がりの際は，膝折れに注意します。排泄物の量や性状の観察を行います。異常があるときは医療職に報告します。

⑪ 車いすに移乗し，車いす上での座位の安定，患側上下肢の安全を確認します。介護職は患側に配慮し，利用者が便器洗浄用レバーを操作するのを見守ります。

⑫ 車いすを移動し，健側の手で患側の手の手洗いをするのを見守ります。健側の手は介助し清潔にします。介護職も手洗いをします。

⑬ 利用者に気分・体調を確認し，トイレでの排泄が順調に行えたことをともに喜び，次への意欲や自信につなげます。

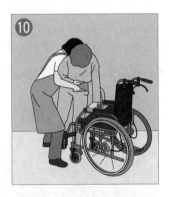
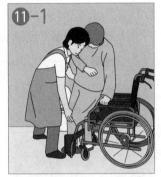

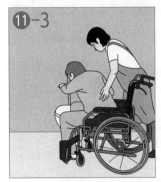

一部介助を要する利用者への介助方法——ポータブルトイレ

❶ 利用者の体調を確認し，ポータブルトイレで排泄することを説明し，同意を得ます。

❷ 介護職はエプロンをつけます。麻痺がある場合は，利用者が仰臥位のときの健側の足元に，汚染防止用の敷物を敷き，さらにすべり止めマットを敷いて，その上にポータブルトイレを準備し，安定性を確認します。ポータブルトイレのふたを開けます。

❸ 利用者に立ち上がって向きを変え移乗することを説明し，同意を得ます。利用者は介助バーをにぎり，両足を引いて浅く座り，前傾姿勢になり立ち上がります。そのとき，めまいの有無を確認します。

❹ 利用者がからだの向きを変えます。このときに介護職は腰を支えて介助します。

❺ ズボン，下着を大腿部まで下げる動作のできる部分は行ってもらい，必要な部分は介護職が介助します。

❻ 利用者にポータブルトイレの位置を確認してもらい，介助バーを持って前傾姿勢になり，着座してもらいます。介護職はポータブルトイレ横に位置し，着座時の安定を確認します。

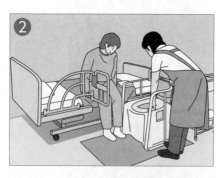

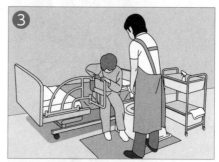

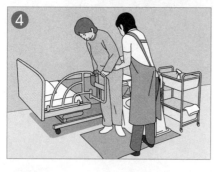

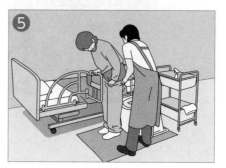

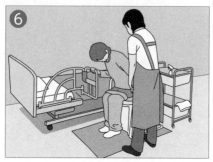

❼　バスタオルを腹部から大腿部にかけます。介護職は利用者の手の届く所にトイレットペーパーがあるかを確認し，その場を離れることを伝えます。待っているあいだに手袋をつけます。

❽　利用者から終わりの合図があったら介護職は戻り，残っている感じや痛みがないか（尿路感染症などの早期発見），利用者の清拭状況を確認し，ふき足りないところを清拭します。手袋をはずし，ポリ袋に廃棄します。

❾　利用者はおしぼりなどで手を清潔にします。

❿　利用者に座位姿勢で大腿部まで下着，ズボンを上げてもらいます。必要な部分は介助します。次に介助バーをにぎり，前傾姿勢で立ち上がるよう伝え，立ち上がり後，利用者にめまいの有無，気分を確認し，必要な部分を介助しながら衣服を整えます。利用者がからだの向きを変えるときは腰を支え，ベッドに戻ってもらいます。

⓫　介護職は利用者に気分が悪くないか体調を確認し，寝具を整えます。

⓬　ポータブルトイレのバケツをトイレに運び，排泄物の量，色，におい，性状を観察したあとで廃棄し，洗浄して元に戻します。

⓭　介護職も手を清潔にし，排泄状態を記録します。

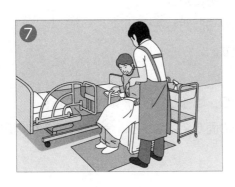

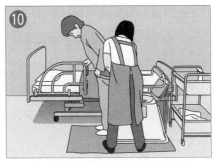

全介助を要する利用者への介助方法
——テープ止め紙おむつ交換（女性・側臥位が可能な場合）

① 介護職は利用者におむつを換えることなどの介助内容を伝え，同意を得ます。

② 介護職はエプロンをつけます。カーテンまたはドアを閉め，ベッドの高さを調整します。

③ 身体を保温し，露出を最低限にするためにバスタオルをかけ，かけ物は利用者の足元にたたみます。利用者に側臥位になってもらうよう言葉かけを行い，防水シーツを敷きます。

④ 利用者を仰臥位に戻し，可能であれば膝を立て，腰を上げてもらい，協力を得ながらズボンを下ろします。

⑤ 利用者の膝を立て，手袋を装着し，「失礼します」と声をかけながらおむつのテープをはずして開きます。

⑥ よごれがもれないように使用したおむつを内側に折りたたみます。排泄物の量によっては，洗浄用の紙おむつを準備します。排泄物の量・におい・性状のほか，陰部・殿部の発赤，腹部膨満感，水分摂取量などを確認します。

⑦ 陰部洗浄を行います。
- 外陰部のよごれや分泌物をぬるま湯で洗い流す
- ガーゼに石けんをつけて片手で陰唇を開き十分に洗う
- ガーゼを折り返して皮膚のしわを伸ばしながら肛門も洗う
- 最後に石けんが残らないよう十分に洗い流す

⑧ 陰部清拭を行います。
- 蒸しタオルで中心部を，感染予防の観点から，陰部から肛門へ向かってふく
- 感染予防のために二度ぶきはせず，タオルの面を変えながら，今度は中心部の両側を片側ずつやさしくふく
- 乾いたタオルで湿り気をふきとる

⑨ 側臥位に体位を変えて，殿部・肛門部を蒸しタオルでやさしく清拭し，皮膚の状態を観察します。乾いたタオルで湿り気をふきとります。側臥位にするときに，下側になるおむつをからだの下に折りこんでおくと，汚れたおむつを取り出しやすくなります。

⑩ よごれたおむつを汚物入れに入れます。手袋をはずし，ポリ袋に廃棄します。

⑪ 新しいおむつの上端を腸骨部に当てて，差しこみます。

⑫ 利用者を仰臥位にゆっくり戻します。洗浄時に下になっていた側を蒸しタオルでふいた後，乾いたタオルで湿り気をふきとります。おむつを**鼠径部**[81]（➡ p. 311 参照）にそわせながら，ギャザーをフィットさせます。股関節部の立体ギャザーは指で外側に掘り起こし，尿もれを防ぎます。

⑬ おむつをしっかり引き上げて，広げて当てます。

⑭　利用者に腹部が圧迫されていないかを確認し，下側のテープを斜め上向きに，上側のテープを斜め下向きにとめます。

⑮　利用者に股関節部が圧迫されていないか，ギャザーが内側になっていないかを確認し，もれの防止に留意します。

⑯　ズボンを上げ，衣服やシーツのしわを整えて，ベッド上の利用者の位置が安全であるかを確認します。

⑰　交換後の陰部・殿部や腹部の痛み，残っている感じがないかなどを確認します。バスタオルをはずし，かけ物を元に戻します。ベッドの高さを戻します。

⑱　カーテンを開け，室内の換気をはかり，介護職は感染予防のため手洗いをし，記録します。

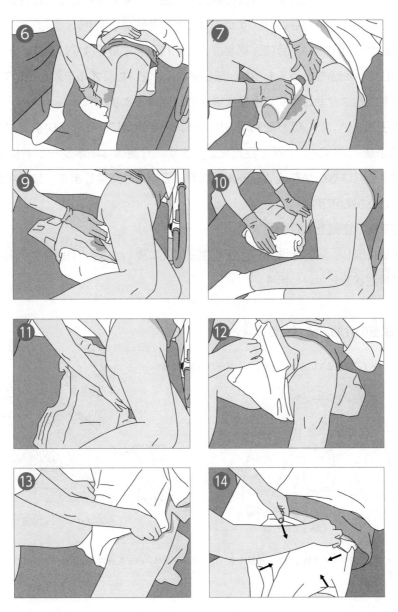

一部介助を要する利用者への介助方法──尿器

① 介護職は利用者に尿器を使用して排泄することを説明し，同意を得ます。

② 介護職はエプロンをつけます。ベッドを介助しやすい高さに調整します。

③ 介護職はかけ物を利用者の足元にたたみます。利用者に側臥位になってもらい，防水シーツを敷きます。利用者は仰臥位に戻り，寝衣のズボン，下着を下ろします。プライバシーに配慮し，介護職は腰部や膝の上にバスタオルをかけ露出を防ぎます。

④ 男性の場合は，側臥位になると排尿しやすいことを伝えて，側臥位をとるように介助します。介護職は手袋をつけます。陰茎を尿器の受尿口に入れるよう伝え，入っているかを確認し，支援が必要な場合は介助します。しっかり尿器を持ってもらい，固定します。終了後に来ることを伝え，室外に出ます。女性の場合は，図 2-7-4 を参照してください。

⑤ 終了後，残尿感や痛みがないか，すっきりしたかを確認します。

⑥ 介護職は尿がこぼれないように尿器をはずし，バスタオルをはずします。トイレットペーパーで尿道口の尿をふきとってもらい，蒸しタオル，乾いたタオルを渡しふいてもらいます。支援が必要な場合は介助します。手袋をはずし，廃棄します。

⑦ 介護職は手を洗い，おしぼりを利用者に渡し，手を清潔にしてもらいます。

⑧ 利用者は下着，ズボンを上げて寝衣を整えます。介護職は防水シーツをはずします。寝具，寝衣のよごれはないかを確認し，よごれている場合は交換します。体調などを確認し，ベッドの高さを戻します。

⑨ 居室の窓を開け空気を入れ替えます。

⑩ 尿はトイレに流し，尿器を洗浄し，使用物品は元に戻します。介護職は手洗いをします。

⑪ 介護職は排泄状態を記録します。

■図 2-7-4　尿器の介助方法（女性の場合）

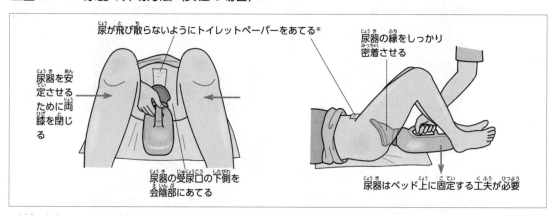

尿が飛び散らないようにトイレットペーパーをあてる※

尿器を安定させるために両膝を閉じる

尿器の受尿口の下側を会陰部にあてる

尿器の縁をしっかり密着させる

尿器はベッド上に固定する工夫が必要

※尿器の種類によっては，尿の飛散を防ぐために細長く切ったトイレットペーパーを股間から尿器の入り口にそわせてあてたほうがよい場合がある。

❸ トイレの環境

　排泄の介護の基本は，気持ちよく排泄できる環境を整え，できるだけ自力で排泄できるように支援することです。

　そのためにも表2-7-5・図2-7-5のポイントに注意をしながら，トイレの環境を整備しましょう。

■表2-7-5　トイレにおける環境整備

① ドアは引き戸か，外開きのほうが望ましい。
② 鍵は，外からでも開けることができるようにしておく。
③ 和式便器よりも，洋式便器のほうが移乗や立ち上がりを容易に行うことができる。
④ トイレ内は暖かくして温度差をなくし，暖房つきの便座やカバーを取りつける。
⑤ 手すりは，便座への移乗や立ち上がり，便座に座った位置，バランスにあわせて取りつける。
⑥ 手洗いの水がこぼれたり，汚したりすることが多いので，床材はすべりにくく，そうじがしやすいものにする。
⑦ 温水洗浄リモコンは，簡単で表示が大きく見やすいものにし，操作しやすいところに設置する。
⑧ においや衛生面を考慮し，寝室や居室と別々に配置することが望まれる。
⑨ 温度調節や換気ができる設備を設ける。
⑩ 照明は，居室と比較して照度を低くする（夜間に暗い室内から明るいトイレに行くとまぶしさを感じるため）。

■図2-7-5　トイレ用手すりの設置位置

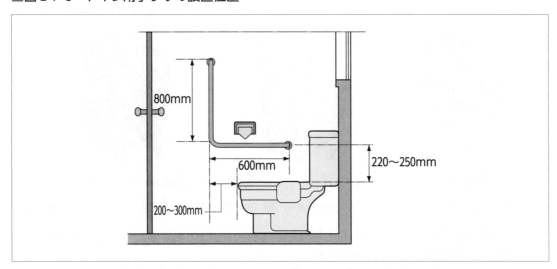

❹ 排泄関連用具

ポータブルトイレ

　ポータブルトイレを選定するにあたっては，利用者の身体状態にあわせた移乗・移動動作が安全・安楽にでき，座位姿勢が保たれることが重要です。そのため，器具本体の安定性と座面の高さ，機能を基準に考えます（表2-7-6）。種類としては図2-7-6のようなものがあります。

■表2-7-6　ポータブルトイレ選定のポイント

座面のサイズと高さ	調節機能があり，身体にあったものを選ぶ。座面の高さは，ベッド上での端座位と同じ高さに設定し，座位姿勢時に足底がきちんと床につき，排泄姿勢がとりやすい高さにする。
安定性	腰かけたときに安定しており，移乗の際に，肘かけに体重をかけることによって動いたり，倒れたりしないものを選ぶ。すべり止めマットと併用すると，安全である。
蹴込み	立ち上がり時に足を後ろに引くスペース（蹴込み）があるものを選ぶ。
肘かけ	移乗，移動時および排泄時の前傾姿勢の保持に使用する。跳ね上げ式，着脱可能なものは移乗時に水平移動ができる。また，ベッド側の肘かけが短いものほど移乗しやすい。
配置	利用者にあった移乗・移動方法，着脱方法，介助スペースを考慮して配置する。また，よごれをともなうものであるため，一般的にはベッドの足側に置くことが多い。
機能	快適な使用のために，暖房便座，温水洗浄，脱臭，ソフト便座などをそなえたものもある。

■図2-7-6　ポータブルトイレの種類

①樹脂製いす型　　②木製いす型肘かけ跳ね上げ式　　③温水洗浄便座つきポータブルトイレ

　①は，背もたれと肘かけがあるものと，ないものがある。軽量のため移動しやすい。足を後ろに引くスペースがあると立ち上がりやすい。
　②は，背もたれと肘かけがあり，肘かけが跳ね上がるため，スライドして移乗する際，楽にできる。座面が広く安定感があり，木製のため，いすとしても使用できる。
　③は，温水温度・ノズル位置の調節ができる温水洗浄機能がついている。便座・肘あての高さ調節やバケツ内の消臭機能もあり，利用者の体型にあわせ，快適な排泄をすることができる。

おむつ・パッド

おむつとパッドの素材には布と紙があります（表2-7-7）。

おむつの種類を選択するにあたっては，各製品の特徴を知り，利用者の ADL，体型，排尿量，排尿リズムなどからおむつ・パッドの組み合わせを工夫し，利用者一人ひとりにあったものを選択することが大切です（表2-7-9）。

■表2-7-7　布おむつと紙おむつの特徴

❶ 布おむつ
体型にそわせやすく，洗濯してくり返し使用できるが，濡れたときに不快感があり，消毒や洗濯などの手間がかかる。

❷ 紙おむつ
高分子吸水材により，尿を吸収できるため衛生的であるが，使い捨てのため経済的負担になる。

■表2-7-8　おむつ使用の条件と留意点

・おむつ使用の際は利用者の自尊心に配慮することが重要であり，意思の疎通をはかり本人の意向を確認し同意を得る。
・尿意・便意がなくからだを動かせず，腰上げができない状況の利用者の場合はテープ止め紙おむつまたは布おむつを本人の体型・尿量に照らし合わせ快適性を考えて使用する。
・動きを制限せず，心地よく装着する。
・安易なおむつ使用は利用者の自尊心や意欲の低下，動く機会の減少，尿路感染につながり，生活の質を低下させることになる。今もっている力を引き出す支援をし，使用は最小限にする。
・尿もれがあり利用者本人に不安があるときは，医療職と連携し治療につなげ，パッドを使用する。
・むれやかぶれなどのスキントラブルや褥瘡など皮膚疾患の要因になるため観察をしっかりする。
・清潔と不潔を区別して介助し，周囲の環境の汚染を防ぐ。
・おむつ交換時の感染リスクは高いため，感染予防策を徹底して行う。

■表 2-7-9　おむつ・パッドの種類

種類	尿量	使用適合者
パンツ型紙おむつ 	300～500mℓ 前後	・衣類の着脱が簡単にできる人。 ・失禁の可能性は少ないが心配なときに使用する。
テープ型紙おむつ 	300～700mℓ 前後	・長期臥床している人。 ・全面的に排泄の介助を受けている人。
平型おむつ 	300mℓ 前後	・おむつカバーと併用する。 ・長期臥床している人。 ・全面的に排泄の介助を受けている人。 ・おむつの当て方に補正が必要な人。
形成パッド（男性用） 	200～600mℓ	・陰茎の長さがある人。 ・殿部のスキントラブルがある人。
中等量パッド型 	100～250mℓ	・中等量のもれがある人。 ・専用下着と併用したり，おむつと併用したりする。

出典：西村かおる『新・排泄ケアワークブック——課題発見とスキルアップのための70講』中央法規出版，p. 315，2013年を一部改変

尿器

尿器（図 2-7-7）とは，尿意はあるがベッドからの起き上がりがむずかしい場合や，体調不良のため安静が必要でトイレへの移動が困難である場合などに，ベッド上で排尿をするための用具です。座位または臥位で，自力または介助で使用します。

■図 2-7-7　尿器の種類

男性用　　　　　　　　女性用

差しこみ便器

差しこみ便器（図 2-7-8）とは，便意はあるがトイレへの移動が困難か，体力がない場合に，ベッド上で排便をするための用具です。仰臥位で介助して使用します。

女性の場合は尿・便ともに対応できます。ベッドパンタイプ（洋式便器）やゴム製便器タイプなどもあります。

■図 2-7-8　差しこみ便器の種類

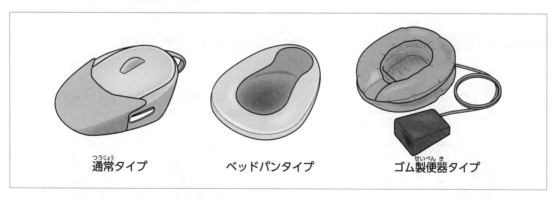

通常タイプ　　　　　　ベッドパンタイプ　　　　　　ゴム製便器タイプ

❺ 便秘，下痢への対応

便秘とは

便秘とは，便が結腸や直腸に長くとどまり，便を排出する回数が減少し，水分量の少ないかたい便となるなど，便の排出が困難であったり，便が残っている感覚などを自覚したりする状態をいいます。

排泄環境の変化や心理的影響，病気や薬（鎮静・鎮痛薬，催眠薬など）の影響，活動制限，腹圧の低下，食事や水分摂取が適切でないなどの要因によって起こります。

便秘の予防

① 便意を逃さず，便を排出する習慣をつける援助を行います。あるいは，便意がなくても決まった時間（特に朝食後など）にトイレに入って座ることで排便習慣をつけます。

② 排便姿勢（図2-7-9・図2-7-10）を身につける援助を行います。

③ トイレ環境を整備します。

④ 水分の摂取量を保ちます。

⑤ 朝食は腸が動き出す機会であるため，必ずとるようにすすめます。食事には**食物繊維**[82]（➡ p.311参照）の多い野菜・海藻やヨーグルトなどの発酵食品を取り入れ，食べやすい調理を工夫します。また，咀嚼力を高めるために歯，義歯の点検，必要があれば受診を検討します。

⑥ 活動性を高める援助をします。上体ひねり，足関節の屈伸や膝の屈伸，腹式呼吸，時計まわりに腹部をなでる腹部マッサージを1日の生活に組みこむことなどがあります。

■図2-7-9　排便姿勢

前傾姿勢

床に足をつける　　かかとを少し上げる

■図2-7-10　直腸と肛門の角度

①に比べて②は，直腸と肛門の角度が広がり一直線に近づくため，便が出しやすくなる。

①　　　　②

下痢とは

下痢とは，水様便や泥状便，軟便など，水分の多い便が1日に何回も排泄される状態をいいます。下痢は大腸内の水分の吸収不十分，あるいは腸粘膜からの分泌が多すぎるために大腸の水分吸収が間に合わないときに起こります。

腸管の感染症による下痢，過食や脂肪分の多い食事による消化不良，薬剤による下痢，下剤の使用過多，神経性の下痢などがあります。

下痢への対応

① 観察

排便回数や便の形状，色，混入物などを観察します。腹痛や嘔気，嘔吐などの有無，飲食物などの確認も必要です。

② 心身の安静と保温

下腹部への温刺激は，腹痛などの症状を緩和し，自律神経を整えます。ただし，虫垂炎などの炎症性疾患には逆効果のため，注意が必要です。また，下痢は体力を消耗するため，頻回な場合はポータブルトイレ，便器を使用します。

③ 水分補給や食事

脱水予防のため，口からの摂取が可能ならば白湯，常温のスポーツドリンクなどを少しずつ補給します。食事は下痢が止まってから，粥などから始めます。冷水，牛乳，炭酸飲料，脂肪分の多い食事は避けます。

④ 皮膚の炎症防止

下痢の水様便は消化酵素を含んでいるため，肛門の周囲の皮膚は炎症を起こしやすくなります。排便後は洗浄，または肛門清拭剤をつけたやわらかいティッシュで押しぶきします。

⑤ 医療職への報告

医療職に報告し，診断・治療につなぎます。

⑥ 感染拡大の防止

下痢を主症状とする感染症には，**腸管出血性大腸菌**83（➡ p. 311 参照）による腸管出血性大腸菌感染症，**ノロウイルス**84（➡ p. 311 参照）による感染性胃腸炎などがあります。高齢者介護施設などでは集団感染が起こる危険性があり，**標準予防策（スタンダード・プリコーション）**85（➡ p. 311 参照）に準じた対策を実施します。感染症が発生した場合は，医療職，管理者の指示のもとに，職員全員の対応で感染の拡大を防ぎます。

3 爽快な排泄を阻害する要因の理解と支援方法 ::::::::

❶ 精神機能，判断力の低下が排泄に及ぼす影響

認知症が及ぼす影響

　認知症の症状は，大きく分けて中核症状（➡第 1 巻 pp. 366-367 参照）と BPSD（行動・心理症状）（➡第 1 巻 pp. 368-371 参照）があります。たとえば，尿意・便意を訴えられないのは中核症状ですが，おむつをとってしまったり，トイレ以外の場所で排泄してしまうのは BPSD です。尿意を伝えられない，トイレの場所がわからない可能性がある場合は，排尿誘導やトイレの表示をわかりやすくするなど，その人にあった適切な対応ができればトイレで排泄できる可能性があります。

　排尿誘導とは，自発的にトイレに行けない場合にトイレに誘う方法です。①定時排尿法，②習慣排尿法，③排尿促進法の 3 つがあります。いずれも排尿日誌を記録すること，膀胱や尿道の機能に問題がないか確認することが必要です。

　排便は排尿に比べて頻度が少ないことから，誘導などの管理をきちんとすれば排尿よりも先にトイレでできる可能性があります。また，便失禁は汚染やにおいが強いため介護職の精神的負担をともないます。加えて，便による皮膚障害の危険性が高いことからも，トイレで排泄できることは有益です。

ストレスが及ぼす影響

　排泄は自律神経によりコントロールされています。自律神経は緊張やリラックスといった精神的な影響を受けやすいのが特徴です。緊張すると頻尿や下痢，便秘になったりすることはよく経験することです。

　心因性頻尿とは，膀胱や尿道の機能には問題がないにもかかわらず，気持ちの問題で早めに排尿してしまうことをいいます。「尿をがまんすると膀胱炎になる」などといった間違った知識によって習慣的に早めに排尿してしまう人は意外に多いようです。

　また，不安や心身症などでも尿意に過敏になり，膀胱に尿が十分たまっていないうちに排尿することがありますが蓄尿機能に問題はありません。排尿日誌をつけると，よく眠れた起床時など，1 回あたりの排尿量は正常であり，もれがないという特徴が理解できます。

❷ 身体機能の低下が排泄に及ぼす影響

ADL の低下による排泄の困難

筋力低下，運動麻痺，足腰の痛み，病気のために安静にしなければならないなどの理由から，1人で表 2-7-1 (p. 245 参照) のような排泄行為を行うことが困難になることがあります。

膀胱・尿道や肛門の機能に問題がなく，運動機能だけに問題がある場合，移動動作や介助方法の確立さえできればトイレでの排泄が可能となります。尿意・便意に応じてトイレへ誘導する，トイレに近い部屋にする，手すりなどの用具を工夫するといった環境整備も大切です。

安易におむつを使用したり，できることを介助してしまうことは，利用者のもっている力をうばってしまうことにもなりかねません。できない部分にばかり目を向けるのではなく，できる部分や改善の可能性があるかどうかにも目を向け，最大限にいかせる方法を探すことが大切です。たとえば，足が不自由でも手が使えれば，ベッド上で尿器を使用できる場合があります。

膀胱尿道機能の低下による排尿障害

正常な排尿回数は日中（覚醒時）は 4〜7 回，夜（就寝時）は 0 回です。それより多い，つまり「トイレが近い」状態を頻尿といい，昼の回数が 8 回以上を昼間頻尿，夜の回数が 1 回以上の状態を夜間頻尿といいます。また，尿がもれることを尿失禁，尿を出しにくいことを尿排出障害といいます。

尿失禁の種類

① 腹圧性尿失禁

くしゃみや咳など，おなかに力が入ったときに少量の尿がもれるタイプを腹圧性尿失禁といいます。これは女性に多いタイプの尿失禁で，尿道をしめる骨盤底筋86（➡ p. 312 参照）が弱くなることが原因です。出産後の若い女性にもみられますが，加齢にともない骨盤底筋の収縮力が弱くなるため，高齢者ではさらにその頻度が増加します。

② 切迫性尿失禁

切迫性尿失禁とは，急な強い尿意を感じてがまんできず，トイレに間に合わずにもれてしまうことをいいます。膀胱が過敏になって，十分に尿がたまっていないのに膀胱が収縮してしまう状態です。通常は昼間頻尿と夜間頻尿もともないます。

③ 溢流性尿失禁

残尿があり，少量ずつあふれるようにもれるタイプを溢流性尿失禁といいます。尿道が開きにくいか，膀胱が収縮しにくいため，尿排出障害によって常に残尿があります。

消化器機能の低下にともなう排便障害

消化器機能の低下にともなう排便障害としては，便秘，下痢，便失禁があげられます。

便秘とは，排便が順調に行われず，排便回数が少なくなり，便性がかたく，排便に苦痛をともなう状態です。その原因により**機能性便秘**[87]（➡ p. 312 参照）と**器質性便秘**[88]（➡ p. 312 参照）に分けられ，さらに細分されます（図 2-7-11）。

下痢とは，泥状便や水様便のように便が水分を多く含む状態です（ブリストル便形状スケール：p. 249 図 2-7-3 のタイプ 6 〜 7）。通常の便の水分は 80 ％程度ですが，90 ％になると泥状便，100 ％近くになると水様便と表現されます。

便がもれることを便失禁といいます。多くは，肛門括約筋がしっかりしまらないために起こります。

■図 2-7-11　便秘の種類と腸の状態

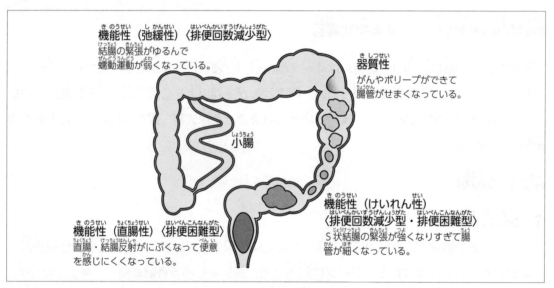

機能性（弛緩性）〈排便回数減少型〉
結腸の緊張がゆるんで
蠕動運動が弱くなっている。

器質性
がんやポリープができて
腸管がせまくなっている。

小腸

機能性（けいれん性）
〈排便回数減少型・排便困難型〉
S状結腸の緊張が強くなりすぎて腸管が細くなっている。

機能性（直腸性）〈排便困難型〉
直腸・結腸反射がにぶくなって便意を感じにくくなっている。

出典：前田耕太郎編『ナーシングケア Q&A14 徹底ガイド排便ケア Q&A』総合医学社, p. 15, 2006年より作成

おもな便秘の種類

① 弛緩性便秘（排便回数減少型）

大腸の蠕動運動が低下することで，便が長時間排出できず，水分が吸収されて便がかたくなるタイプです。加齢や運動不足による腸管の緊張低下や筋力低下，食物繊維の不足などが原因であるため，食物繊維の摂取や適度な運動がすすめられます。

② **けいれん性便秘（排便回数減少型・排便困難型）**

　大腸がけいれんを起こしてせまくなるために，便が通過できないタイプで，腹痛や腹部不快をともなうことが特徴です。ストレスが関係していることが多いため，精神的なケアも並行して行います。

③ **直腸性便秘（排便困難型）**

　直腸に便があるにもかかわらずがまんしすぎたり，腹筋が弱く腹圧がかけられないために出せないタイプです。とくに病気がなければ朝食をきちんととり，食後に便意があってもなくてもトイレに座るといった行動療法をとります。それが困難な場合は，**摘便**89 （→ p. 312 参照），浣腸，座薬によって，直腸内の便を出し切ります。

おもな下痢の種類

① **急性下痢**

　一時的な下痢で，食中毒などの感染によるものと，ストレスや暴飲暴食・食べ物のアレルギー・薬の副作用（とくに下剤）など感染によらないものがあります。

② **慢性下痢**

　4週間以上続くものをいいます。おもな原因は，消化管の病気や全身性疾患です。

おもな便失禁の種類

① **漏出性便失禁**

　内肛門括約筋が障害されるために，便意がなく，気づかずにもれます。固形便でももれる場合にはこのタイプが考えられます。固形便をもれないかたさに整えて，まとめて出したり，定期的な浣腸などにより直腸を空にしたりして対処します。

② **切迫性便失禁**

　外肛門括約筋が障害されるために，便意はありますが，トイレまでがまんできずにもれます。食事や薬剤で便をもれないかたさに整えたり，**骨盤底筋訓練**90 （→ p. 312 参照）などを行ったりします。

③ **下痢にともなう便失禁**

　肛門括約筋は正常であっても，下痢で直腸が過敏になり便失禁を起こすことがあります。この場合は下痢の改善が優先されます。

睡眠に関連したこころとからだのしくみと自立に向けた介護

学習のポイント 📋

- 睡眠の必要性と，睡眠に関するこころとからだのしくみを理解する
- 心地よい安眠を支援するための知識と技術を身につける
- 心身機能の低下が睡眠に及ぼす影響について理解する

1 睡眠に関する基礎知識

❶ なぜ睡眠が必要なのか

休息の役割

　私たちのこころとからだには，休息が必要です。休息なしに活動しつづければ，疲労が蓄積されて，全身のだるさやイライラ感などの心身の不調があらわれます。心身ともに良好な状態で活動を続けるためには，からだの疲労を回復させて，こころをリフレッシュするための休息が必要になります。

睡眠の役割

　効果的に休息をとるために，重要な役割を果たしているのが毎日の睡眠です。睡眠は，こころとからだの休息時間です。よい睡眠がとれれば，短時間で効果的に休息をとることができますが，睡眠の量が不足したり，睡眠の質が低下したりすると，こころとからだは十分に休息することができません。その結果，こころとからだにさまざまな影響を及ぼし，生活の質（QOL）が低下します。

　近年では，血圧や血糖値，体重などを適正に保つために良質の睡眠が重要であることもわかってきました。睡眠の量の不足や質の低下は，生活習慣病のリスクにつながることも明らかになっています。

❷ 睡眠を引き起こすしくみ

体内時計と概日リズム

　私たちのからだには，およそ1日の周期でリズムをきざむ**体内時計**がそなわっています。人間の体内時計は脳の視床下部にある視交叉上核にあるといわれており，朝になると目覚めて活動を始め，夜になると眠くなる**概日リズム**（サーカディアンリズム）をつくり出しています。概日とは，「およそ1日」の意味です。

　体内時計の周期は，朝，太陽の光を浴びることで1日の24時間周期にリセットされます。光を浴びることで覚醒がうながされ，活発に動ける状態になります。光を浴びてから14～16時間後，脳の松果体から**睡眠ホルモン**と呼ばれる**メラトニン**という物質が分泌されると，からだは睡眠に適した状態に切り替わります。そして，朝になるとメラトニンの分泌は弱まり，目を覚ますのです。

よい睡眠のための生活習慣

　夜に眠くなるためには朝の行動が大切です。朝，太陽の光を浴びることで，体内時計がリセットされて，1日を計測しはじめます。

　日中の活動が少ないと睡眠の必要性が減り，昼夜逆転しやすくなります。日中は屋外に出て，外気に触れる機会をもつとよいでしょう。少しの時間でも外出して，太陽の光を浴びるようにすると体内時計も整います。長時間の昼寝は，夜間の睡眠を浅く不安定にすることにつながりますが，午後の早い時間帯に30分以内の昼寝をすると，日中の適度な休息となり，作業効率を改善する効果があると考えられています。

　体内時計が乱れるとメラトニンの分泌が弱まり，なかなか眠くならない，睡眠中に目が覚めてしまうなどの状況を招きます。生活習慣を整えて，メラトニンをしっかり分泌させることが質のよい睡眠につながります。

❸ 睡眠の種類

レム睡眠（浅い眠り）

　レム睡眠は，肉体的な疲労を回復させる眠り（からだの休息）です。レム（REM）は，Rapid Eye Movement（急速眼球運動）の頭文字をとったものです。レム睡眠中は全身の筋肉の緊張がゆるみ，力が入らない状態になりますが，脳は比較的活発に活動しており，目がキョロキョロと上下左右に活発に動いています。私たちが夢を見ているのは，レム睡眠のあいだです。

ノンレム睡眠（深い眠り）

　ノンレム睡眠は，大脳を休ませて回復させる眠り（脳の休息）です。ノンレム睡眠中はある程度の筋肉の緊張を保っていますが，脳の活動は大きく低下します。ノンレム睡眠はぐっすり眠る睡眠であり，とくに深いノンレム睡眠中には，外から刺激を与えてもなかなか目が覚めません。目が覚めても，寝ぼけてしまうことがあります。

レム睡眠とノンレム睡眠の周期

　眠りにつくとすぐにノンレム睡眠が訪れ，その後レム睡眠が続き，再びノンレム睡眠が訪れます。この眠りの周期には個人差があり，おおむね90〜110分の周期でくり返されています。レム睡眠は入眠直後には短く，明け方に近づくほど長くなります（図2-8-1）。

■図2-8-1　睡眠段階の時間変化

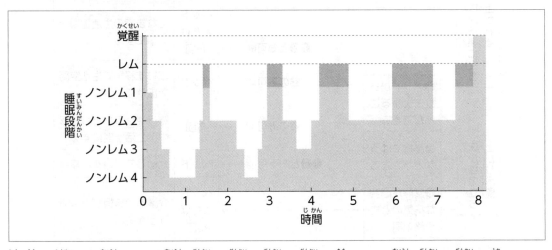

注：上から覚醒，レム睡眠，ノンレム睡眠（段階1〜段階4：段階1と段階2は浅いノンレム睡眠，段階3と段階4は深いノンレム睡眠）をあらわす。

2 睡眠環境の整備と関連する用具の活用方法 ::::::::::

❶「安眠」を支援するために

環境の整備

安眠のためには，環境を整えることが大切です。

睡眠中の室温は夏 25 ℃前後，冬 15 ℃前後，湿度は 50〜60 ％，睡眠中のかけ物の中は 35 ℃前後に保たれていると快適な環境といわれます。

眠りには，メラトニンというホルモンがかかわっています。メラトニンは光を浴びることによって脳内で生成され，夜間暗くなることで分泌が促進されて眠る態勢に導きます。このように，光は生体のリズムを整えるはたらきがあるのです。

音は，心理状態によって心地よく感じられるときと，そうでないときがあります。たとえば，騒音やいびきは眠りをさまたげますが，生活音が安心感をもたらすこともあります。こころをいやす音楽を聴くことによってリラックスできることもあります。

適切な寝具の選択

寝具を選ぶ際，その人の身体機能やライフスタイル，好みによって，ベッドか布団を選択します（図 2-8-2）。

■図 2-8-2　ベッド・布団の選択のポイント

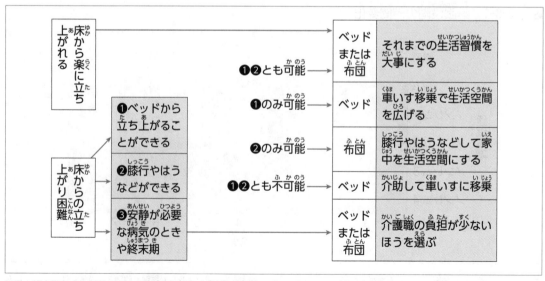

出典：大田仁史・三好春樹監著『完全図解 新しい介護』講談社，pp. 32-33，2003年を一部改変

ベッドメイキング

　安眠をうながすのに欠かせない技術としてベッドメイキングがあります。安眠のためには，寝具やベッドまわりを清潔にし，環境を整えることが大切です。とくにシーツのしわは利用者の寝心地や動きに影響するとともに，局所を圧迫し，血液の流れを悪くして褥瘡（➡第2巻pp. 153-155 参照）の要因となる危険性もあります。

① ボディメカニクスを意識する

　ほかの介助同様，腰痛を予防するためにボディメカニクス（➡第2巻 pp. 38-39, pp.138-139 参照）を意識して，負担のかからないからだの使い方を習得します。遠い位置からの作業は無駄な力を要し，介護職に負担がかかります。足を広げ，対象にからだと足先を向け，からだの中心をもっていくように重心移動をすることで介護職のからだを守ります（図2-8-3）。

　また，ベッドの高さがあわない場合も，腰への負担は大きくなります。最大限高くしてもまだ低い場合は，腰を曲げるのではなく，膝関節と股関節を曲げるようにします。脊柱をまっすぐに伸ばし，重心を安定させると腰への負担は軽減されます。

② 床に膝をつかない

　居室の床は，利用者の分泌物やほこりによって，よごれている可能性があります。不用意に床に膝をつくと，介護職自身が媒体になって，ほかの利用者へ感染させてしまう危険性があることを常に意識しながら動きます。

■図2-8-3　ベッドメイキングの基本

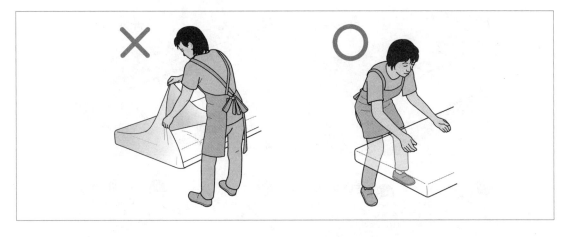

敷きシーツの交換（1人で行う場合）

❶ 介護職は必要物品をそろえます。窓を開けて換気を行います。**床頭台**91（➡ p. 312 参照）などをベッドから離し，作業しやすいスペースを確保します。

❷ キャスターのあるベッドは，内側に向けてストッパーをかけて，作業中にベッドが動かないようにします。

❸ 作業しやすい高さにベッドを調節します。基本的には立っている介護職の手のひらがベッドにつく程度です。

❹ 介護職は手前のシーツをマットレスから引き出して，よごれた面を内側にして丸めておきます。

❺ シーツをはがしたマットレス上のごみなどを取り除きます。その上に新しいシーツを敷きます。シーツの中心線とベッドの中心線をあわせ，残り半分は古いシーツの下に差し入れます。

❻ ベッド側面のシーツは，頭側，足元側の順にコーナーをつくり，最後に真ん中から垂れているシーツをマットレスの下に入れこみます。

❼ 介護職は反対側へ回ります。

❽ 古いシーツを取り除きます。

❾ 新しいシーツを手順❻同様に整えます。

❿ ベッドの高さをもとに戻し，片づけをして窓を閉めます。

❹ 古いシーツ

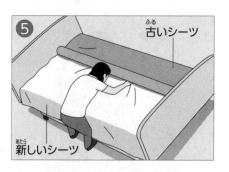
❺ 古いシーツ
新しいシーツ

❽ 古いシーツ
新しいシーツ

❾ 新しいシーツ

コーナーのつくり方

三角コーナーの場合

❶ 角の余った部分で大きな三角形をつくり，三角形の下側部分をマットレスの下に敷きこみます。

❷ 上側のシーツはマットレスに対して直角に引っ張り，❶で敷き入れたシーツがくずれないようにマットレス側面をもう片方の手で押さえます。

❸ 上側のシーツを下ろします。

❹ 垂れているシーツをマットレスの下に敷きこみます。

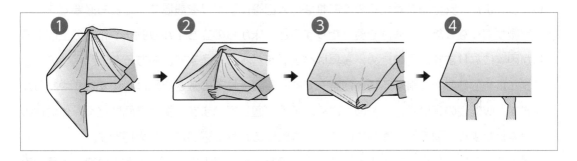

四角コーナーの場合

手順❶～❸は「三角コーナーの場合」と同じです。

❹ 一方の手のひらをマットレス側面に入れ，マットレスの角にそって下ろします。

❺ 垂れているシーツをマットレスの下に敷きこみます。

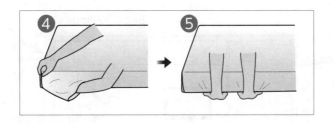

見守り支援システム

　マットレスの下に敷いてリアルタイムで利用者の睡眠状態を把握し個別性に応じた介助を可能にするシステム等も開発されています。センサーは呼吸や心拍数，「睡眠」「覚醒」「起き上がり」「離床」などの利用者の状態を検知し，スマートフォンやパソコンで見ることができます。夜間の訪室回数を減らすことにより，利用者の安眠につながるほか，巡回時刻の設定や排泄介助や起床介助のタイミングや方法など介護計画にも役立てることができます。

❷ 寝室の空間構成

寝室は睡眠の場です。安心してゆっくりと落ち着くことができる場にしなければなりません。寝室の整備では介護が必要になったときのことを考えて，生活の中心の場としての機能も考慮に入れておく必要があります（図2-8-4）。

① 寝室で過ごすことの多い利用者の場合は，寝室と居室のあいだの建具を引き戸などにして開放し，取っ手をにぎりやすいものにしておくと，家族とのコミュニケーションもはかりやすくなります。

出入口は，車いすの使用も考慮して1600mm以上の幅をもたせておくのが望ましいでしょう。また，安全面を考えるのであれば出入口等に手すりを設置することも必要です。

② 足腰が弱くなったり，障害を負ったりすると，床からの立ち上がり動作や布団の上げ下ろしが困難になります。そのため，寝具はベッドを基本に考えます。もちろん，利用者の生活スタイルや価値観を尊重することが第一です。寝具としての敷き布団はかたすぎずやわらかすぎず，吸湿性の高い素材のものがよく，羊毛が適しています。掛け布団は軽く，保湿性の高い素材がよく，羽毛等が適しています。季節にあわせて選ぶことも大切です。

ベッドを使用した場合の一人部屋は，最低でも6〜8畳の広さがあるとよいでしょう。車いすを使用する場合では8畳以上が目安となります。

■図2-8-4 寝室における環境整備

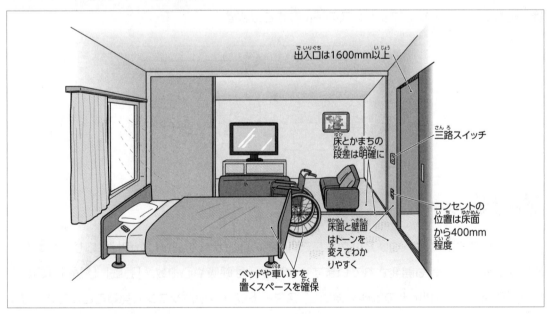

出入口は1600mm以上

三路スイッチ

床とかまちの段差は明確に

コンセントの位置は床面から400mm程度

床面と壁面はトーンを変えてわかりやすく

ベッドや車いすを置くスペースを確保

③　寝室の床はフローリングが主流になっていますが，コルク床なども推奨できます。

　　また，部屋に自由に出入りできるように段差はできる限りなくしましょう。どうしても段差ができてしまう場合は，床とかまちは明確にしておくか，足元灯などを置くようにします。

④　頻繁に抜き差しを行う場合は，コンセントが低い位置にあると高齢者には負担となるので，床面から 400 mm 程度の高さに設置します。

　　ただし，コンセントの位置を高くするとコードに引っかかりやすくなるので，引っかかってもすぐはずれるようにマグネットキャッチ式コンセントなどを検討する必要があります。

⑤　照明のスイッチは，出入口と枕元の両方で ON と OFF が操作できるように三路スイッチを使用したり，リモコンスイッチなどを活用したりするとよいでしょう。

⑥　JIS では，寝室の全体照度を 20 lx としていますが，読書をしたり，化粧をする場合は 500 lx 程度が必要となります。

　　寝室全体の照度は，高齢者の移動を考えると，居間と同じ 50 lx 程度は必要となります。

⑦　寝室全体は明るく落ち着いた色彩の壁紙を使用しましょう。

❸ 睡眠と薬

睡眠障害と睡眠薬

　睡眠障害は，心身機能だけでなく生活環境や日中活動との関連が深いため，どのような原因で起きたのか，生活全体をアセスメントしたうえで環境の改善をはかります。

　それでも睡眠障害が改善されない場合や，睡眠障害が続くことで健康が維持できなくなったり，うつの症状が重くなったりした場合は，医師から睡眠薬が処方されることがあります。

　睡眠薬には大きく分けて睡眠導入薬と睡眠持続薬の2つがあります。最近の睡眠薬は医師の管理のもと正しく服用すれば安全性も高く，依存性や習慣性も少ないといわれています。

睡眠導入薬

　睡眠導入薬は入眠障害の人に使われます。超短時間作用型とも呼ばれ，薬剤の吸収や代謝が速く，効果があらわれるのも速いのですが，効いている時間は短いのが特徴です。

　不安感を取り除くはたらきや，入眠しやすくするはたらきがあります。神経細胞の興奮を抑制し，精神安定剤に近い作用があります。

　服用するときは少量から始めて，様子をみながら適切な量に移行しますが，必ず医師の指示に従います。

睡眠持続薬

　睡眠持続薬は中途覚醒，早朝覚醒，熟眠障害の人に使われます。吸収や代謝が遅く効果があらわれるのも遅いのですが，効いている時間が長いのが特徴です。

　短時間作用型は中途覚醒や熟眠障害のときに使われます。作用時間は4〜10時間なので，翌朝には目覚めもすっきりしています。ただし，高齢者は代謝が悪く，薬の作用が翌日まで残ることがあり，ふらついて転倒することもあるため注意が必要です。

　中間作用型，長時間作用型は作用時間が10時間以上なので，熟眠障害や早朝覚醒のときに用いられます。不眠のために日中に強いストレスや不安がある場合にも使われます。

服用するときの注意点

　薬を服用するときは，ふだんの就寝時刻にあわせて飲みます。薬を飲んでも眠くならないからといって重ねて服用したり，勝手に量を調節したりしてはいけません。薬を服用したら，30分以内に床につくようにします。

　服用する際は，水かぬるま湯で服用します。アルコールといっしょに飲んではいけません。いっしょに服用すると呼吸抑制が起きたり，幻覚症状があらわれたりすることがあります。

　市販の睡眠薬は長期間服用しないようにします。不眠症の治療にはなりませんので，専門医に相談して，適切な処方をしてもらいます。

■表 2-8-1　服用するときの注意点

・ふだんの就寝時刻にあわせて飲む	・勝手に量を調節しない
・飲んだら30分以内に床につく	・水かぬるま湯で服用する
・アルコールといっしょに服用しない	・市販薬は長期間服用しない

服薬介助のポイント

　介護職は決められた量を決められた時間に飲むよう介助します。利用者の状態を把握するためにも，薬の特徴や副作用についての情報・知識をもっているとよいでしょう（表2-8-2）。薬を服用した際の状態や変化も観察し，記録しておきます。

■表 2-8-2　睡眠薬の副作用や禁断症状

・寝起きが悪くなる	・頭重感
・食欲不振	・呼吸抑制
・脱力感や倦怠感	・せん妄や幻覚
・ふらつき	・不安や不眠　　　など

　睡眠薬の副作用としてふらつきなどをともなうこともありますから，服用後の入浴は避けます。夜間は足元灯などをつけて安全に配慮したり，ポータブルトイレを使用したりする方法もあります。

　離床時は必要に応じて見守りや介助を行います。また，目覚めたときはいきなりベッドから起き上がるのではなく，時間をかけて端座位になり，ゆっくり次の動作に移るようにします。そうすることで転倒を防ぐことにつながります。

3 快い睡眠を阻害する要因の理解と支援方法 ::::::::::

❶ 睡眠不足が及ぼす影響

生活への支障

　睡眠時間が短くて眠りが浅いと，翌日はからだがだるく，日中でも眠気が残ります。そのような状態が長く続くと，疲労が蓄積し，ストレスもたまります。何となくやる気がしないなどの意欲の減退，情緒の不安定，注意力の散漫といった状態が生じます。近年，うつ病と睡眠には深い関係があることがわかってきました。しっかりと睡眠がとれている人はうつ病になりにくく，不眠の人はうつ病になりやすいことが報告されています。

　睡眠が不足すると，病気に対する抵抗力も弱くなり，からだにさまざまな影響を及ぼします。それは，睡眠中に分泌される成長ホルモンの量が減るからです。**成長ホルモン**92（➡ p. 312参照）は免疫物質をつくって免疫機能をサポートしたり，代謝をうながして体内のバランスを整えたりと，大切な役割をになっています。

生活習慣病のリスク

　睡眠不足や睡眠の質の低下が生活習慣病の危険を高めることがわかっています。必要な睡眠が十分にとれていないと肥満を招く原因となり，糖尿病や高血圧などのリスクが増加することが明らかにされています。

❷ 加齢による心身の変化が睡眠に及ぼす影響

睡眠時間の変化

　一般的に，年齢を重ねると必要な睡眠時間は短くなる傾向があります。標準的な睡眠時間は6時間以上8時間未満ですが，高齢者の場合，運動量が低下してエネルギーの消費が少なくなるため必要な睡眠量も減少します。無理に長い時間眠ろうとすると，睡眠が浅くなり熟睡感が得られません。

睡眠比率の変化

　布団に入っていた時間のうち，実際に眠っていた時間の比率を睡眠比率といいます。10～20歳代では睡眠比率はほぼ100％ですが，加齢とともに徐々に低くなり，80歳代では70～80％まで低下します。

概日リズムの変化

　体内時計による概日リズムにも，加齢による変化がみられます。一般的に高齢者が早寝早起きなのは，概日リズムが変化したためです。早寝早起きが極端になり，夕方などの早い時間帯に眠気を感じて就寝し，夜中に目が覚めてしまう状態は，概日リズムの過剰な前進が原因と考えられています。

睡眠リズムの変化

　脳を休息させるノンレム睡眠は，睡眠の深さ（脳波の活動性）によって4段階に区分されます。加齢により，睡眠ホルモンと呼ばれるメラトニンの分泌が減少すると，ウトウトした眠りの段階1と浅い眠りの段階2が増えて，深い眠りの段階3ともっとも深い眠りの段階4が減少します。その結果，夜中に何度も目が覚めたり，ちょっとした物音で目覚めたりするようになります。

からだの予備力の低下

　健康状態が良好な高齢者でも，加齢により，老化という変化が出現します。老化によりからだの予備力が低下すると，睡眠の質が低下する原因になることもあります。

　加齢とともに腎臓機能が変化したり，膀胱容量が減少したりすると，睡眠中にトイレに起きる回数が増えます。一般的に，眠っているあいだはトイレに行かなくても大丈夫なように尿が濃縮されて量が減りますが，高齢者の場合，夜間の尿の濃縮が不十分だったり，膀胱に十分な量の尿をためることができなくなります。睡眠中にトイレに起きる回数が増えると，睡眠が妨害され，眠りが浅くなります。

　女性では，閉経の前後からさまざまなからだの不調が出現します。睡眠も不安定になりやすく，寝つきが悪くなる，夜中に何度も目が覚めるなどの影響がみられることもあります。

老年期のこころの問題

　睡眠は，こころの問題とも関連しています。日常生活上の問題や精神的なストレスが原因となって，一時的に不眠になることがあります。

　老年期に直面しやすいこころの問題には，老化に対する不安や戸惑い，さまざまな喪失体験，病気の悩みや苦しみなどがあります。これらの問題がストレスとなって，不眠やうつ病を招くこともあります。

　また，眠れない経験をくり返すと不安になり，眠れないことに対する心配が不眠を引き起こしていることがあります。「眠らなくては」と努力することで神経が興奮してしまい，かえって眠れなくなってしまい，不眠が悪化したり慢性化したりします。これを精神生理性不眠と呼びます。

❸ 病気や障害が睡眠に及ぼす影響

身体的な要因

身体疾患にともなうかゆみや痛み，呼吸困難などがあると，睡眠がさまたげられ，不眠をもたらすことがあります。原因となる身体疾患としては，**表2-8-3** があげられます。

■表2-8-3　睡眠をさまたげる身体疾患

- 狭心症や心筋梗塞による夜間の胸苦しさ
- 前立腺肥大による残尿，尿路系の刺激
- 腰痛や神経痛，関節リウマチなどによる痛み
- 慢性閉塞性肺疾患（COPD）や気管支喘息による咳，呼吸困難
- 皮膚炎，疥癬，糖尿病による掻痒感（かゆみ）

また，**睡眠時無呼吸症候群**は，睡眠中に無呼吸の状態が頻繁に生じる病気で，肥満体型の男性に多いという特徴があります。無呼吸から呼吸再開時に目覚めてしまうため，長く睡眠をとっても熟睡できません。

症状が軽いときは夜中に目が覚めることを自覚している人もいますが，進行してくると目覚めていることに気づくことはなくなります。知らないうちに極度の睡眠不足になり，日中に過剰な眠気や居眠り，集中困難が生じます。無呼吸をともなう睡眠では高血圧や動脈硬化が引き起こされ，**心筋梗塞**93（➡ p. 312 参照）や脳梗塞の危険性を高めます。

精神的な要因

うつ病や**神経症性障害**94（➡ p. 313 参照），**統合失調症**95（➡ p. 313 参照）などの精神疾患には，不眠などの睡眠障害がともないます。うつ病では，朝早く目覚めてそのあと寝つけなくなる早朝覚醒や，夜中に何度も目が覚める中途覚醒，朝に離床することが困難になるなどの症状があらわれる傾向があります。

アルツハイマー型認知症（➡第1巻 pp. 351-352 参照）やパーキンソン病（➡第1巻 pp. 320-321 参照），脳血管障害などの脳器質性疾患にも，急性あるいは慢性の不眠が起こることがあります。

薬物的な要因

治療のために服用する薬剤のなかには，副作用として不眠を引き起こすものがあります。原因となる薬剤としては，抗パーキンソン病薬（レボドパ，アマンタジン），降圧薬，副腎皮質ステロイド，消炎鎮痛剤，気管支拡張剤などです。

また，副作用として日中の眠気や過眠をきたす薬剤もあります。抗ヒスタミン作用のある風邪薬，抗アレルギー薬，抗不安薬，抗うつ薬，抗精神病薬などのなかには，過眠を引き起こすものもあるため注意が必要です。

睡眠障害

睡眠と覚醒に関するさまざまな病気を睡眠障害と呼びます。

睡眠障害のなかでもっとも多いとされているのが，不眠症です。不眠症とは，その人の健康を維持するために必要な睡眠時間が量的あるいは質的に不足して昼間に強い眠気が起こり，そのために社会生活に支障をきたしている状態をいいます。必要とされる睡眠時間には個人差があるため，一般的に短いとされる睡眠時間であっても，本人が目覚めたときに満足感があり，昼間に活動できるようであれば不眠症とは呼びません。

不眠症の種類には，表2-8-4のようなものがあります。これらの症状が数日間持続する状態を一過性不眠，ストレスや身体の病気などにより1〜3週間ほど続く状態を短期不眠，さまざまな理由により1か月以上続く状態を長期不眠と分類することもあります。

また，過眠症では，夜間の睡眠時間は十分なはずなのに，日中に強い眠気におそわれて日常生活に支障をきたします。代表的な過眠症には，日中に突然強い眠気が出現して眠りこんでしまうナルコレプシーがあります。日中の過剰な眠気は日常生活や社会生活に支障をきたすだけでなく，転落や転倒などの事故の原因にもなるため専門機関での検査や治療が必要です。

■表 2-8-4　不眠症の種類

❶ **入眠障害**
布団に入ってから，寝つくまでに30〜60分以上かかる状態が慢性的に続く。入眠困難ともいう。

❷ **熟眠障害**
睡眠時間は十分でも，よく眠ったという満足感が得られない症状が続く。

❸ **中途覚醒**
夜中に何度も目が覚める状態が続く。睡眠中に何度もトイレに行きたくなるなどの症状を訴える人も多い。睡眠維持困難ともいう。

❹ **早朝覚醒**
早朝（午前３時や４時）に目が覚めてしまい，まだ睡眠が足りないにもかかわらず，それ以降眠れなくなる症状が続く。

死にゆく人に関連したこころと
からだのしくみと終末期介護

学習のポイント 📝

- ●終末期のとらえ方を学ぶ
- ●終末期から死までの身体機能の変化について理解し，状況にあわせた対応を学ぶ
- ●死に直面したときの人の心理状況について理解し，こころの変化の受け止め方を学ぶ

1 終末期に関する基礎知識 ::::::::::::::::::::::::::::::::::

❶ 終末期の介護

　終末期は，治療困難な状態であるという特徴から，医療だけでなく，さまざまな症状や苦痛を軽減するための「ケア」が必要になります。がんに限らず，神経難病や認知症，高齢者の老衰などによる終末期の状態は多様で，病状や全身状態の変化にともないさまざまな苦痛が生じます。

　終末期の症状は，身体的苦痛だけでなく，そこから生じる精神的苦痛や，それまで行っていた家事や仕事などの役割ができなくなることによる社会的苦痛などが生じます。そして，そのことによって，自分の存在意義や生きる目的を見失うなどの霊的（スピリチュアル）な苦痛につながることもあります。こうした苦痛への援助では，1つの側面だけではなく，それぞれの苦痛が関連しているため，総合的にかかわる全人的ケアを提供することが求められます。

　本人の意思を尊重し QOL （➡第1巻 p. 56 参照）を重視したケアでは，住み慣れた自宅でこころおだやかに，最期まで自分らしさを保てるようなかかわりが大切です。2018（平成30）年3月に改訂された「人生の最終段階における医療・ケアの決定プロセスに関するガイドライン」（厚生労働省）では，最期までその人らしく生活することを支えられるように，本人の意思を確認することが重要としています（表2-9-1）。

　たとえば，入院中の患者について，医療の必要性が高い場合などの在宅ターミナルケアがむずかしいと思われるような状態でも，本人や家族が望めば，退院について検討します。保健・医療・福祉サービスや，ボランティアなどのインフォーマルサービスも含め，地域のさまざま

な社会資源を活用できるように調整し，ケアチームで最期まで支えていくことが重要です。

■表2-9-1　人生の最終段階における医療・ケアのあり方

❶　医師等の医療従事者から適切な情報の提供と説明がなされ，それに基づいて医療・ケアを受ける本人が多専門職種の医療・介護従事者から構成される医療・ケアチームと十分な話し合いを行い，本人による意思決定を基本としたうえで，人生の最終段階における医療・ケアを進めることが最も重要な原則である。

　　また，本人の意思は変化しうるものであることを踏まえ，本人が自らの意思をその都度示し，伝えられるような支援が医療・ケアチームにより行われ，本人との話し合いが繰り返し行われることが重要である。

　　さらに，本人が自らの意思を伝えられない状態になる可能性があることから，家族等の信頼できる者も含めて，本人との話し合いが繰り返し行われることが重要である。この話し合いに先立ち，本人は特定の家族等を自らの意思を推定する者として前もって定めておくことも重要である。

❷　人生の最終段階における医療・ケアについて，医療・ケア行為の開始・不開始，医療・ケア内容の変更，医療・ケア行為の中止等は，医療・ケアチームによって，医学的妥当性と適切性を基に慎重に判断すべきである。

❸　医療・ケアチームにより，可能な限り疼痛やその他の不快な症状を十分に緩和し，本人・家族等の精神的・社会的な援助も含めた総合的な医療・ケアを行うことが必要である。

❹　生命を短縮させる意図をもつ積極的安楽死は，本ガイドラインでは対象としない。

出典：厚生労働省「人生の最終段階における医療・ケアの決定プロセスに関するガイドライン」p.1，2018年

❷ 終末期の変化の特徴

終末期における家族の変化

　終末期は，死に向かい症状が不安定になる時期で，これまで行ってきたケアに対して，家族は「これでよいのだろうか」と不安になり，動揺することがあります。家族が落ち着いて最期までケアができるように支援することが大切です。

　終末期には，家族が利用者の死を少しずつ受容していけるようにかかわることが大切です。そのためには，身体機能の変化と死に向かうプロセスを学び，さまざまな変化に対応できるための準備が必要です。

終末期の変化の特徴

　表2-9-2に示すような変化を早期に発見し，適切に対応するためには，もっとも身近な介護職が，日々の状態を観察するとともに変化の状況を記録し，迅速に報告することが大切です。多職種で情報を共有することは，ケアチームの連携が深まり，利用者や家族にとっても安心や信頼につながります。

■表2-9-2　終末期の変化の特徴

・身体機能の変化が全身に及ぶ。
・身体機能の低下とともに介護量が増える。
・身体的，精神的に家族の負担が増える。

バイタルサインの変化

　終末期を迎えると，表2-9-3のようなバイタルサインの変化がみられます。
　死の直前には呼吸が変化することがよくあります。苦しそうな様子をみて家族は不安になり，あわててしまうことがあります。介護職は，このような呼吸状態は自然の変化であり，苦しさのあらわれではないことを家族に伝え，見守ることも大切なケアです。そして，状態の変化に関しては，医師や看護師に報告し，時間と状態を記録することも介護職の大切な役割です。
　また，呼びかけても反応しないことがありますが，最期まで耳は聞こえているといわれており，最期までできることがあることを家族に伝え，手をにぎって呼びかけるように家族を支援することも大切なケアです。

■表 2-9-3　終末期のバイタルサイン（生命徴候）の変化

呼吸	間隔が不規則となり，深さも乱れてくる。
体温	脱水により発熱することもあるが，体温は低下して四肢冷感がみられる。
脈拍	リズムが乱れ，脈が弱くなり，手首（橈骨動脈）では触れにくくなる。
血圧	下降し，徐々に測定できなくなる。
意識状態	死が近づくと低下し，ウトウトする時間が長くなる。
チアノーゼ	酸素欠乏になり，皮膚や粘膜が青紫色になる（口唇や爪で目立つ）。

食事・水分量の減少

　食事や水分の量が徐々に減り，食べるときと食べないときの差が出たり，食べられないことが増えてきます。また，かむ力・飲みこむ力も弱くなり，口にしても飲みこめなくなってきます。少量で栄養がとれる高カロリー食や，トロミをつけて飲みこみやすく工夫するなど状態にあわせた栄養補給の方法を検討します。食欲の減少は栄養状態の低下に影響するため，食事以外の全身状態の変化も気をつけて観察します。

排泄の変化

　腎臓機能の低下，食事・水分量の減少による脱水などの影響から，尿量が減少していきます。また，食事や水分量の減少による栄養状態の低下や脱水は排便にも影響します。
　終末期では，痛みをやわらげるための薬剤（モルヒネなど）の影響で便秘になることもあります。また，消化機能の低下から下痢になることもあるため，排泄状態に変化がみられたときは，医師や看護師などの医療職にも報告・相談します。

不眠

　痛み・吐き気・呼吸困難・不安などの症状は睡眠にも影響するため，不眠に対しては，室温・換気・照明などの環境を整え，落ち着いて眠れるように配慮します。
　人によっては，夜の静かな環境にかえって不安を感じる場合もあります。利用者が不眠である場合，介護している家族も不眠になっていることがあるため，家族の様子にも気を配ります。
　痛みや不安で眠れないときには，痛みを緩和するために睡眠薬が処方される場合があります。睡眠薬を服用しているときには，夜間トイレに歩こうとしたときにふらついて転倒しないように手すりを活用したり歩行を見守るなど，注意が必要です。

2 生から死への過程 ::

❶ 看取りの現状

　高齢者人口の増大で今後死亡者数が増えていくことから，終末期ケアのあり方がより重要になっていきます。

　2021（令和3）年の「人口動態調査」（厚生労働省）によると，日本人の死亡場所の約67.4％が病院や診療所で，約30.7％が自宅や施設となっています。しかし，『高齢社会白書』によると，「完治が見込めない病気の場合に迎えたい最期の場所」については，約半数（51.0％）の人が「自宅」と答えており，次いで，「病院・介護療養型医療施設」が31.4％という結果になっています（図2-9-1）。最期を迎えたい場所に対する希望と，死亡場所の割合が逆転しているという看取りの現状があります。

　また，地域包括ケアシステム96（→ p.313 参照）では，住み慣れた地域で，最期まで自分らしい暮らしを継続できることを推進しているため，今後自宅での看取りのニーズが増えていくと考えられます。このことから，人生の最期の時間をどこでどのように過ごしたいのか，日常のケアのなかで利用者の本当の気持ちをつかむことが大切になります。

■図2-9-1　完治が見込めない病気の場合に迎えたい最期の場所

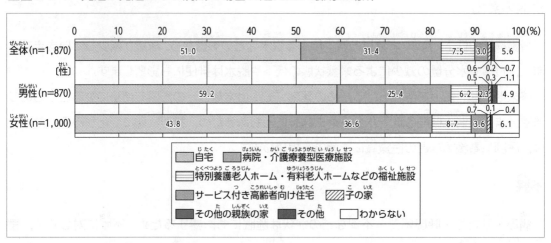

出典：内閣府編『高齢社会白書 令和元年版』p.68, 2019年を一部抜粋

死のとらえ方

　人間の死の定義としては，**表2-9-4**の3つがあげられます。**生物学的な死**とは，生命維持活動を行ってきた生体のすべての生理機能が停止し，回復不可能な状態をいいます。

　1997（平成9）年に「臓器の移植に関する法律」が施行されたことにより，臓器提供の意思が確認でき，脳死の判定基準が満たされれば，移植時に限り脳死を人の死と認めることが可能となりました。

　脳死とは，脳の機能がほぼ完全に失われ回復不可能な状態です。人工呼吸器などの機械で心臓を動かしつづけたとしても，心停止にいたり，回復することはありません。

　臨床的な死とは，心肺が停止した状態をいいます。従来，**死の三徴候**[97]（➡ p.313 参照）があれば，医師は死亡と判断しました。しかし，高度医療や延命技術の進歩などにともない，人工心肺や人工呼吸器などの**生命維持管理装置**[98]（➡ p.313 参照）によって，いったん停止した心肺機能をおぎなうことが可能になったため，死のとらえ方が変化しました。

■表2-9-4　人間の死の定義

① 生物学的な死
② 法律的な死（脳死）
③ 臨床的な死

「生」と「死」の支援

　人にとって「死」とは，ライフステージの最終段階にあたり，もっとも大切なしめくくりのときです。その最終段階をどのように過ごすかは環境や本人の意思，家族の考えが影響します。本人の意思を尊重するためには，これまでの生き方やこだわりなどを知ることが大切です。人生観は一人ひとりの長い人生の積み重ねの先にあるもので，信仰・習慣・文化的背景により異なり，個性的で尊いものです。

　尊厳を保持しながら最期をその人らしく生きるためには，本人の希望する生き方，死に方を最大限尊重するための周囲の理解と協力が欠かせません。終末期のQOLを高めて生きることを支えることは人の生と死を支援することであり，生活全体へ深くかかわる介護技術になります。

　死にゆく人の最期の「生」を支えるために必要な，その人らしさを知るための技術や，その過程を支えるために必要な知識こそ，介護職の専門性といえるでしょう。その人らしさを知るためには，これまでの生き方や大切にしていることを知りたいという気持ちで，日ごろのかかわりのなかで耳を傾けることが大切です。

❷ 尊厳死

尊厳死とは

　尊厳死とは，人工呼吸器などの医療装置につながれるなど，延命だけを目的とした治療を受けず，人としての尊厳を保ちながら死を迎えることです。

　これには，事前の本人の意思表明を含め，家族が本人の希望かどうかを確認しておくことが重要です（事前の意思確認）。

その人らしく「死」を迎える準備と意思表示

　その人らしく「死」を迎えるためには，残された時間をどのように生きるかについて，本人の意思が尊重されるよう事前に準備しておく必要があります。

　「どこで」「だれと」「どのように」最期を迎えたいのか，終末期の過ごし方や，もしものときには延命処置（救急蘇生や生命維持管理装置）を望むのかなど，具体的な本人の意思を事前に確認します。本人の意思を確認することは，自己選択・自己決定を支え，その人なりの自立を支援することにつながります。そして，残される家族にとっても本人の意思にそった看取りができることになり，後悔の少ない納得のいく看取りにつながります。

　しかし，生命についての意思表示（リビング・ウィル⑨（➡ p. 313 参照））は強制力がなく，法制化の必要性が叫ばれながら，日本ではまだ法的な整備がされていないのが現状です。

　「人生の最終段階における医療に関する意識調査報告書」（人生の最終段階における医療の普及・啓発の在り方に関する検討会，2018 年）によると，人生の最終段階における医療について家族等と話し合いをしたことがある割合は，一般国民では約 40 ％です。このことから，半数以上の人が終末期になってはじめて話し合いを迫られることになると考えられます。そのときに，日常生活に密接にかかわる介護職が，本人や家族の意思決定プロセスである話し合いをサポートすることも重要な役割になります。

　また，同報告書によると，意思表示の書面を作成しておくことについては，約 70 ％の一般国民が賛成しています。しかし，実際に書面を作成している人は約 10 ％と少ない状況にあります。このことから，終末期における意思決定の支援はよりいっそう必要であるといえます。

　最期のときをどのように過ごすのか，意思決定の支援として，「人生の最終段階における医療・ケアの決定プロセスに関するガイドライン」では，終末期になり判断力や意思表示ができなくなる前に，日ごろから思いや考え方を確認することが大切だとしています。

3 「死」に向き合うこころの理解 ::::::::::::::::::::::::::::

❶ 「死」に対するこころの変化

　人にとって，「死」とは経験のない世界で，死にのぞむとき，死に対する不安や恐怖，残された時間が少ないことによるあせりなど，さまざまな心理的変化が考えられます。

　キューブラー‐ロス（Kübler-Ross, E.）⑩⓪（➡ p. 313 参照）は，終末期の患者の心理を5つの段階に分けて示しています（**表2-9-5**）。

■表2-9-5　キューブラー‐ロスによる死を受容するまでの5段階のプロセス

第1段階	否認	自分の余命があと数か月であるなどと知り，それが事実であるとわかっているが，あえて死の運命の事実を拒否し否定する段階。「そんなはずはない」「何かの間違いだろう」というように死の事実を否定するが，否定しきれない事実であることがわかっているために，事実を肯定している周囲から距離をおき，孤立することになる（「否認と孤立」段階ともいう）。
第2段階	怒り	拒否し否定しようとしても否定しきれない事実を宿命だと自覚できたとき，「なぜ私が死ななければならないのか」という「死の根拠」について強い怒りをもって問いかける。このとき，当然そのような根拠は見つからない。
第3段階	取り引き	「神様どうか助けてください」「病気さえ治れば何でもします」などと何かと取り引きをするかのように，奇跡への願いの気持ちをあらわす。
第4段階	抑うつ	第3段階の取り引きが無駄であることを知り，気持ちが滅入って，うつ状態におちいることもある。
第5段階	受容	死を恐怖し，拒否し，回避しようと必死であったのが，死は何か別のことかもしれないという心境が訪れる。人によって表現は異なるが，死んでゆくことは自然なことなのだという認識に達するとき，こころにある平安が訪れ，「死の受容」へと人はいたる。

❷ 「死」を受容する段階

「死」を受容するまでの段階の進み方

痛みなどの症状や，不安や恐怖といった精神的苦痛がとれることにより，最期の休息のとき が訪れたような心境で，静かに終焉のときを迎えることができます。

キューブラー－ロスの「受容」までの5段階は一方向ではなく，また，必ずしもこのとおり の経過をたどるものではありません。死への恐怖心や不安の理由がそれぞれ異なるように，こ れまでの生活歴，家族歴，死に向かう原因や状況，死生観などにより，受容までのプロセスも 人によって異なります。

あるがままを受け入れること

死への不安や恐怖，葛藤に苦しんでいる人を支えるためには，医療だけではなく，こころの ケアが重要です。残された貴重な時間をどのように過ごすかということに，よい人生だったと 思えるかどうかがかかっています。

人の痛みを感じることができ，人の痛みに寄り添いながら，利用者が何を求め，望んでいる のか，最期の一瞬まで何がその人らしい生き方か，一生懸命に知ろうとする誠実さが重要です。 そして，みずからの価値観・死生観をもちながら，他者の価値観・死生観を尊重し，受け止め る真摯な姿勢が介護職として求められるのです。

利用者がどのような状況であろうとも，今ここにいることに価値があり，意味のあることで あると理解し，利用者のすべてを受け止める心構えが必要となります。たとえ重篤な状態でコ ミュニケーションをはかることがむずかしくなったとしても，人の価値は変わらず，すべて必 要とされる人なのです。

利用者の状態がどのようであっても，あるがままを受け入れることから介護は始まります。 受容することは，人間の尊厳を守ることで，個人の尊重といった意味でも大切です。

❸ 家族の「死」を受容する段階

家族を支援することの重要性

　終末期に大切な人を失おうとしている状況では，家族は深い悲しみとともに，孤独感，罪悪感，葛藤や怒りなど，さまざまな感情をもちます。そして，これまでの家族の歴史をふり返りながら，利用者を思い，残された時間を大切に過ごしたいと考えています。

　それと同時に，家族は，「この先，どのような変化が起こるのだろうか」「急変したらどうしよう」「苦しい思いをさせるのではないだろうか」など，さまざまな不安をかかえています。また，間近に迫る別れを悲しみながらも，本人のために「何かしてあげたい」と強く願っています。

　家族は，医師の説明や，日々の暮らしのなかで利用者が衰弱していく変化からも，死が近づいていることを実感していきます。そして，死が避けられないものだと受け止め，死に直面するこころの準備をしていきます。家族は何か変化が起こるたびに不安になり，迷い，揺れ動きます。そのようななかで，介護職には，利用者同様に家族の気持ちを理解し，支援していくことが求められます。

家族にとって納得のできる死

　終末期の介護では，利用者だけでなく，家族も含めてケアする視点が大切です。看取りの方法を教えるだけでなく，死に向かっていることを家族がきちんと理解し，受け止め，準備できるようにしましょう。また，本人の望む最期を迎えられるように支援することが，QOLを高めることになります。

　家族にとって納得のできる死とは，本人の気持ちを十分に尊重しながら「できる限りのことはやった」と思えるような死に方ではないでしょうか。終末期は急な身体状況の変化にともない，介護の負担も増大します。家族の負担を軽減することは大切ですが，看取ったあとに家族が心理的な後悔をしないためにも，家族が十分お世話できたと思えるような状況をつくる配慮も大切です。

4 苦痛の少ない死への支援 ::::::::::::::::::::::::::::::::::

終末期において何を支えるのか

事例▶末期がん患者への支援を考える

　在宅で療養中のＡさん（女性，75歳）は，肝臓がんの末期です。1か月ほど前から食事がわずかしかとれなくなり，衰弱してきています。Ａさんの夫は，6年前に脳梗塞のために亡くなっています。現在，Ａさんは長女（45歳）と二人暮らしです。

　Ａさんは，夫の入院中の出来事や自分が入院したときの経験から，すっかり病院嫌いになり，自分の最期は自宅で，延命治療をせずに死を迎えたいと，長女に以前から希望を伝えていました。長女も母親の希望どおりに母親を自宅で介護し，最期を看取りたいと思っています。

　長女は近所のスーパーマーケットにレジのパートで勤めているため，介護支援専門員（ケアマネジャー）（➡第1巻 p.97 参照）に相談し，主治医の往診や，訪問看護・訪問介護（ホームヘルプサービス）・訪問入浴介護・福祉用具の給付などの居宅サービスを利用しています。長女は，往診に訪れる医師から「Ａさんの希望どおり延命治療はしない予定です。苦しまれるようだったり，容体が変わったりしたらいつでも連絡をください」と，Ａさんの死が近いことを知らされています。

　長女は，母親の容体をみながら，仕事を短い時間の勤務に変更し，2人の訪問介護員（ホームヘルパー）に教えられ助けられながら，日々介護を行っています。いつものように訪問介護員がＡさんを訪問したときです。長女と清拭をすませ，気分の確認の声をかけると，Ａさんはかすかにうなずいた感じがしました。しかし，脈拍が弱くなり，**喘鳴**[101]（➡ p.314 参照）が出ているようなので，死が間近に迫っているのではないかと主治医に急報しました。

　主治医が駆けつけたときには，Ａさんは呼びかけても反応がなく，呼吸も浅く不規則で，やがて**下顎呼吸**[102]（➡ p.314 参照）となり停止しました。長女からは「ヘルパーさんといっしょに介護ができたことで，母親の希望どおり家で最期を看取ることができました」と感謝の言葉がありました。

終末期の介護において介護職に求められるもの

　介護職は，終末期にある利用者が治療をまったく望めない状態であっても，許されるわずかな日々を質（①生命の質＝生きているあいだにどれだけ生きがいをもってもらえるか，②日常生活の質＝ADL，**IADL**[103]（➡ p. 314 参照），③環境の質＝住んでいる場所，かかわっている人たちとのつながり）の高い，何らかの生きがいをもって生きられるものとなるように援助します。

　介護職は，生理的欲求や安全の欲求を満たす身のまわりの世話や，本人と家族の精神的な支えとなる生活支援技術の確立が必要となります。なかでも，終末期を迎える利用者に対して無理なはげましなどはせず，利用者の表情やしぐさ，行動のなかから微妙な変化に気づく感性が求められます。

　そして，なるべく苦痛が少なく，やすらかな死を迎えられるような援助が大切です。身体的・精神的苦痛を緩和し，利用者がやすらかな死を迎えられるようにするためには，家族に対しても，ともに死を迎え入れるこころの準備などを側面から援助します（表 2-9-6）。

チームで支える終末期の介護

　利用者・家族がもつ身体的・精神的な苦痛を軽減するためには，専門的なチームづくりも必要です。

　チームケアで大切なことは，チームで情報を共有し，チームメンバーが共通したケアの考え方をもって，一致した方針のもとに援助を行うことです。とくに在宅における終末期の介護は，いくら利用者本人が最期は家で死にたいと訴えても，家族に受け入れる気持ちがなければ困難になります。

　介護職は，家族が家で看取りの意思決定をするまでのこころの葛藤を理解し，在宅で看取ることになった場合には，利用者はもちろん，家族支援にも留意することが重要です。

■表 2-9-6　終末期の介護のポイント

- ・最期まで1人の人格をもつ人として扱う。
- ・身体的・精神的な痛みや苦しみをやわらげる。
- ・家族へのケアにも留意し，死別の悲しみを支える。
- ・チームワークによるはたらきかけが基本となる。

死に対する心理の理解

　いくら手厚い介護をしていても，人の生命には限りがあります。死のイメージは「この世の終わり」「孤独」など，暗いイメージがつきまといます。日常生活のなかで自然に死の教育を受けたり，家族との死別を体験したりする機会もなかなかありませんから，多くの人は死を語ることを避け，恐れ，考えることを拒否します。

　死に直面した利用者は，少なからず死に対する不安を抱いているといわれています。介護職は，死に直面した利用者のつらさ，苦しみを共有し，最期までともに歩んでいかなければなりません。

　死期を告げられたり，知ったりしてから死を受容するまでには5段階のプロセスがあることを，キューブラー-ロスは著書『死ぬ瞬間』のなかで述べています。

　年齢や生活歴によって死生観はさまざまであり，ここで述べられている心情が必ずしもすべての人に当てはまるわけではありませんが，介護職は苦悩の段階について理解しておく必要があります。

用語解説

1 ドライクリーニング

どらいくりーにんぐ
➡ p. 75 参照

乾式洗濯ともいわれ，湿式洗濯（水を用いて洗剤により洗浄する方法）で変形，型くずれ，脱色のおそれのある毛・絹などでできた繊維製品の洗浄に適している。

2 有機溶剤

ゆうきようざい
➡ p. 79 参照

固体，液体あるいは気体の溶質を溶かす有機物の液体のこと。アルコール（油よごれに有効），アセトン（ネイル落としやゴムはずしに使用），ヘキサン（ベンジン，エーテルなど）がある。

3 化学繊維

かがくせんい
➡ p. 85 参照

セルロースやたんぱく質などの天然の高分子物質，化学的に合成した高分子物質を人工的に繊維の形にしたもの。

4 訪問介護計画

ほうもんかいごけいかく
➡ p. 88 参照

ケアプラン（居宅サービス計画）に示された援助目標にそって，訪問介護事業所のサービス提供責任者が作成する計画。利用者のニーズや状態，家族の状況や希望，思い，周辺環境などの情報を収集したうえで，サービス提供における目標，具体的なサービス内容などが記載される。

5 悪質商法

あくしつしょうほう
➡ p. 90 参照

悪質な業者が不当な利益を得るために行う，社会通念上問題のある商売方法のこと。不安をあおったり，親切にして信用させたりして商品やサービスを売りつける。

6 クーリング・オフ制度

くーりんぐ・おふせいど
➡ p. 91 参照

購入者が訪問販売など営業所以外の場所において，指定商品や権利などについて契約の締結をした場合に，一定の期間内であれば，購入者が販売業者に通知して無条件に契約の解除をすることができる制度。

7 ライフサイクル

らいふさいくる
➡ p. 92 参照

人間が生まれてから死にいたるまでの過程をいい，乳幼児期・児童期・青年期・成人期・高齢期に分けられる。

8 世界保健機関（WHO）

せかいほけんきかん（ダブリューエイチオー）
→ p. 94 参照

国際連合の専門機関の１つ。世界中の人々
が最高水準の健康を維持することを目的
に，感染症対策，衛生統計，基準づくり，
研究開発などを行っている。

9 上がりかまち

あがりかまち
→ p. 95 参照

日本家屋にある玄関の段差に取りつけた化
粧材のこと。かまちとは，床の間や玄関の
上がり口など，床に段差があるときに床面
の端を隠すためにつける水平の化粧材をい
う。

10 段鼻

だんばな
→ p. 96 参照

足をのせる踏み板（踏面）の先端部分のこと。

11 JIS

ジス
→ p. 97 参照

正式名称を日本産業規格という。異なる
メーカー製品でも組み合わせて使うことが
できたり，規格にそった図面があればだれ
がつくっても同じものができるという，日
本の産業製品に関する規格や測定法などを
定めたもの。データ，サービス，経営管理

などが含まれる。

12 lx

ルクス
→ p. 97 参照

明るさを示す１つの単位で，照らされた面
の明るさを数量化したもの。

13 電磁調理器

でんじちょうりき
→ p. 97 参照

電磁を誘導して，電磁器そのものは発熱し
ないで鍋を発熱させることにより食品を加
熱する調理器具。炎が出ないので引火や立
ち消えのおそれがない。「IH調理器」とも
呼ばれる。

14 dB

デシベル
→ p. 99 参照

音の大きさを示す単位で，基準値と比較し
て何倍，あるいは何分の１であるかを対数
を用いて表現するもの。

15 ユニットケア

ゆにっとけあ
→ p. 103 参照

特別養護老人ホームなどにおいて，居室を
いくつかのグループに分けて１つの生活単
位とし，少人数の家庭的な雰囲気のなかで
行うケアのこと。ユニットごとに食堂や談

話スペースなどを設け，また職員の勤務形態もユニットごとに組むなど，施設のなかで居宅に近い居住環境をつくり出し，利用者一人ひとりの個別性を尊重したケアを行う試みといえる。

16 償還払い

しょうかんばらい
→ p.104 参照

利用者がサービスに要する費用を全額いったんサービス提供事業者に支払い，その後，申請により，保険者から利用者負担分を除いた額の払い戻しを受けること。

17 モニタリング

もにたりんぐ
→ p.104 参照

ケアマネジメントの一過程。ケアプランに照らして状況把握を行い，現在提供されているサービスが十分であるかどうかを観察・把握すること。

18 ケアプラン

けあぷらん
→ p.104 参照

一人ひとりのニーズにあわせた適切な保健・医療・福祉サービスを提供するための計画書のこと。介護保険制度では，居宅介護支援事業所の介護支援専門員により作成される要介護者の在宅生活を支援するための居宅サービス計画や，介護保険施設で提供されるサービスを明示する施設サービス計画，地域包括支援センターで作成される要支援者の介護予防サービス計画をいう。

19 福祉用具

ふくしようぐ
→ p.106 参照

日本では「福祉用具の研究開発及び普及の促進に関する法律」が 1993（平成5）年に制定されたことにより，福祉用具という呼び名の統一と定義が定まった。

20 支持基底面積

しじきていめんせき
→ p.107 参照

身体を支持するための基礎となる，身体の底の面積のこと。立位の場合，床と接しているところで囲まれた，足下の面積をさす。

21 福祉用具専門相談員

ふくしようぐせんもんそうだんいん
→ p.114 参照

福祉用具の専門的知識を有し利用者に適した用具の選定に関する相談を担当する者。事業者は事業所ごとに 2 人以上の福祉用具専門相談員をおくこととされている。

22 端座位

たんざい
→ p.118 参照

ベッドの端に腰かける座位のこと。

23 巻き爪

まきづめ

➡ p. 124 参照

陥入爪ともいう。足の爪のへりが皮膚に食いこんだ状態。放置すると細菌感染などで炎症を起こし、痛みで歩けなくなることもある。深爪、爪の角を丸く切りすぎる、靴などによる圧迫などによって起こりやすい。

24 爪肥厚

そうひこう

➡ p. 124 参照

爪肥大ともいう。爪甲が異常に厚くなること。爪の内的バランス異常、遺伝などのほか、巻き爪などが原因となりやすい。

25 側臥位

そくがい

➡ p. 130 参照

横向きに寝ている状態のこと。

26 仰臥位

ぎょうがい

➡ p. 131 参照

あお向けに寝ている状態のこと。背臥位ともいう。

27 拘縮

こうしゅく

➡ p. 135 参照

かたまって動かなくなること。人は身体を使わないことによって廃用症候群があらわれ、筋の萎縮（縮むこと）や関節の拘縮などが起こる。

28 脊髄損傷

せきずいそんしょう

➡ p. 136 参照

交通事故などの外傷により脊椎の骨折、脱臼にともない生じる脊髄の障害で、重篤な機能障害を示す。

29 脳卒中

のうそっちゅう

➡ p. 136 参照

脳の循環不全による急激な反応で、突然倒れ、意識障害を生じ、片麻痺を合併する症候群のこと。

30 ポリオ

ぽりお

➡ p. 136 参照

急性灰白髄炎。感染症の予防及び感染症の患者に対する医療に関する法律（感染症法）による二類感染症とされている。

31 臥位

がい

➡ p. 148 参照

基底面を広くした静止位のこと。立位、座位に比べもっとも安定した姿勢である。臥位には仰臥位（あお向けに寝た状態）、側

臥位（横を向いて寝た状態で，右を下にして横になるのを右側臥位，左を下にして横になるのを左側臥位），腹臥位（うつ伏せになって寝た状態で顔は横に向ける）等がある。

32 殿部

でんぶ
→ p. 150 参照

尻の部分のこと。

33 脳血管障害

のうけっかんしょうがい
→ p. 156 参照

血管不全による脳障害で，多くは突発的に発症し，脳障害の部位，程度によりさまざまな神経症状が生じる。脳血管の閉塞で虚血が続けば脳梗塞の過程が進み，脳の軟化が起こる。また，出血により，脳実質内に血腫をつくるものを脳出血，くも膜下腔に出血するものをくも膜下出血という。

34 脳梗塞

のうこうそく
→ p. 156 参照

脳血栓や脳塞栓などによる脳血流障害により，脳細胞が壊死におちいった状態のこと。

35 脳出血

のうしゅっけつ
→ p. 156 参照

さまざまな原因で起こる脳の血管からの出血。脳の血管が切れる脳内出血と，脳の表面の血管が切れて起こるくも膜下出血とがある。

36 廃用症候群

はいようしょうこうぐん
→ p. 174 参照

安静状態が長期にわたって続くことにより，身体的には筋・骨の萎縮や関節拘縮などが，精神的には意欲の減退や記憶力低下などがあらわれること。

37 傾眠

けいみん
→ p. 174 参照

軽い刺激で目覚めるが，注意は散漫で，応答や行動は緩慢である状態。

38 加齢性難聴

かれいせいなんちょう
→ p. 175 参照

加齢とともにみられる聴力障害で，低音域の聴力は保たれる一方，高音域の聴力が障害されるという特徴がある。

39 椎体

ついたい

→ p.175 参照

椎骨の前部を占める半円形の部分。

40 義足

ぎそく

→ p.176 参照

下肢の欠損部分に装着し，人工的に補塡するための器具。障害者の日常生活及び社会生活を総合的に支援するための法律（障害者総合支援法）にもとづく補装具の交付品目（義肢）として指定されている。

41 起立性低血圧

きりつせいていけつあつ

→ p.176 参照

臥位からの起立時に血圧が低下する状態で，立ちくらみや，時に失神を生じる。

42 疼痛

とうつう

→ p.176 参照

ずきずきする痛み。うずき。

43 失語症

しつごしょう

→ p.177 参照

大脳の言語野が損傷されることによって生じる言語機能の障害であり，すでに獲得していた言語を話したり，聞いたり，書いたり，読んだりすることが困難になる。損傷部位によって言語の表出面が障害される運動性失語症，理解面が障害される感覚性失語症など，異なるタイプがあらわれる。

44 高次脳機能障害

こうじのうきのうしょうがい

→ p.177 参照

脳血管障害などにより脳に損傷を受け，その後遺症として生じた記憶障害，注意障害，社会的行動障害などの認知障害などのこと。

45 誤嚥性肺炎

ごえんせいはいえん

→ p.183 参照

細菌が食べ物や唾液などとともに誤って気管から肺に入り，肺に炎症を起こしたもの。

46 視床下部

ししょうかぶ

→ p.184 参照

間脳にあり，自律神経系，内臓機能，内分泌系の調節を行う総合中枢として重要な役割をもつ。

47 食塊

しょっかい

→ p.185 参照

かんで細かくなって唾液と混ぜられ，飲みこむ直前の状態になった食べ物のまとまり

のこと。

48 蠕動運動

ぜんどううんどう

➡ p. 187 参照

消化管などの管状の臓器が，その内容物を波状に送る基本的な運動形式のこと。

49 代謝

たいしゃ

➡ p. 187 参照

体外から取り入れた物質をもとに生物の体内で起こる化学的変化（反応）のこと。分解・合成されることにより古いものと新しいものが入れ替わり，それにともないエネルギーの生産や消費が行われることをいう。

50 三大栄養素

さんだいえいようそ

➡ p. 187 参照

人間が必要とする栄養素のうち，エネルギー源となるたんぱく質，脂質，糖質（炭水化物）をいう。

51 自助具

じじょぐ

➡ p. 190 参照

高齢者や障害のある人などが，自力でADL（日常生活動作）をしやすいように考案された補助的器具や道具のこと。

52 背抜き

せぬき

➡ p. 191 参照

背中の皮膚が引っ張られるような不快感を取り除くため，マットレスから背中を離すこと。

53 きざみ食

きざみしょく

➡ p. 198 参照

咀嚼力が弱い人のために，食べ物を小さくきざんで食べやすくした食事。料理によっては，小さくきざむだけでなく，食塊をつくりやすくする工夫が必要になる。

54 血清アルブミン

けっせいあるぶみん

➡ p. 200 参照

血液中のたんぱく質の1種で，栄養・代謝物質を運搬するはたらきなどをもつ。高齢者の栄養状態を評価するうえで，低栄養におちいっていないかどうかを調べる指標となる。

55 恒常性

こうじょうせい

➡ p. 202 参照

ホメオスタシスともいい，体内が外部環境の変化に左右されず，一定に維持されていることをいう。体温，血液中の酸素レベルなど，多くに恒常性がみられる。

56 水分補給用食品

すいぶんほきゅうようしょくひん

→ p. 203 参照

文字どおり水分を補給するための食品であり，ゼリー飲料などの種類がある。

57 口内炎

こうないえん

→ p. 205 参照

口の中や，その周辺（口唇・口角）の粘膜に起こる炎症の総称。疲労や免疫力の低下，細菌やウイルスの繁殖，物理的刺激，全身性の疾患，アレルギーなどにより炎症を起こしたもの。

58 クラスプ

くらすぷ

→ p. 207 参照

口腔内に残っている歯に引っかける留め金で，部分床義歯（部分入れ歯）を安定させるために用いられる。

59 心身症

しんしんしょう

→ p. 209 参照

はっきりとした身体の病気や不調があり，その病気の原因や経過が，心理的要因によって強い影響を受けるもの。診断や治療には心理的要因についての配慮が重要となる。

60 視野狭窄

しやきょうさく

→ p. 210 参照

視野が縁のほうから，あるいは不規則に欠けてせまくなる状態。緑内障などでみられる。

61 半側空間無視

はんそくくうかんむし

→ p. 210 参照

左右どちらか半分に対して注意が向かなくなる症状で，網膜には物が映っていても，脳の損傷によってそのものを認識できないことから生じる。目は見えるのに半側にある人や物を無視したり，ぶつかったりするといった行動を起こす。

62 ADL

エーディーエル

→ p. 211 参照

Activities of Daily Living の略。「日常生活動作」「日常生活活動」などと訳される。人間が毎日の生活を送るための基本的動作群のことで，食事，更衣，整容，排泄，入浴，移乗，移動などがある。

63 配食サービス

はいしょくさーびす

→ p. 213 参照

給食サービスの1種で，高齢者等に弁当を宅配するサービス。1か月に1回の配食に

よる安否確認などを目的としたものから，365 日 3 食提供するタイプまで幅広い形で行われている。

64 拍動

はくどう

➡ p. 216 参照

心臓は，心筋が収縮して心臓内の血液を動脈中に押し出し，拡張して静脈から血液を受け入れる役割をになっている。その運動は自動的に一定のリズムでくり返されている。この運動を拍動という。

65 「身体拘束ゼロへの手引き」

しんたいこうそくぜろへのてびき

➡ p. 216 参照

2001（平成 13）年 3 月に厚生労働省の身体拘束ゼロ作戦推進会議がとりまとめたもので，身体拘束はなぜ問題なのか，身体拘束廃止のためになすべき方針，身体拘束をしないケアを行うための原則，緊急やむを得ない場合の対応などが掲載されている。

66 アポクリン腺

あぽくりんせん

➡ p. 218 参照

皮膚表面にある毛孔に開いている汗腺で，わきの下，乳輪，肛門周辺に分布し，思春期以降に分泌が活発になる。

67 エクリン腺

えくりんせん

➡ p. 218 参照

毛孔と関係なく皮膚表面に開いている汗腺で，汗を分泌し，体温調節の役割をになっている。

68 バイタルサイン

ばいたるさいん

➡ p. 220 参照

生きていることをあらわすサイン。生命の維持を示す徴候。一般に，体温，呼吸，脈拍，血圧をさす。

69 ストーマ

すとーま

➡ p. 220 参照

身体の排泄経路でなく人工的につくられた排泄口のことで，消化管や尿路の病気のためにつくられた消化管ストーマ（人工肛門），尿路ストーマ（人工膀胱）がある。

70 胃ろう

いろう

➡ p. 220 参照

口から食事がとれない状態の利用者に対して人為的に栄養を補給する処置の 1 つ。腹部から胃内に管を入れてチューブを留置し，胃に直接水分や食べ物，薬などを入れる。

71 ヒートショック

ひーとしょっく

➡ p. 220 参照

急激な温度の変化により，血圧の乱高下や脈拍の変動が起こること。

72 シャワーチェア

しゃわーちぇあ

➡ p. 223 参照

1人で立ち上がる動作や，座ったりかがんだりする動作が自力で困難になった場合，入浴の際に転倒予防のために使用する補助具。

73 バスボード

ばすぼーど

➡ p. 223 参照

浴槽の上に置き，腰かけて浴槽に出入りするときに不安定な動作をおぎなう腰かけ板のこと。入浴台ともいう。

74 気化熱

きかねつ

➡ p. 224 参照

液体の物質が気体になるときに周囲から吸収する熱のこと。「身体が濡れていると，表面の水滴が体温をうばって蒸発しようとするから寒くなる」という現象は，気化熱が原因である。

75 グレーチング

ぐれーちんぐ

➡ p. 225 参照

鋼材や繊維強化プラスチック（FRP）などが格子状に組まれた排水性のある「みぞふた」や「ますぶた」のこと。

76 洗髪器

せんぱつき

➡ p. 234 参照

臥床状態で洗髪を行う際，頭にかけた湯がこぼれないように，湯の流れ道をつくるための用具。

77 全身浴

ぜんしんよく

➡ p. 243 参照

肩まで湯につかる入浴方法で，全身の表面に水圧がかかる。

78 半身浴

はんしんよく

➡ p. 243 参照

水圧による胸部への圧迫を避けるために，浴槽内の湯の量を胸部までにした状態での入浴方法のこと。

79 過敏性腸症候群

かびんせいちょうしょうこうぐん

➡ p. 246 参照

腹痛や腹部の不快感をともなう機能性排便

障害で，原因ははっきりしていないが，ストレスが引き金となることが多い。20歳代から40歳代に多いが，高齢者にもみられる。

80 ブリストル便形状スケール

ぶりすとるべんけいじょうすけーる

→ p. 249 参照

便のかたさを7段階に分けた国際的な分類。バナナ状，あるいはソーセージのようにひび割れのない1本の便を標準とし，もっともかたい便をタイプ1，水様便をタイプ7としている。

81 鼠径部

そけいぶ

→ p. 256 参照

左右の大腿部の付け根にある溝の内側。股関節の前方部。

82 食物繊維

しょくもつせんい

→ p. 264 参照

植物性食品および動物性食品由来のもので人の消化酵素で消化されない食物成分。その性質から不溶性食物繊維と水溶性食物繊維に分類される。食物繊維は，高齢者にとって，便通の改善や生活習慣病の予防に効果がある。

83 腸管出血性大腸菌

ちょうかんしゅっけつせいだいちょうきん

→ p. 265 参照

病原性大腸菌のうち，産生されたベロ毒素により，出血をともなう下痢を引き起こしたり，溶血性尿毒症症候群を起こしたりするもの。感染力が強い菌で，少量（約100個）で感染する。代表的なものにO157がある。

84 ノロウイルス

のろういるす

→ p. 265 参照

感染性胃腸炎の原因となるウイルスの1つ。感染すると激しい腹痛とともに嘔吐や下痢の症状を引き起こす。感染した人の糞便や嘔吐物などを通じて感染する経口感染がほとんどである。

85 標準予防策（スタンダード・プリコーション）

ひょうじゅんよぼうさく（すたんだーど・ぷりこーしょん）

→ p. 265 参照

1996年にCDC（米国国立疾病予防センター）が設定したガイドラインである。簡便性，合理性から感染予防策として日本においても広く利用されている。

86 骨盤底筋

こつばんていきん

➡ p. 267 参照

恥骨から尾骨までハンモック状に横たわり，内臓を支え，尿道・膣・肛門をしめる役割をしている筋肉のこと。

87 機能性便秘

きのうせいべんぴ

➡ p. 268 参照

大腸の運動機能や反射の異常による便秘。その原因により弛緩性便秘，けいれん性便秘，直腸性便秘などに分類される。

88 器質性便秘

きしつせいべんぴ

➡ p. 268 参照

大腸などの病気が原因で，大腸が部分的にせまくなるなど，便が通過しにくい状態により起こる便秘。血液が混じる場合などに疑われる。

89 摘便

てきべん

➡ p. 269 参照

便秘などにより自力での排便が困難な場合，直腸内に手指を入れて，かたい便を摘出すること。

90 骨盤底筋訓練

こつばんていきんくんれん

➡ p. 269 参照

尿失禁，便失禁を改善・防止するために骨盤底の支持組織の強化をはかる訓練のこと。

91 床頭台

しょうとうだい

➡ p. 276 参照

ベッドのそばに置き，利用者の日用品を入れたり，テーブルの代わりに用いたり，介助の際に物品置きとして使われたりするもの。

92 成長ホルモン

せいちょうほるもん

➡ p. 282 参照

下垂体前葉から分泌されるホルモンで，骨の成長発育とたんぱく質の合成を促進する作用がある。幼少時に不足すると小人症，過剰では巨人症になる。骨の発育が停止したあと，過剰になると末端肥大症を引き起こす。

93 心筋梗塞

しんきんこうそく

➡ p. 285 参照

心筋を養う冠状動脈がせまくなり，心筋に十分な血液と酸素が供給できない状態を心筋虚血という。この虚血が 30 分以上に及び，心筋が壊死におちいった状態を心筋梗

塞という。

94 神経症性障害

しんけいしょうせいしょうがい

→ p. 285 参照

精神障害のうち，器質的原因がなく，心理的，環境的，社会的な原因によって発症し，精神症状や身体症状を呈するもの。

95 統合失調症

とうごうしっちょうしょう

→ p. 285 参照

原因不明の疾患で，青年期に多く発症する。症状はさまざまで，おもに思考・感情・知覚・行動に大きく影響し，治療は，薬物療法，生活療法，精神療法が中心となっている。

96 地域包括ケアシステム

ちいきほうかつけあしすてむ

→ p. 292 参照

高齢者が，可能な限り，住み慣れた地域でその有する能力によって自立した日常生活を営むことができるよう，地域の実情に応じて，医療，介護，介護予防，住まいおよび自立した日常生活の支援が包括的に確保される体制のこと。

97 死の三徴候

しのさんちょうこう

→ p. 293 参照

心拍動の停止，呼吸の停止，瞳孔散大・対光反射の停止のこと。

98 生命維持管理装置

せいめいいじかんりそうち

→ p. 293 参照

人の呼吸，循環または代謝の機能の一部を代替し，または補助することが目的とされている装置をいう。人工呼吸器，人工心肺装置，体外式ペースメーカー，除細動器などがある。

99 リビング・ウィル

りびんぐ・うぃる

→ p. 294 参照

単なる延命治療を拒否し，終末期に入り意思の確認がとれない場合は延命治療をやめる，という本人の意思のこと。

100 キューブラー－ロス（Kübler-Ross,E.）

きゅーぶらー－ろす

→ p. 295 参照

アメリカの精神科医。死の直前の重症患者から直接，面接や聞きとりをして，その心理過程を『死ぬ瞬間』などにまとめた。そのなかで，死を受容するまでに5段階のプロセスがあると示している。

101 喘鳴

ぜんめい

➡ p. 298 参照

気道がせまくなったり，気道に粘液が付着したりするために生じる，ヒューヒュー，ゼーゼーというような呼吸音。呼吸困難をあらわす症状の１つ。

102 下顎呼吸

かがくこきゅう

➡ p. 298 参照

呼吸困難時に下顎を動かして少しでも空気を吸入しようとする，補助呼吸筋を用いた呼吸。死の直前を意味する状態とされる。

103 IADL

アイエーディーエル

➡ p. 299 参照

Instrumental Activities of Daily Living の略。「手段的日常生活動作」と訳される。ADL が食事，入浴，排泄などの日常生活の基本動作であるのに対し，IADL は，バスに乗って買い物に行く，電話をかける，食事のしたくをするなどのように，より広義かつ ADL で使用する動作を応用した動作（ADL より複雑な動作）をさす。

生活支援技術演習
<ruby>生活支援技術演習<rt>せいかつしえんぎじゅつえんしゅう</rt></ruby>

ね　ら　い

● 生活の各場面での介護について，事例を通じて，生活支援を提供する流れを理
解し，技術を習得する。

● 利用者の心身の状況に合わせた介護を提供する視点を習得する。

介護過程の基礎的理解
かい ご か てい　　き そ てき り かい

●介護過程の目的と意義について理解する
　かい ご か てい　もくてき　　い ぎ　　　　　　　　　り かい

●介護過程の展開プロセスについて理解する
　かい ご か てい　てんかい　　　　　　　　　　　り かい

●チームアプローチにおける介護職の役割と専門性について理解する
　　　　　　　　　　　　　　　かい ご しょく　やくわり　せんもんせい　　　　　り かい

1　介護過程の目的・意義・展開 ::::::::::::::::::::::::::::
　　　かい ご か てい　もくてき　　い ぎ　　てんかい

❶ 根拠にもとづいた介護の実践
　　こんきょ　　　　　　　　かい ご　じっせん

意図的な介護を展開するために
い と てき　かい ご　てんかい

　介護職の仕事をふり返ってみましょう。果たして日ごろの介護実践は，場あたり的に，思い
かい ご しょく　し ごと　　　かえ　　　　　　　　　は　　　ひ　　　　　かい ご じっせん　　　ば　　　てき　　おも
つきで行われているでしょうか。
　　　おこな

　答えはすぐに導き出せると思います。
こた　　　　　　　　みちび　だ　　　　　おも

　介護とは単なる食事や排泄，入浴の介助といった，身体的な援助行為のみをさすのではあり
かい ご　　　たん　　　しょく じ　はいせつ　にゅうよく　かいじょ　　　　　　　しんたいてき　えんじょこう い
ません。利用者の生活をトータルにとらえ，その人はどんな生活を送りたいのか，その人が希
　　　　　りようしゃ　せいかつ　　　　　　　　　　　　　　ひと　　　　　　せいかつ　おく　　　　　　　　ひと　き
望する生活を送るためには今どんな困りごとがあるのかをきちんと整理し，ある一定の目標に
ぼう　せいかつ　おく　　　　　　いま　　　こま　　　　　　　　　　　　　　せいり　　　　いってい　もくひょう
向けて具体的な活動を行う……これこそが介護の本質であるといえます。
む　　　ぐたいてき　かつどう　おこな　　　　　　　　　かい ご　ほんしつ

　利用者が希望する生活の実現に向けて，意図的な介護を展開するためのプロセスを介護過程
りようしゃ　き ぼう　せいかつ　じつげん　む　　　　い と てき　かい ご　てんかい　　　　　　　　　かい ご か てい
といいます。これは，介護を進めていくうえでの手順や経過と言い換えることができます。
　　　　　　　　　　　　かい ご　すす　　　　　　　　　　　しゅじゅん　けい か　い　か

　介護実践では，利用者の心身の状況や利用者を取り巻く環境面に目を向け，具体的な根拠を
かい ご じっせん　　　りようしゃ　しんしん　じょうきょう　りようしゃ　と　ま　かんきょうめん　め　む　　ぐたいてき　こんきょ
もって援助していくことが，大いに求められます。その意味で介護過程は，利用者と介護職と
　　　えんじょ　　　　　　　　　　おお　　もと　　　　　　　　い み　かい ご か てい　　　りようしゃ　かい ご しょく
の相互関係によって進められるものであり，介護の質の向上のためには不可欠な援助方法とい
　そう ご かんけい　　　　　　すす　　　　　　　　　　　かい ご　しつ　こうじょう　　　　　　ふ か けつ　えんじょほうほう
えます。

介護過程の必要性

　介護過程とは，日常生活における問題解決過程と生活支援過程を取り入れた，介護職による援助活動の過程です。

　その展開過程は，一般的に「**アセスメント**① (➡ p. 348 参照) →計画の立案→実施→評価」の4段階で構成されています（**図3-1-1**）。

　この考え方は，何も介護特有のものではありません。実生活のあらゆる場面で，意識するしないにかかわらず用いられている手法です。

　たとえば，旅行をしたいときには，行き先，日程，行程，予算，持ち物，気候や気象，同行者など，事前に入念に情報を取り寄せて検討し，計画を練ります。そのうえで計画を立案し，旅行に出かけます。また，旅行から帰ったあとは，楽しかったとか，つまらなかったとか，満足度を基準に評価して終わるパターンがよくあります（**図3-1-2**）。

　このようなことは，日常生活ではよくみられますが，いずれも計画を立てるための事前の検討や準備（アセスメント）はしっかり行い，問題となることはほぼ明確にしたと判断した結果，実行に移していきます。

　同じ旅行をする場合でも，旅行会社の企画であったらどうでしょうか。旅行する利用客を満足させるために，事前準備のためのアセスメントはさらに入念に行い，計画書を作成します。さらに，旅行当日の添乗員は，利用客とのコミュニケーション，訪問先や宿泊先の環境整備，緊急時の対応など，あらゆる可能性に目配りと気配りをして，利用客の満足度を高めようと努力しています。

■**図3-1-1　介護過程の展開イメージ**

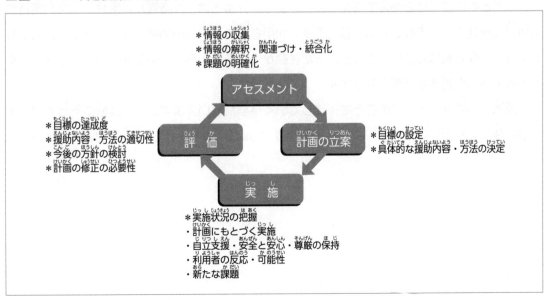

*情報の収集
*情報の解釈・関連づけ・統合化
*課題の明確化

アセスメント

*目標の設定
*具体的な援助内容・方法の決定

計画の立案

実施

*実施状況の把握
・計画にもとづく実施
・自立支援・安全と安心・尊厳の保持
・利用者の反応・可能性
・新たな課題

評　価

*目標の達成度
*援助内容・方法の適切性
*今後の方針の検討
*計画の修正の必要性

■図 3-1-2　旅行に出かける一連のサイクル

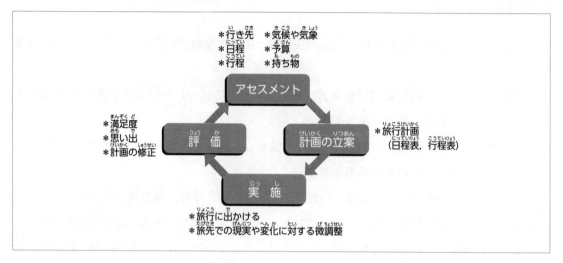

　一方，利用客はそうした努力にはほとんど気づくことなく満足感を得る人もいれば，添乗員の気配りや動きにも注意し，評価し，態度に感謝し，共感して，結果としてみずからの満足度をさらに高める人もいます。

介護過程とは

　介護過程の展開は，ちょうどこの旅行会社と利用客との関係に似ているといえます。つまり，旅行というものは，旅行会社が利用客の希望を共有し，実践していく過程です。利用客本人が自分の期待する旅行を手に入れられるように，旅行会社はともにこころとからだを動かし，利用客みずからが行動を選択できるように支援する仕事であろうと思います。

　このことを介護に置き換えて考えてみましょう。介護とは，介護職が介護サービス利用者の生活目標を共有し，実践していく過程です。利用者本人が自分の期待する生活を手に入れられるように，介護職はともにこころとからだを動かし，その人らしい生活を利用者みずから選択できるように支援する仕事となります。

　介護過程の展開とは，このことを実践していく道筋だといえます。この道筋にそって日々の介護実践をくり返し行うことにより，利用者の QOL（➡第 1 巻 p. 56 参照）は高まります。

❷ 介護過程の展開イメージ

プロセス（手順）の重要性

　介護過程の展開と聞くと，何か特別なことを行わなければならないかのように思うかもしれません。しかし，介護職は，日ごろあたりまえのようにこの展開過程のなかで仕事を進めています。

　介護過程というからには，プロセス（手順）がとても重要になります。たとえば，ワイシャツを着たあとに肌着をつける人などいないでしょう。「そんなことはあたりまえじゃないか」と笑われてしまうかもしれませんが，介護職のなかには，意外と手順を意識せずに仕事を進めてしまう人がいるようです。

　介護過程を時系列でみていくと，図3-1-1のような4つの段階を経て進んでいきます。介護過程とは，プロセスのくり返しによって，利用者の望む生活の実現を援助することといえます。

情報の収集は介護過程の第一歩

　介護過程はどの段階であっても大切なのですが，アセスメントは，そのなかでもとくに重要な段階といえます。アセスメントには，「情報の収集」「情報の解釈・関連づけ・統合化」「課題の明確化」のプロセスが含まれます。このアセスメントの段階で，利用者にとって必要な援助とその理由を明確にしていきます。

　アセスメントの第一歩は，情報の収集にあります。つまり，どのような情報を，だれ（何）からどのように収集するかが鍵をにぎることになります。集めた情報の量と質によって，その後の介護過程の展開が大きく左右されるといっても過言ではないのです。

　ここでいう情報とは，利用者本人の身体状況のみをさすのではありません。利用者がかかえる疾病や障害，それにともなうADL[2]（➡ p.348 参照）など，介護職はどうしても目に見えやすい情報ばかりを集める傾向にあります。しかし，介護職は利用者の生活全体を援助するため，利用者がかかえる心理状態や，利用者を取り巻く環境的な側面など，幅広い視点から情報を収集する必要があります。

　情報の収集にあたっては，アセスメントシートと呼ばれる書式（記入用紙）などを活用します。利用者の全体像を全人的に把握するためには，ICF（国際生活機能分類）にもとづく視点（➡第1巻 pp.54-55 参照）が重要になります。

介護計画立案のポイント

　アセスメントを通じて，利用者が望む暮らしを実現または継続するために，解決しなければならない困りごとが明らかになったことを受けて，次の段階としては，介護計画の立案になります。この計画に盛りこまれるおもな内容としては，①課題（利用者が望む生活を送るうえでの介護上の課題），②目標（利用者のあるべき姿，あるいは利用者の期待される結果），③援助内容・方法（いつ，どこで，だれが，何を，何のために，どのように行うか＝５Ｗ１Ｈ）があげられます。

　介護計画を立案する際のポイントとしては，①→②→③の順番で検討していきます。つまり，課題をふまえ，今後どのようになりたいかという目標を設定し，その目標を実現するためにはどのような援助が必要になるか……，この検討の手順こそが大きな鍵をにぎっているのです。

　はじめから利用するサービスありきでは，だれのための，何のための計画かわかりません。利用者主体，自立支援といいながら，結局は介護職側の都合による一方的な計画になってしまいます。

介護計画実施のポイント

　介護計画の実施は，単に利用者に喜ばれることの追求ではありません。一連の介護過程における介護計画をふまえ，利用者の安全性，快適さ，そして自立に配慮した介護技術の実践が大切になります。

　利用者にとって望ましい結果が得られるはずだと思って介護実践しても，利用者は思わぬ反応を示すことがあります。介護職は，利用者の反応に敏感に気づきながら介護技術を実践することが大切です。

評価のポイント

　介護計画の立てっぱなし，援助のやりっぱなしで，何のふり返りもないというのでは，そもそも介護計画を立案した意味がありません。立案した計画の実施が利用者の生活を支援することにどれだけ役に立っているか，また，残された課題としてどのようなものがあるかを明確にすることが，評価を通じて問われる大切なポイントです。

2 介護過程とチームアプローチ :::::::::::::::::::::::::::::

❶ チームアプローチにおける介護職の役割

チームアプローチの必要性

　利用者の生活の支援は，ケアマネジメント（➡第１巻 p. 33 参照）のプロセスにそって行われます。したがって，そこには利用者を中心としたケアチームが形成され，チームアプローチが実践されることになります。

　たとえば，医師が利用者に「心臓が弱っているので，今は少し安静にしておくように」と指示したとします。それに対して，もしも介護職がその情報を十分に把握していなければ，「家に閉じこもってばかりでは，**廃用症候群**③（➡ p. 348 参照）になってしまう」と散歩に誘ったり，からだを動かすことをすすめたりするかもしれません。そうなると利用者は，安静にしたらよいのか，からだを動かしたほうがよいのか迷ってしまいます（図 3-1-3）。そのため，専門職のあいだで，十分に情報を共有し，それぞれの専門性を発揮することが重要となります。

　人の生活は多面的であり，健康上の問題，経済的な問題，心理的な問題，住居の問題など，複合的な要素から成り立っています。そのため，１つの職種だけでかかわるよりも，多職種でかかわるほうがより適切な支援が可能になる状況が多くあります。つまり，介護職や介護支援専門員（ケアマネジャー）（➡第１巻 p. 97 参照）だけではなく，さまざまな関係者が利用者のニーズに即して支援体制を組み，ネットワークが強化されることにより，総合力が発揮され，問題解決に向けた大きな効果が期待できるのです。

■図 3-1-3　チームアプローチが実践されないと……

チームケアにおける介護職の役割

　チームで利用者の生活を支える場合，とくに介護職は，利用者の生活にもっとも近い存在であることから，利用者の変化にいち早く気づき，介護支援専門員や医師，看護師，栄養士，リハビリテーション職などにつなぐことが求められます。**脳梗塞**④（➡ p. 348 参照）の後遺症のために片麻痺があるＡさんと 88 歳の夫の二人暮らしの家に，訪問介護員（ホームヘルパー）が毎日訪問している事例で考えてみましょう。

事例▶夫と 2 人で暮らしているＡさん

　Ａさんの**ケアプラン**⑤（➡ p. 348 参照）には，家事などの生活援助と入浴介助が計画されています。ある日，10 時に訪問介護員が訪問すると，いつもはテレビの前のいすに座ってテレビを観ているＡさんが，ベッドに入ったままうつらうつらしていました。訪問介護員は気になって話しかけてみましたが，会話はふだんどおり交わすことができました。

　念のためＡさんの夫に「変わったことはありませんか」とたずねましたが「とくにない」と言い，体温や脈拍などの変化もみられません。ただ，その日に予定していた入浴は，Ａさんが「今日はやめておきます」とくり返したため，夫，事業所と相談して中止しました。

　14 時には訪問診療が予定されていたので，何かあれば医師が対応するだろうと思い，訪問介護員は，次の訪問先に向かいました。ただし，念のため担当の介護支援専門員にＡさんがいつもと違う様子であり，予定していた入浴を中止したことを伝えておきました。

　介護支援専門員は，ふだんから利用者の「いつもの生活」をもっとも知っている訪問介護員が「いつもと違う」と感じたときの変化の情報を大切に考えていました。そこで時間を調整して 17 時前にＡさん宅を訪問しました。するとＡさんは，ベッドのなかで大きないびきをかきながら意識を失っている状態でした。

　介護支援専門員は，かかりつけ医が留守だったので，すぐに救急車を呼び，Ａさんは一命を取りとめました。14 時ごろに訪問した医師によると，この時点では，脈拍，血圧などにとくに異常はなかったため，10 分程度で訪問診療を終えたとのことでした。

　このように，利用者の生活にもっとも近く，もっとも高い頻度でかかわる介護職には，観察力，連携のための判断力が求められます。

専門職がもつ視点

　ある多職種合同の研修で，ケアプランを作成するグループ演習を行いました。このとき，看護職のグループ，介護職のグループ，**ソーシャルワーカー**⑥（➡ p.348 参照）のグループというように，あえて同じ職種でグループ分けをしてみました。

　同じ事例を用いて，グループごとにアセスメントを行い，ケアプランを作成して発表したのですが，その内容にはそれぞれの職種の特徴があらわれる結果となりました。

　看護職のグループでは，現在の病気や障害の状態，服薬の状態，既往歴，血圧や脈拍といったバイタルサインなどの情報に注目し，今後のリスクの予防をより重視したアセスメントが行われました。

　一方，介護職のグループでは，利用者がこれまでにどのような生活を送ってきたのか，生活歴や生活における信条，食事の味つけの好みなど，利用者および家族の日常生活をより重視したアセスメント結果となりました。

　さらに，ソーシャルワーカーのグループでは，利用者が現在の困っている状態から，利用者自身の力を含めたさまざまな社会資源を活用することにより，いかに生活を改善し継続していくことができるかという点を重視したアセスメントが行われました。

専門職同士の連携と専門性の尊重

　実際のケアプランの作成においては，どのような基礎資格をもった職種が介護支援専門員として担当しても，結果として利用者にとってもっとも有益となるケアプランが立てられると思われます。しかし，この研修でのエピソードからは，職種によって，それぞれアセスメントの視点が少しずつ異なることがよくわかります。

　そのため，実際のサービス提供段階においては，チームの総合力により利用者の生活を支えるとともに，介護職は介護職としての視点から利用者を理解し，他職種に伝え，情報を共有していくという専門職としての役割を果たすことが重要です。

　専門職ごとに視点や把握している情報が異なることを十分に理解し，利用者の望む生活の実現を支えるためには，どのような専門職とどのように連携すればよいのかを常に意識してかかわる必要があります。

総合生活支援技術演習

学習のポイント

●事例を通じて，利用者のこころとからだの力が発揮できない要因を分析する
●事例を通じて，利用者本人にとって適切な支援技術は何かを検討する
●事例を通じて，利用者の心身の状況に合わせた介護を提供する視点について理解する

1 演習を行うにあたって ::::::::::::::::::::::::::::::::::::::

❶ 生活全般にわたる側面的な支援

介護の本質

　老いやおとろえ，障害があることによって生じる生活上の困難や不便さを少しでも解消し，利用者本人が望むその人らしい生活の再構築を側面的に支援し，継続できるよう支えることが，介護の本質であると理解されています。

　それも，介護職が一方的に行うのではなく，利用者がみずからの意思にもとづいて，質の高い生活を送ることができるように支援することが，介護職には期待されています。

　介護とは，単に食事や排泄，入浴などのような生活動作や生活行為の介助，また，本人ができないことへの手助け（本人に代わって行うこと）を意味するわけではありません。

　私たちのまわりには，心身の状態がこれ以上悪くならないように，少しでもよくなるように，できれば生活力の回復までも願っている人は多いと思います。その一方で，なかには人生をあきらめてしまっている人もいるでしょう。

　介護というかかわりは，人々がなぜ今のような状態になったのかを理解し，原因を取り除いたり，本人の意欲をかき立てたりしながら，一人ひとりの利用者が，その人らしく生きていけるように支援していく仕事であると考えられます。つまり，介護とは，生活全般にわたった，広い意味での援助活動なのです。

❷ 生活を支援する流れ

　人の暮らしは，その人なりの生活歴や価値観などによりさまざまです。生活歴や価値観のほかにも，地域の文化的特性，自然環境，その人を取り巻く人的環境，その人の精神的・身体的状況などが複雑にからみ合って，その人なりの暮らしは成り立っています。

　だからこそ，介護を必要とする状態になった場合，介護職は，利用者のさまざまな情報を意図的に収集し，その情報の意味（利用者にとって特有の意味）を理解し，情報同士を関連づけていくことで，その人の個別の生活課題を明らかにしていきます。

　勘や経験だけに頼るのではなく，介護職には，「〇〇という理由があるからこそ，Aさんにはこのような介護を行います」といった根拠にもとづいた説明が求められます。

　そこで，本節では，3つの事例を通じ，**根拠にもとづいた介護**について考えてみます。

　それぞれの事例には，ある状態像の利用者が登場します。介護職は，利用者ごとに，**表3-2-1**に示す❶〜❽までの手順に則して援助を進めていくことになります。

　介護職は，利用者の心身の状況に応じた介護を行うわけですが，その背景には，❶〜❽までの手続きが存在しています。これらを介護過程の展開プロセスにあてはめれば，❶〜❹が「アセスメント」，❺〜❻が「計画の立案」，❼が「実施」，そして❽が「評価」に相当します。

　3つの事例を通じて，生活支援を提供する流れを理解し，具体的な支援技術を習得しましょう。

■表3-2-1　生活を支援する流れ

❶　「介護に必要な情報」を収集し，整理する。
❷　「介護職が確認したい情報」を整理する。
❸　「新たに収集した情報」を確認し，整理する。
❹　「入手した情報」を関連づけて再度整理する。
❺　「利用者にとって解決したいこと（利用者の思い）」をまとめる。
❻　「必要な介護内容の計画立案」を検討する。
❼　「計画にもとづいた介護」を実施する。
❽　「介護目標」の達成度，「実施した介護内容」を評価する。

2 「食べたくない」と訴える施設入所者の援助 ::::::::::

事例1▶

　施設に入所している鈴木松江さん（仮名・80歳）は，**糖尿病**[7]（➡ p. 348 参照）があり，カロリー制限を受けています。鈴木さんは間食をしないなど，食事には気をつけています。最近，右手に力が入らず，箸やスプーンが持ちにくくなりました。また，3日ぐらい前から**口内炎**[8]（➡ p. 349 参照）ができ，食べ物が当たると痛く，しみるので，食事がおっくうになり，「食べたくない」と言っています。下肢筋力の低下により歩行は不安定であるので，歩行器を使用しています。

❶ 鈴木さんの介護に必要な情報

● 80歳，女性。
● 糖尿病がある。
● 右手に力が入らず，箸やスプーンが持ちにくい。
● 口内炎ができており，食べ物が当たると痛くてしみる。
● 食事がおっくうになり，「食べたくない」と言う。
● 歩行は歩行器を使用している。

❷ 介護職が確認したい情報

食事と糖尿病について
● 現在の食事の内容や形態はどのようなものか？
● 現在の食事のカロリーはどのくらいか？
● 鈴木さんが希望する食事の内容や形態は，どのようなものか？
● 糖尿病の状態はどの程度か？
● 現在の食事で，カロリーは確保できているか？
● 食事以外で間食は制限しているが，実際に間食はないか？

義歯について
● 義歯は使用しているか？
● 義歯の場合，部分床義歯（部分入れ歯）であるか，全部床義歯（総入れ歯）であるか？

●義歯の場合，鈴木さんにあっているか？

口内炎について

●できている部位はどこか？
●口内炎の状態はどの程度か？
●口内炎と義歯との関係はあるか？
●口内炎のある鈴木さんの現在の食事形態はどのようなものか？

右手について

●右手が利き手かどうか？
●右手に力が入りにくくなった原因は何か？

糖尿病の治療について

●インスリン注射は行っているのか？　行っているのであれば，いつなのか，インスリンを何単位なのか，自己注射できるのか？
●血糖値を下げる経口薬は服用しているのか？

❸ 新たに収集した情報

食事と糖尿病について

●軟飯軟菜でなく，普通食を食べている。
●1日の食事は，糖尿病食で1200kcalである。
●魚料理が好きで，デザートには和菓子を希望している。
●毎食前と食後の服薬により，**空腹時血糖**⑨（➡ p. 349 参照）は 120mg/dl 前後，**HbA1c**⑩（➡ p. 349 参照）は 6.2％で安定している。
●食事量が3分の2程度になっているので，カロリーは不足気味である。
●鈴木さんは自制心の強い性格であり，間食はほとんどしていない。

義歯について

●数本の自歯がある（上は犬歯2本，下は奥歯左右1本ずつ）。
●自歯の口腔ケアはできていない。
●部分床義歯を使用している。
●部分床義歯はうまくかみ合っていない。

口内炎について

● 口内炎は下唇の内側にできている。
● 口内炎は2か所にあり，米粒大で，白くただれている。
● 義歯の一部が当たっているため，口内炎ができやすい。
● かたいものが当たると痛みがあるが，普通食である。

右手について

● 右手は利き手である。
● 最近，つまずいて転んだときに右手をついてしまって以来，手首に力が入らない（骨折はしていない）。

糖尿病の治療について

● インスリン注射は行っていない。
● 経口薬として，毎食前に血糖値が上がりにくくなる薬と，毎食後に血糖値を下げる薬を内服している。

❹ 入手した情報の関連づけ

① 口内炎があるにもかかわらず，本人の希望で食事は普通食である。
② 食欲がまったくないわけではなく，口内炎があるために食べ物が当たると痛くてしみる。さらに，右手に力が入らず，食べることがおっくうになっている。
③ 自歯の部分の口腔ケアができていないため，口内炎ができやすい。
④ 義歯の一部が当たっていることと糖尿病があるため，口内炎が治りにくい。

❺ 鈴木さんにとって解決したいこと（鈴木さんの思い）

今までどおり，からだの不調がなく，食事療法を守りながら食事を自分でおいしく食べたい。

❻ 必要な介護内容の計画立案

① 栄養士（➡第1巻 p. 101 参照）や調理師と連携をとり，鈴木さんに必要なカロリーを確保し，食べやすい献立や調理方法を検討する。

② 鈴木さん自身が食事をしやすくなるように，自助具（➡第2巻 pp. 195-197 参照）などを活用する。

③ 口腔内の清潔が保てるように，食後に口腔ケアを行う。

④ 糖尿病と口内炎の治療のほか，右手に力が入らないことへの改善に向けて，関係職種との連携をはかる。

⑤ うまくかみ合う義歯に調整できるように，関係職種との連携をはかる（歯科受診など）。

❼ 計画にもとづいた介護の実施

演習 1

　介護職は，栄養士や調理師と連携をとり，鈴木さんに必要なカロリーを確保し，食べやすい献立や調理法を検討しました。
　今日の朝食は，全粥と軟菜です。鈴木さんの食事の介助をしましょう。

ここに注意！

●鈴木さんの利き手である右手には，あまり力が入りません。
●鈴木さんには，下唇の内側に2か所，米粒大の口内炎があります。
●鈴木さんは部分床義歯を使用していますが，現在のところ，うまくかみ合っていません。

介助方法と留意点

❶ 鈴木さんにあいさつをし，体調などを確認します。
　① 体調のほか，排泄の状態を確認します。
　② 鈴木さんと視線をあわせ，鈴木さんがしっかり目覚めているかどうかも確認します。
❷ 鈴木さんに朝食を食べることを説明し，食前薬を服用したことを確認し，同意を得ます。
❸ 鈴木さんの座位の安定を確認します。
　① 足底が床についているかを確認します。
　② いすに深く腰かけ，安定して座っているかを確認します。
　③ 両上肢前腕（肘まで）がテーブルの上にのっているかを確認します。
　④ 体幹の傾きがないかを確認します。

④ 献立を説明し，何をどの位置に置くのか，鈴木さんに確認しながらテーブルに配膳します。

　① 鈴木さんにとって食べやすい位置になっているかを確認します。

　② 軟菜の入った皿がすべらないように，すべり止めマットを敷いてもよいでしょう（鈴木さんの同意を得ます）。

　③ 献立に応じた適切な温度で配膳されているかを確認します。

⑤ 食べるための必要物品をそろえます。

　① にぎりやすいフォークやスプーン，食器など，鈴木さんの右手の状態にあわせた自助具をそろえるとよいでしょう。

⑥ おしぼりで手をふいてもらったあと，安全な嚥下の確認と，飲みこみやすくするため，お茶などの水分からすすめる言葉かけを行います。

　① お茶などを飲むときに，口内炎にしみたりしていないかを確認します。

⑦ 摂食中の鈴木さんの様子を観察します。

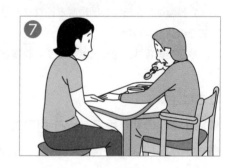

　① スプーンなどの自助具が適切に活用されているか，不具合はないかを確認します。

　② 右手が使いづらいことでの食べにくい様子はないかを確認します。

　③ 口内炎の痛みやしみることはないか，表情を確認します。

　④ 咀嚼や嚥下に問題はないかを確認します。

　⑤ 食欲があるかどうかを観察します。

　⑥ 調理方法が適切であるかを確認します。

　⑦ 食事にかかる時間に問題はないかを確認します。

⑧ 食事の進行にあわせて必要な介助を行います。

　① たとえば，食器の位置を変えるなど，鈴木さんの食べにくさを観察しながら，必要に応じて介助を行います。

⑨ 食後の鈴木さんの体調を確認します。

　① 体調の確認のほか，口腔内に食べ物がたまっていないかを確認します。

　② 食事量（食べ残しを含む）を確認します。

　③ 食後薬を服用したことを確認します。

⑩ 後片づけをします。

① おしぼりなどで，口元や手などを清拭してもらいます。
② テーブルや着衣などに食べこぼしがないか確認します。

演習2
食事を終えた鈴木さんに洗面所まで移動してもらい，口腔の清潔の介助をしましょう。

ここに注意！
● 鈴木さんには，自歯があります（上は犬歯2本，下は奥歯左右1本ずつ）。
● 鈴木さんは部分床義歯を使用しています。
● 鈴木さんには，下唇の内側に2か所，米粒大の口内炎があります。
● 鈴木さんの利き手である右手には，あまり力が入りません。

介助方法と留意点
❶ 食後の鈴木さんの顔色や気分などを確認します。
❷ 鈴木さんに介助内容を説明し，同意を得ます。
❸ 洗面所までの移動を見守ります。立つときにふらつき等がないか確認します。
❹ 洗面所に用意したいすに座ってもらいます。
　① 鈴木さんの座位の安定を確認します。
❺ 口腔ケアに必要な物品をそろえます。
　① 歯ブラシ，うがいのためのコップやタオルなどを用意します。
❻ 鈴木さんに義歯をはずしてもらい，一部介助で口腔の清潔介助を行います。
　① 右手が使えるかどうかを確認し，鈴木さんが希望するほうの手で歯みがきをしてもらいます。介護職は口内炎の状態を観察し，みがき残しがあれば介助します。
　② 必要であれば，介護職が義歯を洗浄します。その際，義歯の変形や損傷に注意します。
　③ 鈴木さんにうがいをしてもらい，介護職は口腔内を十分清潔にできるように見守ります。
　④ 介護職は鈴木さんの口腔内を観察します。
❼ 洗浄し終えた義歯を鈴木さんにつけてもらいます。
❽ 手指を洗い，必要な場合はふく介助をします。
❾ 鈴木さんの体調を確認します。

❽ 実施した介護内容の評価

確認・評価項目	CHECK
① 鈴木さんに適切な言葉かけができましたか（あいさつ，目覚めをうながしてすっきりした気持ちで食事ができるような言葉かけ，体調の確認，服薬の確認，これから行う行為の説明と同意など）。	
② 食事をする前に，鈴木さんの座位の安定を確認しましたか。	
③ 鈴木さんに配膳の位置を確認しましたか。	
④ 鈴木さんが自助具を適切に活用しているか，不具合はないかなどを確認しましたか。	
⑤ 口内炎があることによる痛みなどはないか，確認しましたか。	
⑥ 鈴木さんにとって調理方法が適切であるか確認しましたか。	
⑦ 歯のみがき残しがないかを確認し，みがき残しがあったときには介助ができましたか。	
⑧ 鈴木さんに義歯をはずしてもらい，必要に応じて義歯の洗浄ができましたか。	
⑨ 歯みがきやうがいをしたあとに，鈴木さんの口腔内の観察と体調の確認をしましたか。	
⑩ 全体を通して鈴木さんの自立に配慮した援助ができましたか。	

3 できるだけ外に出かけたいと思っている利用者の援助 ::::::::

事例 2 ▶
　自宅で一人暮らしをしている田中竹夫さん（仮名・72歳）は，脳梗塞による後遺症のため左片麻痺があります。もともと社交的な性格であるため，できるだけ外に出かけたいと思っています。外出する際にはいつもＴ字杖（➡第2巻 p. 143 参照）を使って歩いていますが，右肘と右肩に軽度の**拘縮**⑪（➡ p. 349 参照）があるため，日によって右腕を上げることがむずかしいことがあります。

❶ 田中さんの介護に必要な情報

● 72歳，男性。
● 田中さんは一人暮らしをしている。
● 脳梗塞による後遺症として左片麻痺がある。
● もともと社交的な性格である。
● できるだけ外に出かけたいと思っている。
● 外出する際には，いつもＴ字杖を使って歩いている。
● 右肘と右肩に軽度の拘縮がある。

❷ 介護職が確認したい情報

立位の保持について

● 立ち上がりに際して，立位のバランスはとれているか？
● 立位はどの程度の保持が可能か？

歩行能力について

● 外出の際は杖を使用しているが，家の中ではどのように歩行しているか？
● 自立しての歩行は可能か？
● 外出時，どのくらい連続して歩くことができるか？
● 坂道や階段，砂利道を歩くことはできるか？

衣服の着脱などについて

●家の中ではどのような衣服を着ているか？

●外出に際して着替えたいという気持ちはあるか？

●衣服の着脱にはどの程度の介助が必要か？

●ふだんはどのような靴をはいているか？

❸ 新たに収集した情報

立位の保持について

●手すりや杖を使えば，座位からの立ち上がりは可能であるが，見守りは必要である。

●手すりや家具につかまれば，立位は安定している。つかまるものがなければ5分くらいで不安定になる。

歩行能力について

●家の中では家具などを伝って歩くことが多い。

●家の中でも外出先でも，自立して歩行することはむずかしい。

●10〜15分程度であれば，杖を使って連続して歩行することは可能である。

●坂道や階段，砂利道を歩行することはむずかしい。

衣服の着脱などについて

●家の中では，着脱が便利で動きやすいトレーナーを着ていることが多い。

●田中さんはもともと社交的な性格であり，おしゃれを気にする人である。

●上衣の着脱では，袖を通すときに一部介助が必要である。

●上衣のボタンなどは，自分でとめることができる。

●立位になってズボンをはくときに介助が必要である。

●ふだん外出するときは介護シューズをはいている。

❹ 入手した情報の関連づけ

① 外に出かけたいという田中さんの希望を尊重し，歩いて10〜15分程度で途中に休めるところがある外出先を検討する。

② 田中さんはもともと社交的な性格であり，おしゃれを気にする人であるため，外出に際しては服装や髪型などにも配慮が必要である。

❺ 田中さんにとって解決したいこと（田中さんの思い）

家の中にばかりいると気が滅入ってしまうため，外出着に着替えて，近くのスーパーマーケットまで買い物に行き，気に入った惣菜などを購入したい。

❻ 必要な介護内容の計画立案

① 片道10〜15分くらいのところにあるスーパーマーケットに出かけることを提案してみる（スーパーマーケットに行く途中，坂道や砂利道がないことを確認する）。
② 外出するときは，好きな上衣を着ることの介助をする。
③ 外出するときは，髪をとかすことの介助をする。
④ スーパーマーケットへ行くまでの歩行を介助するとともに，スーパーマーケットではベンチに腰かけて休憩できるようにする。

❼ 計画にもとづいた介護の実施

演習1
　　介護職は田中さんに，近くのスーパーマーケットまで出かけることを提案してみました。すると，田中さんも意欲を示し，これから出かけることになりました。
　　出かけるにあたり，田中さんは，上衣（カーディガンなど）を着て，髪型を整えたいと思っています。田中さんの身だしなみの介助をしてみましょう。

ここに注意！
● 田中さんは，もともと社交的な性格であり，おしゃれを気にする人です。
● 田中さんには左片麻痺があり，右肘と右肩に軽度の拘縮があります。
● 上衣の着脱では，袖を通すときに一部介助が必要になります。
● 上衣のボタンなどは自分でとめることができます。
● つかまるものがなければ，5分くらいで立位が不安定になります。

介助方法と留意点
❶ 田中さんの体調を確認します。
① 田中さんの右側正面から田中さんと視線の高さをあわせ，外出することの喜びを共感することも大切です。

❷　田中さんに，近くのスーパーマーケットに出かけるために身じたくを整えることを説明し，同意を得ます。

❸　田中さんの座位の安定を確認します。
　①　足底が床についているかを，目視と言葉かけで確認します。
　②　いすに深く腰かけ，安定して座っているかを確認します。
　③　体幹の傾きがないかを確認します。

❹　介護職は，田中さんに1枚羽織る上衣（カーディガンなど）を選んでもらいます。
　①　上衣の種類や色，形など，田中さんの好みや気分にあわせて選んでもらえるように配慮します。

❺　田中さんが上衣を着用するにあたり，介護職は必要なところを介助します。
　①　「脱健着患」の原則にもとづき，介護職は患側（左側）に立ち，田中さんは健側（右側）の手で，患側上肢の袖を通します。このとき，介護職は一部介助をします（患側上肢を支えるか，袖を通すかのどちらか）。
　②　健側の手で上衣のえりもとを持ち，患側の肩の手前までおおうのを介助します。
　③　次に，健側の手で上衣の右えりもとを持ち，健側上肢の袖を通す介助をします。右手が上がりにくい場合は，右腰の部位から下に向けて袖を通し，両肩をおおいます。
　④　健側の手でボタンをとめて，えりもと，両肩，すそ，背中などを整えます。

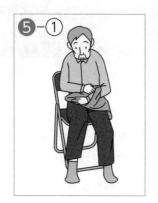

❺-①

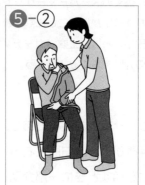

❺-②

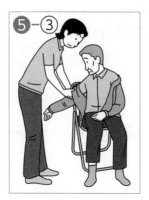

❺-③

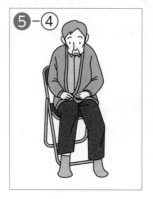

❺-④

⑤ 田中さんに着心地の確認をします。

⑥ 介護職は，テーブルの上に鏡，くしを用意します。

⑦ 介護職は田中さんの患側に立ち，田中さんの整髪行為を見守ります。必要なところは介助

します。

① 整髪の介助を行うときは，田中さんの希望を聞きながらていねいに行います。

② 髪型のほか，整髪料の使用の有無を田中さんに確認します。

⑧ 身だしなみが整ったら，うまく整ったことを確認し，きれいになったことを共感します。

⑨ 田中さんの体調を確認します。

⑩ 後片づけをします。

① 田中さんの肩や床などに，髪の毛が落ちていないかを確認します。

② 鏡やくし，必要に応じて整髪料などを元の場所に戻します。

演習2

　介護職は，田中さんといっしょに歩いて10〜15分くらいのところにあるスーパーマーケットまで出かけることにしました。スーパーマーケットに着いたら，ベンチに腰かけて少し休憩をとるようにしたいと思っています。

　T字杖を用いた歩行と，スーパーマーケットのベンチに腰かける介助を行いましょう。

ここに注意！

●田中さんは，外出の際には，いつもT字杖を使って歩いています。

●田中さんは，10〜15分程度であれば，連続して歩行することは可能ですが，坂道や階段，砂利道を歩くことは困難です。

●田中さんは，スーパーマーケットで気に入った惣菜などを購入したいと思っています。

介助方法と留意点

❶ 田中さんに外出することを説明し，同意を得ます。

❷ 椅座位から立位になります。

① 立位になるためにいすに浅く腰かけ，健側（右側）の足を引き，前傾になります。

② 介護職は患側（左側）に位置し，いすを固定し，膝頭に手を当てて，患側の膝折れを防止します。

❸ 立位になったときに気分が悪くないか言葉かけをし，田中さんの体調に配慮します。

❹ T字杖を使って，3動作歩行により平地を歩きます。

① 介護職は，田中さんの患側後方に位置します。患側の腕を軽く支え，一方の手は腰にそえて身体を支えます。

② 田中さんは右手に杖を持ち，最初に杖を右斜め前方に出します。

③ 次に患側（左側）の足を1歩前に出します。

④ 最後に健側（右側）の足を1歩前に出します。

❺ まわりの景色をながめながら，スーパーマーケットまでの歩行を介助します。

① 目にとまる風景など，気がついたことを言葉にして，外出していることの喜びを田中さんと共感するようにします。

② まわりの景色をながめながらも，田中さんの歩く姿勢，速度，安全性には常に気を配るようにします。

❻ スーパーマーケットに着いたら，ベンチに腰かけて休憩します。

① 介護職は，田中さんの患側に立ち，患側の腕を支え，一方の手は腰にそえて身体を支えます。

② 介護職はT字杖を預かり，田中さんが健側上肢でベンチの座面または背もたれを確認し，手をつき，前傾してゆっくりと腰を下ろすのを介助します。

③ 介護職は，田中さんがベンチに深く座り，足底が地面についていることを，目視と言葉かけで確認します。

④ 介助し終えたら，田中さんの体調などを確認します。

■田中さんの3動作歩行の介助

  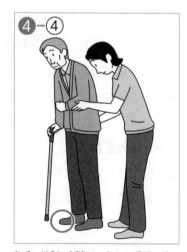

最初に杖を右斜め前方に出す　　次に患側（左側）の足を1歩前に出す　　最後に健側（右側）の足を1歩前に出す

❽ 実施した介護内容の評価

確認・評価項目	CHECK
①　田中さんに適切な言葉かけができましたか（外出することの喜びを共感する言葉かけ，体調の確認，これから行う行為の説明と同意など）。	
②　身じたくを整える前に，田中さんの座位の安定を確認しましたか。	
③　1枚羽織る上衣をどれにするか，田中さんの好みや気分にあわせて選んでもらえるように配慮しましたか。	
④　田中さんが上衣を着るとき，健側（右側）の活用と「脱健着患」の原則にしたがって介助できましたか。	
⑤　田中さんの希望を聞きながら，整髪の介助を行うことができましたか。	
⑥　安全に立位になり，体調の確認をしたあと，平地の杖歩行では，田中さんの患側（左側）後方に位置し，安全に配慮しましたか。	
⑦　歩きながらまわりの景色をながめつつ，田中さんの歩く姿勢や速度に気を配りましたか。	
⑧　ベンチに腰かけるとき，田中さんの患側の安全を確保することができましたか。	
⑨　田中さんの社交的な性格にあわせたコミュニケーションをとることができましたか。	
⑩　全体を通して，衣服の着脱や杖歩行など，田中さんの自立に配慮した支援ができましたか。	

4 トイレでの排泄にこだわりをもつ利用者の援助 :::::

事例3 ▶
　佐藤梅子さん（仮名・85歳）には，右片麻痺のほか，軽度の**失語症**⑫（➡ p. 349 参照）がみられます。尿意や便意はあるものの，ふだんから車いすで生活をしています。排泄には衣服の上げ下ろしや便座への移乗に介助が必要です。佐藤さんは，ポータブルトイレやおむつを使用することには強い拒否を示し，トイレでの排泄にこだわりをもっています。

❶ 佐藤さんの介護に必要な情報

● 85歳，女性。
● 右片麻痺がある。
● 軽度の失語症がある。
● 尿意や便意はある。
● ふだんから車いすで生活をしている。排泄には衣服の上げ下ろしや便座への移乗に介助が必要である。
● トイレでの排泄にこだわりをもっている。

❷ 介護職が確認したい情報

立位や座位の保持について
● 立ち上がりに際して，バランスはとれているか？
● 立位はどの程度保持が可能か？
● 座位はどの程度保持が可能か？

車いすの使用について
● 車いすの走行にあたって，どの程度の介助が必要か？
● ベッドから車いす，また，車いすから便座への移乗について，どの程度の介助が必要か？

失語症について
● 話す，理解するということについて，それぞれどのような状態であるか？

佐藤さんの性格について

●トイレで排泄することにこだわりをもつ佐藤さんは，どのような性格の人か？

❸ 新たに収集した情報

立位や座位の保持について

●立ち上がりの際，患側（右側）の膝を支えれば，健側（左側）の手で手すりを持って立ち上がることができる。

●支えがあれば，1分程度は立位の保持は可能である。

●日中は車いすに座って生活をしていることが多く，車いすでも便座でも座位の保持は可能である。

車いすの使用について

●車いすの走行では，ハンドリムを使っての走行は困難で，廊下の手すりを健側の手で持ってゆっくり前進している。

●ベッドから車いす，また，車いすから便座への移乗については，一部介助が必要である。

●ベッド，車いす，便座などへのそれぞれの移乗にあたっては，腰が安定して座れる適切な位置に車いすをつければ，健側上下肢を活用することができる。

●患側上下肢を支えれば，安全に移乗できる。

失語症について

●介護職がゆっくり話せば，話している内容を理解することができる。

●発語をすることはむずかしい。

●「はい」「いいえ」という意思表示をすることはできる。

佐藤さんの性格について

●ふだんからあまり積極的に話しかけてくる人ではない。

●自尊心が高い人である。

❹ 入手した情報の関連づけ

① トイレで排泄をしたい佐藤さんは，尿意や便意があり，「はい」「いいえ」という意思表示ができるので，トイレに行きたいかどうかを本人に確認することは可能である。
② 佐藤さんは右片麻痺があるため，移乗や移動の介助では患側の安全の確保が必要である。
③ 健側上下肢の筋力低下を予防する必要がある。
④ 自尊心が高い佐藤さんに対しては，排泄の介助にあたって，とくに羞恥心への配慮が必要である。

❺ 佐藤さんにとって解決したいこと（佐藤さんの思い）

ポータブルトイレやおむつを使用することなく，いつまでも，トイレで排泄をしたい。

❻ 必要な介護内容の計画立案

① 佐藤さんの意思をきちんと確認してから排泄の介助を行う。
② 車いすや便座への移乗では，健側上下肢を活用してもらう。
③ 佐藤さんの患側の安全を確保しながら，衣服の上げ下ろしや移乗の介助を行う。
④ 車いすでトイレまで移動する際には，排泄が間に合うように必要に応じて全介助で行う。
⑤ 排泄の介助では佐藤さんの自尊心や羞恥心に配慮し，適切な言葉かけを行う。

❼ 計画にもとづいた介護の実施

> **演習1**
> 尿意を感じた佐藤さんは，健側（左側）の手で手招きするなど，「トイレに行きたい」というサインを介護職に送りました。
> 佐藤さんはベッドに寝ています。ベッドに端座位になり，車いすへ移乗する介助を行いましょう。

ここに注意！
● 佐藤さんには，右片麻痺があります。
● 佐藤さんは，発語はむずかしいですが，介護職がゆっくり話せば話している内容を理解でき，「はい」「いいえ」という意思表示はできます。

●移乗に際しては，患側（右側）の上下肢を支える一部介助が必要です。

●佐藤さんは，自尊心が高い人です。

介助方法と留意点

❶　佐藤さんに，トイレに行くためにベッドから車いすへ移乗することを説明し，同意を得てからベッドの高さを調整します。

❷　一部介助により，ベッドに**端座位**⒀（➡ p. 349 参照）になります。

① 介護職は佐藤さんの患側の上肢の肘関節を持ち，健側の上肢で胸の上に置くようにうながし，足は組んで身体を小さくまとめます。

② 佐藤さんは健側の手で介助バーをつかみ，**左側臥位**⒁（➡ p. 349 参照）になります。このとき，介護職は佐藤さんの右肩甲骨と右腸骨を支え，佐藤さんが左側臥位になるのを介助します。

③ 佐藤さんは，下肢をベッドの端に移動させ，両足をベッド外に下げながら頭を上げ，左肘，左手の順に力を入れて上体を起こします。このとき，介護職は佐藤さんの首の左後ろ付近と右大腿部などを支え，必要に応じて起き上がりを介助します。

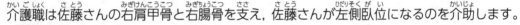

❸　佐藤さんの足底が床につくように，必要に応じて殿部をベッドの端に移動させます。佐藤さんに介助バーをしっかり持ってもらい，ベッドの高さを調整します。

❹　佐藤さんの座位の安定と，体調などを確認します。

❺　車いすを適切な位置に配置します。

① 車いすの安全点検をしたあと，佐藤さんに車いすが点検ずみであることとこれから移乗することを説明し，同意を得ます。佐藤さんの健側に車いすを近づけ，フットサポートを上げ，佐藤さんが移乗しやすい位置に斜めに置きます。

② 車いすのブレーキをしっかりかけます。

6 ベッドから車いすに移乗します。

①介護職は佐藤さんにベッドに浅く座ってもらい，健側の足を後ろに少し引いてもらいます。

② 介護職は佐藤さんに言葉かけをし，患側を介助しながら，前傾姿勢になり立ち上がってもらいます。このとき，佐藤さんには，健側下肢で体重を支え，アームサポートをしっかりにぎってもらいます。

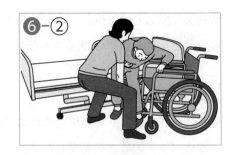

③ 立位がとれたら，ふらつきがないことを確認し，佐藤さんの患側を介助しながら，健側下肢を少し前に出して車いす側へと腰を回転させるのを介助します。

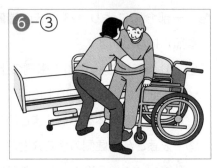

④ 車いすのシートの前に佐藤さんが位置していることを確認し，車いすに座る介助をします。

⑤ 安定した座位にするために深く座ります。佐藤さんは健側を自分で後ろに引くことができるので，患側のみを介助します。このとき，深く座っていることを確認します。

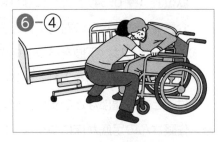

⑥ フットサポートに足を乗せる場合，患側を乗せてから健側を乗せます。佐藤さんが自分でできるところまでは行ってもらい，患側など，必要なところは介助します。

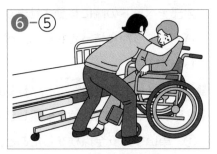

7 介助し終えたら，佐藤さんの体調などを確認します。

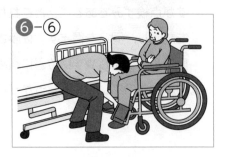

演習2
　車いすに移乗したあと，佐藤さんは介護職に車いすを押してもらい，居室からトイレまで移動してきました。
　車いすから便座に移乗する介助を行いましょう。

ここに注意！

●佐藤さんには，右片麻痺があります。

●佐藤さんは，発語はむずかしいですが，介護職がゆっくり話せば話している内容を理解でき，「はい」「いいえ」という意思表示はできます。

●移乗に際しては，患側（右側）の上下肢を支える一部介助が必要です。

●佐藤さんは，自尊心が高い人です。

介助方法と留意点

❶　佐藤さんに，車いすから便座へ移乗することを説明し，同意を得ます。

❷　車いすから便座に移乗します。

①　便座が佐藤さんの健側（左側）にくるように，車いすを近くまで寄せます。

②　車いすから便座に移乗するとき，車いすのブレーキをかけ，フットサポートを上げ，佐藤さんが左足から下ろすのを見守ります。右足は下ろす介助をします。

③　佐藤さんは立位になるために浅く座ります。健側の足を少し移動する側に向けて，健側の手でトイレの手すりをにぎり，前傾姿勢をとり，立ち上がる準備をします。介護職は佐藤さんの患側に位置し，介助します。

④　佐藤さんは健側上下肢に重心をかけて立ち上がり，からだの向きを変えます。このとき，介護職は佐藤さんの腰と患側の膝を支えます。

❷-①

❷-③

⑤　介護職はズボンと下着を膝まで下ろす同意を得て，佐藤さんを支えながら下ろします。

⑥　佐藤さんは便座の位置を確認し，前傾姿勢で便座に座ります。不必要な露出を防ぐためタオル等をかけます。

❸　座位の安定を確認します。カーテンもしくはドアを閉めることの同意を得ます。

①　排泄がしやすい姿勢（両足が床につき，かかとを少し上げ前傾になっている姿勢）になるように介助します。

❹　排泄時はその場を離れることを告げ，終了時にはコールを押すように告げます。

❽ 実施した介護内容の評価

確認・評価項目	CHECK
① 佐藤さんに適切な言葉かけができましたか（自尊心に配慮したていねいな言葉かけ，体調の確認，これから行う行為の説明と同意の確認など）。	
② 佐藤さんの安全に配慮し，ボディメカニクスを活用しながら，体位変換の介助を行うことができましたか。	
③ 安定した端座位の姿勢を確保することができましたか。	
④ 佐藤さんの健側（左側）が活用できる位置に車いすを準備できましたか。	
⑤ ベッドから車いすに移乗するとき，車いすのブレーキをかけ，フットサポートを上げておきましたか。	
⑥ 佐藤さんの健側上下肢を活用して，安全に車いすに移乗できましたか。	
⑦ 佐藤さんの健側上下肢を活用して，安全に便座に移乗できましたか。	
⑧ 佐藤さんの同意を得て，佐藤さんを支えながらズボンと下着を下ろしましたか。	
⑨ 排泄がしやすい，安定した座位を確保することができましたか。	
⑩ 全体を通して佐藤さんの尊厳と自立に配慮した支援ができましたか。	

第3章 用語解説

1 アセスメント

あせすめんと
→ p. 317 参照

利用者が直面している生活上の困難を解決するために，必要な情報を収集し，情報の分析，解釈，関連づけを行い，課題を明らかにすること。

2 ADL

エーディーエル
→ p. 319 参照

Activities of Daily Living の略。「日常生活動作」「日常生活活動」などと訳される。人間が毎日の生活を送るための基本的動作群のことで，食事，更衣，整容，排泄，入浴，移乗，移動などがある。

3 廃用症候群

はいようしょうこうぐん
→ p. 321 参照

安静状態が長期にわたって続くことにより，身体的には筋・骨の萎縮や関節拘縮などが，精神的には意欲の減退や記憶力低下などがあらわれること。

4 脳梗塞

のうこうそく
→ p. 322 参照

脳血栓や脳塞栓などによる脳血流障害によ
り，脳細胞が壊死におちいった状態のこと。

5 ケアプラン

けあぷらん
→ p. 322 参照

一人ひとりのニーズにあわせた適切な保健・医療・福祉サービスを提供するための計画書のこと。介護保険制度では，居宅介護支援事業所の介護支援専門員により作成される要介護者の在宅生活を支援するための居宅サービス計画や，介護保険施設で提供されるサービスを明示する施設サービス計画，地域包括支援センターで作成される要支援者の介護予防サービス計画をいう。

6 ソーシャルワーカー

そーしゃるわーかー
→ p. 323 参照

福祉倫理にもとづき，専門的な知識・技術をもって相談援助を行う専門職のこと。一般的には，社会福祉従事者の総称として使われることが多い。

7 糖尿病

とうにょうびょう
→ p. 326 参照

インスリン（膵臓から分泌されるホルモン）の欠乏により起こる糖代謝異常。体内における糖質の利用が低下し，脂肪および

たんぱくの利用が亢進する。尿中への糖の排泄，水と電解質の喪失が起こり，口渇，多飲，多尿，体重減少，全身倦怠感などがみられる。

8 口内炎

こうないえん

➡ p. 326 参照

口の中や，その周辺（口唇・口角）の粘膜に起こる炎症の総称。疲労や免疫力の低下，細菌やウイルスの繁殖，物理的刺激，全身性の疾患，アレルギーなどにより炎症を起こしたもの。

9 空腹時血糖

くうふくじけっとう

➡ p. 327 参照

糖尿病診断基準における空腹時血糖値は，110mg/d*l* 未満で正常型，126mg/d*l* 以上で糖尿病型という基準が設けられている。

10 HbA1c

ヘモグロビンエーワンシー

➡ p. 327 参照

糖尿病を診断するうえで重要となる血糖値を知るための指針であり，正常値は 4.7 ～ 6.2 ％であるとされている。また，6.5 ％を超えた状態が続くと糖尿病型と診断される。

11 拘縮

こうしゅく

➡ p. 333 参照

かたまって動かなくなること。人は身体を使わないことによって廃用症候群があらわれ，筋の萎縮（縮むこと）や関節の拘縮などが起こる。

12 失語症

しつごしょう

➡ p. 340 参照

大脳の言語野が損傷されることによって生じる言語機能の障害であり，すでに獲得していた言語を話したり，聞いたり，書いたり，読んだりすることが困難になる。損傷部位によって言語の表出面が障害される運動性失語症，理解面が障害される感覚性失語症など，異なるタイプがあらわれる。

13 端座位

たんざい

➡ p. 343 参照

ベッドの端に腰かける座位のこと。

14 側臥位

そくがい

➡ p. 343 参照

横向きに寝ている状態のこと。

研修を終えてのふり返り

1 研修を通じて学んだこと ::::::::::::::::::::::::::::::::::::

❶ 研修を修了して感じたこと，考えたこと

　初任者研修を修了したことで，基本的な介護を実践するための知識と技術を習得することができたと思います。それでは，研修全体を通じてどのようなことを感じましたか？
　たとえば，次の事柄について考えてみてください。

①　「介護」は，“親の介護”や“介護の仕事”など，いろいろなところで使われますが，介護職の「介護」という言葉に対して，どのようなイメージをもっていましたか？

②　研修を修了した現在，①のイメージは変わりましたか？

③ 研修を受講する前，「介護サービスの利用者」に対して，どのようなイメージをもっていましたか？

④ 研修を修了した現在，③のイメージは変わりましたか？

⑤ 研修を受講する前，「介護職が働く場」としてどのようなところを知っていましたか？

⑥ 研修を修了した現在，興味や関心をもった「介護職が働く場」はどこですか？

⑦ 研修全体をふり返って，介護職（もしくは介護という仕事）のどのようなところに魅力を感じましたか？

❷ 学んだことを再確認する

従来の固定的な「介護」のイメージを転換する

「老人ホームや障害者支援施設などで，介護を要する状態にある高齢者や障害のある人たちの食事，排泄，入浴のお世話」。

これが多くの人たちが従来から抱いている介護職の一般的なイメージではないかと思います。たしかに，介護職に求められる「介護」には，このような利用者の日々の生活の営みの「基盤」となる食事，排泄，入浴を支援する介護が含まれています。しかし，決してこのことが「介護」のすべてではないのです。

「介護」には，「人間の理解やコミュニケーション技術がより深く求められる，認知症がある人の介護」「生活の支援，また地域・家族との関係を維持するための地域との連携が必要となる介護」「医療的ケアを行う介護」「看取りの介護」「多様な支援領域からなる障害者（児）の介護」などが含まれます。

初任者研修のねらいは，「介護」という言葉がもつこれまでの固定化されたイメージを変えて，利用者ができるだけなじみのある環境で日常生活を営めるようにするために，利用者一人ひとりの生活状況を的確に把握して行う「介護」の仕事を理解することにあります。

介護職は医療福祉領域では最大規模の職能集団

介護職は，英語ではケアワーカー（care worker）といいます。北米やヨーロッパ，東アジアなどの高齢化が進んだ先進国・地域では，制度や成り立ちは違っても，たくさんのケアワーカーが働いています。日本では世界に先がけ，1987（昭和62）年に国家資格である介護福祉士の制度が生まれました。なお，フィンランドのケアワーカー“ラヒホイタヤ”（注）は1993年に生まれています。

日本の場合は，少子高齢社会，人口減少社会を迎えるなかで，国の福祉や医療の制度が，病院や施設中心ではなく地域ケアの重視に移り，介護職の制度が整備されてきました。社会福祉は，施設中心の福祉から「地域福祉型社会福祉」（古川孝順）へと転換し，また慢性期の医療も，病院中心の「病院完結型医療」から「地域完結型医療（生活の場での医療）」（厚生労働省）へと転換してきています。そして地域ケアの推進のために，介護人材の質と量の確保が大変重要な課題となってきました。

現在，日本では約210.6万人（2019（令和元）年度現在）の介護職が働いています。医療・福祉分野では最大規模の職能集団となりました。また，介護福祉士の登録者数は約187万人（2022（令和4）年11月末現在）に上っています。

初任者研修で学んだたしかな「基礎的な介護」「介護技術」を身につける

　介護職には，利用者の尊厳を保持しながら日常生活の営みができるよう，利用者の生活全体を支援していくこと，自立した生活を支えていく姿勢をもつことが大切です。介護職にはこうした基本的態度が求められます。

　そのために大切になるのは，利用者のニーズをアセスメントして，心身の状況に応じた介護の方法を検討し，具体的な介護技術として実践することです。初任者研修を通じて「基礎的な介護」を学ぶことにより，根拠にもとづいた介護技術を実践することができ，利用者のニーズに応じたサービスとして提供することができます。

　初任者研修で1つひとつの「基礎的な介護」を身につけ，向上させるとともに，それぞれの暮らしの場で，一人ひとりの利用者の「心身の状況に応じた介護」を実践することが，介護職に求められる大切な視点です。「基礎的な介護」を学ぶ初任者研修のカリキュラム（➡第1巻「今後の介護人材キャリアパスと介護職員初任者研修」参照）で，"人間と社会"を理解し，"こころとからだのしくみ"の知識を身につけて，利用者の自立した日常生活の営みを支援する「介護」の実践を行ってください。

　「介護」の仕事は，利用者本人の身近なところで，しかも継続的に，サービスを提供していくことになります。「介護」の仕事には，社会性をもった，責任ある職業人としての姿勢が求められます。

ケアチーム，介護職チームの一員であることを理解する

　介護職は，さまざまな職種から構成されるケアチームの一員であり，他職種と協働できる力が必要です。と同時に，一人ひとりの介護職は，介護職チームの一員であることを理解することも大事です。とくに，特別養護老人ホームや介護老人保健施設，訪問介護（ホームヘルプサービス）などの介護職が多くいる現場では，介護職チームがうまく機能しているかがサービスの質を左右します。

　利用者の支援について，他職種とのケアチームや介護職チームのなかで一致した目標をもち，チームの一員として，介護職の役割に責任をもって「介護」の仕事ができるようになることが求められます。

注：ラヒホイタヤは，フィンランド語で「Lähi」は「身近な」，「hoitaja」は「世話をする人」で，あわせて「日常生活の営みを支援する人」という意味。少子高齢化が進んでいるフィンランドで，施設中心から地域ケアへと転換を図るためにも，将来的に予想される人材不足への対策として，准看護師，歯科助手などの保健医療の基礎資格に加え，ホームヘルパー，障害者施設支援員等の福祉の基礎資格を一体化させた「社会・保健医療基礎資格」である。日本の介護福祉士との違いもある。

2　継続的な研修が大切 ::::::::::::::::::::::::::::::::::::

　「介護」の実践に必要な基本的な知識や技術は，初任者研修を修了すればすべて身につくというわけではありません。「介護」の仕事はとても奥が深いものです。ぜひ，1歩1歩積み重ねて，「介護」の仕事ができるようになっていただきたいと思います。

　ケアチームまた介護職チームの一員として，他職種や多くの介護職と協働して利用者を支援していくためには，職場に戻ってからも，日々の業務を通じて自己研鑽に努めることが大切になります。

　職場で研修を受けられる機会はいろいろあります。OJT（職務を通じての研修）やOFF-JT（職務を離れての研修）です。

　OFF-JTには，介護福祉士の職能団体，教育機関，研修機関等における研修があります。「どのような研修が自分にあっているか」を職場にいる経験豊かな介護福祉士などに相談したり，日本介護福祉士会のホームページを見たり，問い合わせたりするとよいでしょう。

　これらの研修を活用しながら，より幅広い領域の専門的な知識と技術を習得し，介護の専門家に育っていってください。

3　介護職のキャリアアップと介護職がめざす「介護」 ::::

介護職のキャリアアップ

　介護職のキャリアアップのしくみ（➡第1巻「今後の介護人材キャリアパスと介護職員初任者研修」参照）がつくられています。介護現場で働く人には実務者研修を経て，国家資格である介護福祉士となる道がひらけます。

　資格取得後2年程度の介護福祉士を対象に，小規模な介護職チームのリーダー養成を目的としたファーストステップ研修が2006（平成18）年から行われています。さらに，資格取得後5年程度の実務経験者で，介護福祉士として一定レベルの知識・技術を身につけている人を対象に，介護職の大きなチームのリーダー養成を目的とした認定介護福祉士認証・認定機構が2015（平成27）年に設立され，認定介護福祉士の養成研修が始まりました。

　介護福祉士の資格を取得したあとには，ぜひ挑戦してみてください。

「介護」がめざす道

介護福祉士が進むべき道を示した「求められる介護福祉士像」が2007（平成19）年に公表されました。これはその後，2017（平成29）年に，「介護」の実践の広がりが新たに盛りこまれた形で見直しがはかられました（図1）。

2017（平成29）年の見直しでは，介護福祉士に求められる実践や役割として，図1に示す項目のうち，2・5・6・10などの項目が新たに追加されました。なかでも，「自律的に」「維持・向上の視点」「地域の中で」「地域や社会のニーズに対応」「中核的な役割」がキーワードとしてあげることができます。

これらの点に注目すると，介護福祉士に今どんな点がとくに求められているのか，どのような方向に進もうとしているのかを理解することができます。

日本の「介護」の現場実践の蓄積により，要介護者の自立した日常生活の営みを支える「介護」は，このように大きな広がりがみられ，豊かになってきました。将来，あなたも，日本の「介護」をさらに豊かにする介護職の一員になることを願います。

■図1　2017（平成29）年に見直された「求められる介護福祉士像」

1. 尊厳と自立を支えるケアを実践する
2. 専門職として自律的に介護過程の展開ができる
3. 身体的な支援だけでなく，心理的・社会的支援も展開できる
4. 介護ニーズの複雑化・多様化・高度化に対応し，本人や家族等のエンパワメントを重視した支援ができる
5. QOL（生活の質）の維持・向上の視点を持って，介護予防からリハビリテーション，看取りまで，対象者の状態の変化に対応できる
6. 地域の中で，施設・在宅にかかわらず，本人が望む生活を支えることができる
7. 関連領域の基本的なことを理解し，多職種協働によるチームケアを実践する
8. 本人や家族，チームに対するコミュニケーションや，的確な記録・記述ができる
9. 制度を理解しつつ，地域や社会のニーズに対応できる
10. 介護職の中で中核的な役割を担う

高い倫理性の保持

資料：厚生労働省

索引
さくいん

さ

■編者・執筆者一覧

【編者】

太田 貞司（おおた・ていじ）
●長野大学社会福祉学部教授

上原 千寿子（うえはら・ちずこ）
●元広島国際大学教授

白井 孝子（しらい・たかこ）
●東京福祉専門学校副学校長

【執筆者】＊五十音順

青柳 佳子（あおやぎ・けいこ）……………………… 第2章第3節1❶❷・2❻
●元浦和大学短期大学部介護福祉科特任教授

秋山 昌江（あきやま・まさえ）……………… 第1章第3節3❹・4・5❶・❷・❺・❼・❽
●聖カタリナ大学人間健康福祉学部教授

臼井 由布子（うすい・ゆうこ）………………………… 第2章第6節2❶・❷・❹〜❼
●特定非営利活動法人日本高齢者介護協会理事

内田 千惠子（うちだ・ちえこ）……………………………… 第2章第1節2❺〜❼
●株式会社あいゆうサポート代表取締役

浦尾 和江（うらお・かずえ）………………………… 第2章第2節1❶・2❶
●田園調布学園大学人間福祉学部教授

太田 貞司（おおた・ていじ）………………………… 研修を終えてのふり返り
●長野大学社会福祉学部教授

大谷 佳子（おおや・よしこ）………………………… 第2章第8節1・3
●昭和大学保健医療学部講師

小川 正子（おがわ・まさこ）………………………… 第2章第8節2❶・❸
●元神奈川県立保健福祉大学実践教育センター非常勤講師

小川 義光（おがわ・よしみつ）………………… 第2章第4節2❷〜❹・3❹・❺
●東奥学園高等学校教諭

小熊 順子（おぐま・のりこ）………………………… 第1章第2節1・2
●元浦和大学教授

川井 太加子（かわい・たかこ）………………………………… 第1章第1節2
●桃山学院大学社会学部教授

絹木 憲司（きぬき・けんじ）……… 第2章第2節1❷・第6節2❸・第7節2❸・第8節2❷
●栃木介護福祉士専門学校校長

工藤 久（くどう・ひさし）…………………………………………………… 第2章第4節2❶・3❸
●弘前学院大学大学院社会福祉研究科非常勤講師

久保田 トミ子（くぼた・とみこ）………………………………… 第3章第1節1❷・2・第2節
●広島国際大学名誉教授

是枝 祥子（これえだ・さちこ）………………………… 第1章第1節1・2，第2章第1節1
●大妻女子大学名誉教授

櫻井 和代（さくらい・かずよ）……………………………………… 第2章第1節2❶〜❹
●元東京都立城東職業能力開発センター非常勤講師

佐々木 宰（ささき・つかさ）……………………………………… 第2章第3節2❶〜❺
●東京YMCA医療福祉専門学校非常勤講師

柴山 志穂美（しばやま・しおみ）…………………………………… 第2章第9節1〜3
●神奈川県立保健福祉大学保健福祉学部准教授

白井 孝子（しらい・たかこ）… 第1章第3節1・2・3❶〜❸・5❸・❹・❻,第2章第3節1❶
●東京福祉専門学校副学校長

滝波 順子（たきなみ・のりこ）……… 第2章第4節1❷〜❹・3❶・第7節2❶・第9節4
●一般社団法人庄代表理事

竹田 幸司（たけだ・こうじ）……………………………… 第2章第4節3❷・第5節1❶
●田園調布学園大学人間福祉学部准教授

田治 秀彦（たじ・ひでひこ）………………………………………… 第2章第4節1❶・4
●横浜市総合リハビリテーションセンター地域支援課主任

田中 雅子（たなか・まさこ）………………………………………………… 第2章第4節5
●社会福祉法人富山県社会福祉協議会富山県福祉カレッジ教授

千葉 由美（ちば・ゆみ）………………………………………… 第2章第5節1❷・3❸・3
●横浜市立大学大学院医学研究科教授

冨田川 智志（とみたがわ・さとし）……………………………………… 第2章第5節2❼
●日本福祉大学健康科学部リハビリテーション学科介護学専攻講師

内藤 佳津雄（ないとう・かつお）……………………………………… 第1章第2節3・4
●日本大学文理学部教授

西村 かおる（にしむら・かおる）…………………………………… 第2章第7節1・3
●コンチネンスジャパン株式会社専務取締役

橋本 祥恵（はしもと・よしえ）………………………………………… 第3章第1節1❶
●元川崎医療短期大学教授

林 雅美（はやし・まさみ）………………………………………… 第2章第5節2❶〜❻・4
●目白大学人間学部専任講師

藤井 智（ふじい・さとし）……………………………………… 第2章第2節2❷・3
●横浜市総合リハビリテーションセンター機能訓練課課長

眞鍋　誠子（まなべ・せいこ）……………………………………… 第 3 章第 2 節
●今治看護専門学校副校長

壬生　尚美（みぶ・なおみ）………………………………… 第 2 章第 7 節 2 ❷・❹
●日本社会事業大学社会福祉学部教授

森　千佐子（もり・ちさこ）…………………………………… 第 2 章第 7 節 2 ❺
●日本社会事業大学社会福祉学部教授

山谷　里希子（やまや・りきこ）…………………………… 第 2 章第 6 節 1・3
●元福祉生協イリス参与

吉岡　俊昭（よしおか・としあき）……………… 第 2 章第 4 節 3 ❸・第 5 節 2 ❷
●トリニティカレッジ広島医療福祉専門学校介護福祉学科学科長

かいごしょくいんしょにんしゃけんしゅう
介護職員初任者研修テキスト
【第2巻】自立に向けた介護の実際 第3版

2016年1月10日	初 版 発 行
2020年9月10日	第 2 版 発 行
2023年2月20日	第 3 版 発 行
2023年10月10日	第3版第2刷発行

編 集 ················· 太田貞司・上原千寿子・白井孝子

発行者 ················· 荘村明彦

発行所 ················· 中央法規出版株式会社
〒 110-0016　東京都台東区台東 3-29-1　中央法規ビル
TEL 03-6387-3196
https://www.chuohoki.co.jp/

印刷・製本 ············· 株式会社太洋社

装幀・本文デザイン ··· ケイ・アイ・エス

本文イラスト ········· 川本満・内山良治・小牧良次・土田圭介

定価はカバーに表示してあります。

ISBN978-4-8058-8782-0